Verein Integrale Architektur und Lebensraumentwicklung (Hg.)

Raum fürs Leben schaffen

Verein Integrale Architektur und Lebensraumentwicklung (Hg.)

Raum fürs Leben schaffen

Integrale Ansätze für die Lebensraumgestaltung von morgen

INFO3 VERLAG

Bibliographische Information der Deutschen Nationalbibliothek
Die Deutsche Nationalbibliothek verzeichnet diese Publikation in der Deutschen Nationalbibliographie; detaillierte bibliographische Daten sind im Internet über http://dnb.ddb.de abrufbar.

ISBN 978-3-95779-057-6

Erste Auflage 2017

Gestaltung und Satz: Anke Okyere, Info3-Verlag

Umschlag: Frank Schubert, unter Verwendung eines Fotos von
agsandrew@fotolia.com
www.frankundfrei.me

Druck und Bindung: Dilling Printmedien, Kreuztal

Inhalt

Vorwort

Die integrale Theorie ist seit Längerem schon bekannt, insbesondere durch die Werke von Ken Wilber (*1949). Er gilt als der bedeutendste Vertreter der integralen Philosophie. Sein Hauptwerk „Eros, Kosmos, Logos" erschien bereits 1995. Obwohl sich einige Philosophen schon viel früher mit der integralen Theorie befassten, z. B. Jean Gebser, aber auch Sri Aurobindo oder Teilhard de Chardin, konnte sich der integrale Ansatz erst im Verlaufe der letzten 20 Jahre richtig durchsetzen. Vielleicht war die Zeit zuvor einfach noch nicht reif dafür.

Mit der Zeit entstanden auch verschiedene integrale Initiativen (Arbeitskreise) zu den unterschiedlichsten Themen wie Politik, Demokratie, Spiritualität, Psychotherapie und Management.

Und wie stand es mit einer integralen Architektur? Dazu gab es einfach nichts, obwohl jeder von uns von diesem Bereich betroffen ist. Wir sind ja permanent von gebautem Raum umgeben und halten uns überwiegend in Räumen auf, sei es in unseren Wohnräumen, im Büro, Restaurant oder im Kino. Wir können uns dem Einfluss des Raumes nicht entziehen.

Deshalb trafen sich im August 2013 auf Initiative von Stefan Kessler, dem heutigen Präsidenten des „Verein Integrale Architektur und Lebensraumentwicklung" (VIAL), interessierte Experten und Laien in Bonstetten (Schweiz) zu einem Workshop, um sich dem Thema Architektur und der Entwicklung zukunftsfähiger, ganzheitlicher Lebenskonzepte vor dem Hintergrund der integralen Philosophie zu nähern. Ihnen allen lag der Kerngedanke des integralen Ansatzes am Herzen, durch eine mehrperspektivische Betrachtungsweise die Natur, den urbanen Lebensraum, den Menschen, ja, den ganzen Kosmos als komplexes System mit ineinandergreifenden Wirkungen zu verstehen und danach zu handeln.

Weitere Treffen folgten im Rahmen eines offenen Arbeitskreises. Über Exkursionen, Vorträge und persönlichen Austausch versuchte man folgenden Fragen nachzugehen:

- Was ist unter integraler Architektur zu verstehen?
- Welche Merkmale und Charakteristika zeichnen sie aus?
- Können zeitgenössische Architekturen und Bauphilosophien Anknüpfungspunkte geben, oder ist es notwendig, Architektur unter integralen Gesichtspunkten völlig neu zu definieren?

- Wie wirkt Architektur und Raumplanung auf den Menschen?
- Und umgekehrt, welchen Einfluss könnte eine nach ganzheitlichen und integralen Prinzipien ausgerichtete Architektur, Stadt- und Raumplanung auf die soziale Entwicklung unserer Gesellschaft und unserer naturräumlichen Umgebung haben?

Sehr schnell wurde klar, dass dieses komplexe Thema vielfältige Disziplinen und Fachgebiete tangiert, zu denen zunächst einmal eine klare Position erarbeitet werden sollte. Im Laufe der Zeit entstand der Wunsch, mehr nach außen zu treten und die erarbeiteten Erkenntnisse einem breiteren Publikum verfügbar machen zu können. Dazu bedurfte es einer entsprechenden Struktur und Organisationsform.

So folgte im November 2014 die Gründung des „Verein Integrale Architektur und Lebensraumentwicklung" (VIAL). Die Ziele des Vereins bestehen vor allem in der Aufklärung und Sensibilisierung über das Integritätsprinzip. Dies will der Verein vor allem in Form von Seminaren, Workshops, Medienarbeit und persönlichem Austausch erreichen.

Das vorliegende Buch, ursprünglich aus der Idee entstanden, die erarbeiteten Positionspapiere und wertvolles Gedankengut zu veröffentlichen, bringt den Leser mit bedeutungsvollen Themen in Berührung, die hinsichtlich einer zukunftsfähigen und ganzheitlichen Lebensraumgestaltung hohe Relevanz haben.

Die Beiträge der Autoren und Autorinnen dieses Werkes sind wie Puzzleteile einer integralen Perspektive zu verstehen, deren Fokus auf dem Wandel der Mensch-Lebensraum-Beziehung liegt. Lassen Sie sich davon inspirieren! Neben der Vermittlung von Fachwissen will das Buch vor allem auch ein Türöffner in das integrale Denken sein und für das Bewusstsein einer neuen, integralen Mensch-Lebensraum-Beziehung sensibilisieren.

Wir wünschen Ihnen viel Lesevergnügen!

Andrea Hoffnung und Stefan Kessler

„Nirgends lässt sich der Wandel des europäischen Weltgefühls und der europäischen Weltbetrachtung so deutlich ablesen wie an der Malerei und Architektur. Nur die Einsicht in diesen Wandel wird uns Wesen und Bedeutung neuer Stilarten und Ausdrucksweisen ins rechte Licht rücken.“

Jean Gebser (1905 – 1973)
Philosoph, Schriftsteller und Übersetzer,
Vertreter der integralen Theorie,
erster kulturwissenschaftlich orientierter
Bewusstseinsforscher

Urs Maurer

Architekturgeschichte als Spiegel der Metamorphose menschlichen Bewusstseins

Folgerungen für die Raumplanung in Megacities

1 Einleitung

Die Geschichte der Baukunst wird uns in Büchern und an Hochschulen als eine Folge von Baustilen erzählt. Dass die Baukunst immer auch ein Ausdruck von Handlungsmustern, Sozialstrukturen und eines spezifischen Wertekanons war, wird zwar nicht bestritten; dafür aber, wie untrennbar die Baustile damit zusammenhängen, gibt es unterschiedliche Erklärungsansätze und Erzählstränge.

In diesem Artikel wird versucht, die Geschichte der Gestaltung des Raumes durch den Menschen als einen unmittelbaren Ausdruck von „Mutationen" menschlichen Bewusstseins zu erzählen. Da im öffentlich zugänglichen Raum der Stadt an ihren repräsentativen Einzelbauten eine neue Bewusstseinsstruktur für alle Bewohner über Geschlecht, sozialen Stand und ethnische Herkunft hinweg auf unmittelbare Weise physisch-sinnlich erlebt werden kann, hat

Abb. 1: „Der Technikrat"

Abb. 2: „Tempora mutantur", Karikaturen von Gustav Peichl, alias Ironimus

die Baukunst wohl mehr als andere Künste zum Durchbruch einer neuen Bewusstseinsstruktur beigetragen. „We shape our buildings and afterwards our buildings shape us", soll Winston Churchill einmal gesagt haben.

2 Schlüsselbegriffe und geistige Beheimatungen

Das menschliche Bewusstsein wird hier aus zwei verschiedenen Perspektiven charakterisiert. Die Leit-Perspektive ist jene von Jean Gebser, welche aus der Kunstgeschichte fünf klar unterscheidbare Strukturen menschlichen Bewusstseins ableitet, die er mit den Begriffen „archaisch“, „magisch“, „mythisch“, „mental-rational“ und „integral“ bezeichnet. Die andere, zusätzliche Perspektive ist jene, die den Fokus auf die menschlichen Wesensglieder richtet, welche in einer jeweiligen Epoche im Vordergrund standen. Sie fanden ihren Ausdruck in Sprache, Musik, Gesang, Handwerken wie Flechten, Weben, Töpfern und auch in der Form menschlicher Behausungen, Dorfstrukturen und Städte. Ich verwende dazu die Einteilung Rudolf Steiners und bezeichne diese vier Wesensglieder des Menschen mit erstens „physischer Leib“, zweitens „ätherischer Leib“, „Lebensleib“ oder „Vitalkörper“, drittens „astralischer Leib“, „seelischer Leib“ oder „Empfindungsleib“ und viertens die „Ich-Organisation“.

Im Unterschied zu den höheren, geistigen Wesensgliedern des Menschen, welche Steiner in seiner Theosophie 1904 in der indischen Tradition (Sanskrit), mit den Begriffen „Geistselbst“ (Manas), „Lebensgeist“ (Buddhi) und „Geistesmensch“ (Atman) bezeichnet, verwende ich die Begriffe „Gemeinschaftsleib“, „Gesellschaftsleib“, „Erdenleib“ und „kosmischer Leib“. (Maurer, 2007). Diese Begriffe sind abgeleitet von den größeren Systemen oder Holons, mit denen alle Lebewesen dieser Erde – so auch der Mensch – in ihrer Evolution entstanden und untrennbar verbunden sind. Als Bindeglied zwischen dem kosmischen Leib auf der Makroebene und dem physischen Leib verwende ich den Begriff des „Energetischen Leibes“ auf der Mikroebene. Wer mit dem alten Begriff „Leib“ Mühe hat, der kann ihn auch durch „Selbst“ ersetzen, also „Gemeinschaftsselbst“ oder „Kosmisches Selbst“ verwenden. Wenn es um die Ansätze zur Raumgestaltung einer integralen Bewusstseinsstruktur geht, bewege ich mich neben Jean Gebser im Kanon jener Begriffe, welche Christopher Alexander in seinen Hauptwerken, „A Pattern Language“ (1977), „The Oregon Experiment“ (1975) und „The Timeless Way of Building“ (1979) verwendet bzw. eingeführt hat. Mit den polaren Begriffen des Organischen und des Rationalen beziehe ich mich auf Sigfried Giedions „Raum, Zeit und Architektur“ (1976).

3 Flechtwerke und Setzungen einer archaischen Bewusstseinsstruktur

Wir beginnen die Baugeschichte mit den Flechtwerken, den Markierungen und Setzungen von nomadisierenden Stämmen in der naturgegebenen Landschaft. In der indoeuropäischen Kulturgeschichte endet diese Epoche mit dem Neolithikum. Die von Jägern und Sammlern verwendeten Baumaterialien zerfielen nach kurzer Zeit. Sie wurden in den natürlichen Lebenskreislauf von Werden, Sein, Vergehen aufgenommen. Da diese Stämme auch schriftlos waren, ist der archäologische Zugang wenig aufschlussreich. Glücklicherweise gibt es in schwer zugänglichen Gebieten nach wie vor Stämme oder „Urvölker", welche abseits der allgemeinen Kulturentwicklung ihre nomadisierende Lebensform des Sammelns und Jagens beibehalten haben. Somit ist der ethnologische Zugang der ergiebigere. Im zunehmend raffinierteren Weben und Flechten bildeten sich wohl Fingerfertigkeiten heraus, die dem Gehirn jene Impulse gaben, welche die Evolution des Homo Sapiens beschleunigten.

Abb. 3: San-Kinder bei einem ihrer zeitlosen Tanz-Spiele

Abb. 4: Der Bau der Hütten der nomadisierenden San ist eine rituelle Angelegenheit der Männer; Bauleiter ist ein Schamane; Mensch, Natur und göttliche Wesenheiten bilden eine ungebrochene Einheit.

Für die Jäger und Sammler bilden Natur, Gott und Mensch eine untrennbare Einheit. Es gibt noch keine klaren Hierarchien. Raum- und Zeitempfinden sind ineinander verwoben und dimensionslos. An besonderen Orten in der Natur, wie in Höhlen oder an besonderen Fels- oder Flussformationen, setzt der nomadisierende Mensch Markierungen im Raum, welche das Festmachen von Erinnerungen ermöglichen. Naturgewalten und große Mysterien wie Geburt und Tod – erlebt auch auf der Jagd durch das Entschwinden eines beseelten Lebens, sei es jenes des erlegten Tieres, sei es jenes eines Jagdgenossen – verbanden die Menschen auf natürliche Weise mit der Natur und mit dem Göttlichen.

4 Male und Bauwerke einer magischen Bewusstseinsstruktur

Die vorwiegend nomadisierenden Menschen begannen mit der regelmäßigen Wiederkehr der Jahreszeiten die Zeit als zyklisch zu verstehen. Sie begannen bestimmte Orte und Zeitrhythmen miteinander durch Demarkationen, wie die Setzung aufgerichteter großer Steine, in Beziehung zu bringen. Sie hatten eine geschärfte Wahrnehmung für Kraftorte und Kraftlinien in der Natur, welche sie durch besondere Rituale mit den Jahreszeiten und mit dem regelmäßigen Verlauf der Mondphasen und der Sonnenbahnen in einen optischen Bezug setzten. In einer magischen Welt können ausgewählte Gegenstände (Fetische) durch einen Schamanen derart „aufgeladen" werden, dass dieser in Trance und Konzentration Macht über ein damit verbundenes Ganzes ausüben konnte.

Mit Viehzucht und Ackerbau wurde der Mensch zumindest teilweise sesshaft, was zu festeren und komplexeren Behausungen führte. Die steinerne Höhle als Rückzugsort und das aus Holz geflochtene Nest als Flucht- und Ausguckort sind polare Ur-Formen menschlicher Behausung. Generell liegen wohl der Baukunst des Menschen von Anfang an und über alle Zeiten hinweg polare Bedürfnisse und Ausdrucksformen zu Grunde.

Abb. 5: Aufgerichtete Steine einer Tempelanlage des Megalithzeitalters: die Tempel stehen an besonderen Kraftorten. Sie waren Schauplätze ritueller Handlungen und astronomische Instrumente zur Bestimmung der Jahreszeiten.

Abb. 6: Rutengängerkurs zur Schulung der Wahrnehmung und der Einordnung von Erdstrahlungen unterschiedlichen Ursprungs

5 Baukunst und Städtebau in der mythischen Bewusstseinsstruktur

Mit dem schrittweisen Erkennen kosmischer Rhythmen und dem Bewusstwerden der Zeit wurde sich der Mensch auch seiner Seele bewusst. Besonderen Ereignissen, Orten und Gegenständen schrieb man nun besondere, „sagenhafte" Bedeutungen zu. Wohn- und Nutzbauten wurden immer stärker und eindeutiger von Symbolbauten unterschieden. Der Seelenraum der Menschen wurde nun empfänglich für große, sinnstiftende Geschichten, welche ihren eigenen zeitlichen und räumlichen Horizont überstiegen und transzendierten. Es entstanden Schöpfungsmythen: Göttliche Wesen schufen die ersten Menschen. Gute und böse Mächte kämpften um Einfluss auf die Urahnen, auf Halbgötter, Titanen und Riesen. In der Folge des Sesshaftwerdens entstanden Arbeitsteilungen und Hierarchien, was zu Städten und zu differenzierten und spezialisierten Bauten führte. Die sesshaft gewordenen Menschen begannen ihren wachsenden Besitz gegen die nomadisierenden Stämme zu verteidigen, welche ihr Vieh, ihre Ernte und ihre Frauen raubten. Dies brauchte Waffen und eine Organisation der Kampfführung. Aus erfolgreichen Anführern wurden Könige und Pharaonen. Schamanen organisierten sich zu Priesterschaften. Sagen und Erzählungen wurden zu geordneten Göttersystemen. In großen, sinnstiftenden Mythen führten Ahnen, Helden und Gottheiten Krieg unter- und gegeneinander. Eroberungs- und Beutekriege, Völkermorde und Gräueltaten wurden durch die eigenen, überlegenen Gottheiten befohlen, unterstützt oder zumindest legitimiert.

5.1 Die Pyramidenanlagen des alten Reiches als Stein gewordene Utopie des „Todeskristalls"

In Uruk (Mesopotamien) und vor allem im alten Ägypten begegnet uns im 3. Jahrtausend v. Chr. eine bautechnisch hochstehende Monumentalarchitektur. Die Bewohner des fruchtbaren Schwemmlandes am Nil erlebten das blutrote Sterben ihres Sonnengottes Atum (der Gewesene) im Westen jeden Abend als Tragödie. Im geheimnisvollen Totenreich der Nacht kämpfte der Sonnengott jede Nacht gegen jene Mächte der Finsternis, welche ihn endgültig vernichten wollten. So wie jeder einzelne Mensch sein Erwachen am Morgen als eine persönliche Wiedergeburt erleben kann, so erlebten die alten Ägypter den morgendlichen Sonnenaufgang als freudige Wiedergeburt ihres geliebten und hoch verehrten Sonnengottes. Das Mysterium des Wiedergeborenwerdens ihres Sonnengottes als Horus (der Werdende) im Osten wurde durch die gewaltigen Pyramiden sinnlich dramatisiert und ins Göttlich-Monumentale gesteigert. Der Sonnengott Horus wurde im Aufblitzen des ersten Sonnenstrahles an der vergoldeten Spitze der Pyramide gezeugt, um danach im Widerschein der mit poliertem, weißem Marmor abgedeckten Pyramidenfläche rasch kraftvoll und leuchtend heranzuwachsen. Aus heutiger, rationaler Sicht diente das gigantische, geometrisch-kristalline Bauwerk dem Erbauer nach seinem Tod als Schutz der Mumie und seiner Schatzkammer vor Grabräubern. Gemäß Frank Teichmann ist die viergliedrige Pyramidenanlage darüber hinaus als magisch-rituelle Handlungsstätte zu verstehen (Teichmann, 1978). In Pyramidentexten wird beschrieben, wie der Nachfolger des herrschenden Pharaos im Taltempel einzig in Begleitung des obersten Priesters und Hof-Architekten der Anlage das vollkommen vom Tageslicht abgeschirmte Totenreich betrat. Drei Nächte verbrachte der künftige Pharao in der Dunkelheit der Tempelanlage, wo er erbitterte Kämpfe mit den mächtigen Widersachern auf Leben und Tod zu überstehen hatte. Dann geleitete der Priester den designierten Pharao den ca. 500 Meter langen „Aufweg“ hoch zum Totentempel am Fuß der Pyramide (siehe Abb. 9). Dort, an der Pforte zum Tempelhof, erhielt der künftige Pharao vom Hüter des Totenreiches Osiris in der „Mitternachtssonne“ seine Initiation. Kam er im Taltempel lebend zurück, so war er als der Wiedergeborene der würdige, halbgöttliche Führer des Volkes.

Abb. 7: Versammlungsraum wie er heute noch im Nildelta und im Mündungsgebiet von Euphrat und Tigris verwendet wird und wie er wohl schon vor mehr als 5000 Jahren in derselben Weise gebaut bzw. aus Schilf geflochten wurde.

Abb. 8: Monumentalisierter Symbolbau des Versammlungsraumes aus Unterägypten in der Totenstadt von Sakkara, ca.2600 v. Chr. Das Monument hat keinen Innenraum, denn es gilt von nun an die Gleichung: Je höher der Symbolwert, desto niedriger der Nutzwert – und umgekehrt.

Die Monumental-Architektur auf der Todesseite des Nils war ursprünglich charakterisiert durch perfekt ausgeführte, geometrisch vergeistigte Formen, welche dem menschlich kurzen Zeithorizont trotzend die Ewigkeit und das Göttlich-Erhabene verkörpern. Ernst Bloch bezeichnet dieses extreme architektonische Leitbild als die „Utopie des Todeskristalls". Ich habe dies aus zwei Gründen so ausführlich beschrieben, weil erstens die magisch-mythische Bewusstseinsstruktur darin ihren exemplarischen, monumentalisierten Ausdruck fand und zweitens in der Architektur der Französischen Revolution sowie im Rationalismus der Moderne auf das Leitbild des Todeskristalls als Ausdruck des mental-rationalen Denkens zurückgegriffen wurde.

Abb. 9: Magischer Einweihungsmoment im Totentempel bei Öffnung der Tempelpforte zum Innenhof, axial vor der Pyramide: Begegnung mit dem Hüter des Totenreiches, Osiris, der dem designierten Pharao in der Gestalt der „Mitternachtssonne" erscheint.

Abb. 10: Ägyptisches Revival in der französischen Revolutionsarchitektur: magisch-symbolische Begegnung mit dem neuen Gott der Aufklärung und der Vernunft, dargestellt in der Form einer riesigen Kuppel.

5.2 Die griechische Polis: Ein gestalteter Lebensraum für das Diesseits

Wesentlich für die Architekturgeschichte und die Bewusstseinsentwicklung des Menschen war sicherlich die Transformation der lebensfeindlichen ägyptischen Totenstadt in eine lebensfreundliche Stadt für den Menschen.

Aus genderkritischer Sicht muss dabei gesagt werden, dass der öffentliche Raum in der griechischen Polis vor allem ein Raum für griechische Männer war, in welchem sich weder die Frauen noch die Sklaven frei bewegen durften. Generell diente die Monumentalisierung der Architektur vor allem auch der Festigung patriarchalischer Strukturen. Während in der magischen Periode die Frauen dank ihrer Fruchtbarkeit die obersten Priesterinnen waren, setzten sich die Männer als Krieger sowie als Hüter und Verwalter des Totenreiches der Ahnen in den neuen großen Religionen an die obersten Stellen der Macht.

5.3 Die Verlebendigung des toten Steins im griechischen Tempel

Eine andere Facette der Baukunst einer mythischen Bewusstseinsstruktur begegnet uns in der Kunst des Städtebaus und der Tempelarchitektur des alten Griechenlands. Im Gegensatz zu den geometrisch-kristallinen Formen der ägyptischen Totenstadt knüpften deren Baumeister an den Formenreichtum des Pflanzenreiches an. Die Pflanze lebt durch den Austausch mit ihrer Umgebung, sei es im Wurzelbereich mit den mineralischen Nährstoffen, sei es im

Blattbereich mit der Energie des Sonnenlichts und den Gasen der Luft. Der Austausch findet an den Membranen der Grenz- oder Oberflächen statt. Der griechische Architekt war vor allem auch Bildhauer. Bei der Monumentalisierung der ursprünglichen Holzbauten wurde aus dem tragenden Baumstamm mit seinen vertikalen, parallelen Rissen der Rinde die Marmorsäule mit ihren vertikalen Kanneluren, aus dem Ansatz der Baumkrone wurde das Kapitell.

Im hoch aufgelösten Akroter mit seinen vielfältig aufgefächerten Oberflächen findet der Austausch zwischen dem Geistigen in „Äther" und „Pneuma" und der ausgeformten Materie statt. Die Oberfläche des Marmors wurde mit dem Meissel so lange perforiert, bis der tote Stein zu atmen begann. Mit dem griechischen Tempel wird der „Lebensleib", der Vitalkörper des Menschen, ins Sichtbare gebracht. Mit einem Begriff aus der Anthroposophie können wir auch von der Geburt des „Ätherleibes" in der Architektur sprechen.

Abb. 11/12: Analogie der Säulenform zu einer schwingenden Seite bei der Tempelanlage von Paestum

Pythagoras, den wir aus dem Geometrieunterricht kennen, war auch Priester, Philosoph, Architekt und Städteplaner. Er hat wohl an die Astronomie der Babylonier und der Ägypter (Sphärenharmonie) angeknüpft. Ihm oder einem seiner zahlreichen Schüler verdanken wir den experimentellen Nachweis, dass man die Proportionen in der Architektur über die harmonischen, ganzzahligen Verhältnisse komponieren und dass man eine Säule eines griechischen Tempels als schwingende und klingende Saite empfinden kann. Das Bindeglied zwischen Seh- und Hörsinn bildete damals wie heute das Monochord.

Abb. 13/14: Ganzzahlige Proportionen bei einem typischen griechischen Tempel, wie sie mit Hilfe des Monochords als Folge harmonischer Akkorde musikalisch bestimmt wurden.

Es diente dem Architekten dazu, den Steg einer schwingenden Seite so lange zu verschieben, bis das gesuchte, harmonische Intervall absolut rein klingt. Danach wurden die Längen der Seitenabschnitte exakt vermessen und die gefundenen ganzzahligen Verhältnisse in die Pläne übertragen.

5.4 Die Emotionalisierung der Außen- und Innenräume in der Antike

Mit der Musikalität und der Plastizität der Fassadengestaltung beim griechischen Tempel hielten sinnliche Elemente Einzug in die symbolische Architektur. In den Stadien und geschlossenen Theaterbauten wurden kollektive Emotionen geweckt und in den geheizten, mit Kuppeln überdeckten Innenräumen der öffentlichen römischen Badehäuser mit ihren farbigen Mosaiken erschloss die Baukunst neue und feine Sinneserlebnisse. Damit wurde der Innenraum zum Resonanzraum des Empfindungsleibes, der menschlichen Seele.

Abb. 15: Schnitt und Ansicht des Innenraums eines Bades; gewärmte und mit farbigen Mosaiksteinen ausdrucksvoll und oft bewegt gestaltete Oberflächen machen die Thermen zu „Empfindungs-" oder „Wohlfühlräumen" des eigenen Körpers und des gesellschaftlichen Lebens.

Abb. 16: Stadien und geschlossene Theateranlagen sind die Resonanzorte kollektiver Emotionen

Dies bedeutet nicht, dass nicht auch schon in früheren Zeiten Menschen ihre Behausungen mit künstlerischen, sinnlichen Elementen ausgeschmückt hätten. In Jurten oder anderen zeltartigen Behausungen nomadisierender Stämme wurden Wände und Fußböden wohl schon im Neolithikum mit pflanzengefärbten Filzmatten und Teppichen ausgeschmückt. Durch ihre ornamentalen Muster, emotionsgeladene Symbole und leuchtende Farbenkombinationen hatten sie wohl eine ähnliche Wirkung auf die Seele der Betrachter. Mit der Abstraktion und den erforderlichen neuen Handwerkstechniken bei der Umsetzung in Stein und mit der gezielt angestrebten Wirkung auf Menschenmassen begannen die römischen Auftraggeber und ihre Baumeister jedoch die emotionalen Wirkungen der Architektur in vollem Bewusstsein einzusetzen.

5.5 Das frühchristliche Baptisterium als Ort der geistig-seelischen Ich-Geburt

Mit dem Bedürfnis, der christlichen Erwachsenen-Taufe einen architektonisch stimmigen Rahmen zu geben, entstand im 5. Jh. der neue Bautypus des Baptisteriums. Während bei der Initiation des Pharaos in der Pyramidenanlage das Licht das entscheidende Symbol war, war dies beim Taufritual im Baptisterium das Wasser. Beide Bautypen begleiten rituelle Wiedergeburten. Beim Licht liegt der Fokus auf etwas Geistigem, beim Wasser auf etwas Seelischem. Die wichtigste Rolle spielte beim Initiationsritus im Baptisterium das Taufbecken. Es ermöglichte das vollständige Untertauchen im Element Wasser, das Nahtoderlebnis im erzwungenen Atemstillstand und das Wiedergeburtserlebnis in der Nachfolge Christi beim Wiederauftauchen.

Mit den Baptisterien von Ravenna hat die christliche Erwachsenentaufe eine frühe architektonisch vollendete Form gefunden. Der allseitig geschlossene, oktogonale dämmrige Raum steht für die Innerlichkeit und die Verborgenheit der Seele. Das Wasser im tiefen Taufbecken ist Symbol für die Bewegtheit und Unstetigkeit der Seele. Der Goldgrund steht für die Liebe, für den warmen Widerschein der in Christus geläuterten Seele (vgl. Abb. 19). Der zentral symmetrische Raum bildet dank seiner Geschlossenheit, ähnlich einem Musikinstrument, einen starken optischen und akustischen Resonanzraum. Was hier in der Architektur geboren wurde, war somit das aus dem Geist geborene Seelische, nicht der reine Empfindungsleib, wie beim römischen Bad. Da der Seelenleib aus dem Heiligen Geist geboren wurde und von einem einschneidenden Wiedergeburtserlebnis begleitet war, wurde er mit der individualisierenden Kraft des Ich-Bewusstseins verbunden. Diese frühe Vorwegnahme eines individuellen Ich-Bewusstseins war allerdings noch stark eingebettet in ein mythisches Wir-Gefühl, in ein kollektives Wir-Bewusstsein der urchristlichen Gemeinschaft der Getauften.

6 Architektur und Städtebau einer mental-rationalen Bewusstseinsstruktur

6.1 Geometrisierung des Städtebaus in der Antike

Schon in der Antike basierten neu gegründete hellenistische oder römische Städte auf geometrisch-rationalen Mustern. Geometrisch-rational steht hier im Gegensatz zu organisch gewachsen. Einzelne einflussreiche Persönlichkeiten bewegten sich auch schon in vorchristlicher Zeit in einer mental-rationalen Bewusstseinsstruktur. Meist waren dies Philosophen, Naturwissenschaftler und – unter den Künstlern – die Baumeister. Die rationalen Aspekte des antiken Städtebaus waren allerdings begleitet von magischen Praktiken der

Grenzziehungen und Grundsteinlegungen und eingebettet in mythisch-übermenschliche Gründungslegenden.

6.2 Die Geburt des eigenständigen Ichs in der Architektur am Beispiel des Kuppelbaus

Während im Städtebau die langen Achsen der Straßen ein perspektivisches Sehen am realisierten, dreidimensionalen Modell erlaubten, entdeckten in der Renaissance die Maler die Gesetze der optischen Perspektive in der Fläche. Beim Kuppelbau vor der Renaissance ging es einerseits darum, die Himmelskuppel abzubilden, den Menschen sich selbst als unbedeutenden Teil einer göttlichen Ordnung und einer großen Gemeinschaft erleben zu lassen. Andererseits ging es darum, die rätselhaft vielfältige und ambivalente Beziehung zwischen Leib und Seele in der Architektur in all ihren Schattierungen darzustellen. Die „Quadratur des Zirkels" war nicht in erster Linie eine mathematische Aufgabe, sondern eine architektonische. Wie kann man über einem quadratischen Grundriss (Leib) eine kreisförmige Kuppel (Seele) konstruieren, so dass diese statisch stabil (im Gleichgewicht) ist und nicht schon bei leichten Erdbeben einstürzt? Der höchste Punkt im Zentrum der Kuppel wurde mit dem göttlichen Geist gleichgesetzt. Während in byzantinischen Kirchen die Kuppeln als Hintergrund für die bildhafte Darstellung religiöser Mythen dienten und die vergoldeten Mosaiksteine den warmen Seelengrund göttlicher Liebe vermittelten, entstanden schon im 11. Jahrhundert vor dem Hintergrund des absoluten Bilderverbots in der Freitagsmoschee von Isphahan (Iran) systematisch rationale Variationen der stereometrisch konstruktiven Lösungen der Quadratur des Zirkels in der Architektur. Göttlich war hier die „himmlische" Geometrie, unterstützt durch raffinierte Reflexionen des Lichtes. So wie das Auge des Fotoapparats der hier gezeigten Abbildungen exakt im Zentrum der Kuppel auf dem Fußboden lag, so stellt sich auch der wahrnehmende Betrachter ins Zentrum dieser 16 verschiedenen Kuppeln. Was beim Betrachter angeregt wird, ist einerseits das klare, rationale Denken und als Begleiterscheinung das Erleben des aktiven, denkenden Ichs.

Abb. 17/18: Zwei Kuppeln mit ähnlichen Grundstimmungen und Aussagen aber mit anderen künstlerischen Mitteln. Das im Islam ernst genommene Bilderverbot führt zu einer raffinierten Raumgeometrie.

Abb. 17 (links oben): Das in der freien Mitte einfallende Tageslicht wird in kristallartigen Formen gebrochen, was die kristalline Klarheit des analytischen Verstandes zum Ausdruck bringt.
Abb. 18 (rechts oben): Durch das seitlich einfallende Tageslicht erhält die Kuppel einen wärmeren Ton; sehr gut ablesbar sind hier Kräfteverlauf und Konstruktion; Ort: Isphahan (Iran)

Abb. 19 : Taufe als Ritual zur seelisch-geistigen Wiedergeburt erwachsener Menschen; Kuppel mit Jordantaufe von Jesus und den zwölf Aposteln; Ort: Ravenna, Baptisterium der Arianer, (490 n. Chr.).

Analog zum höchsten Punkt am Ende einer Treppe auf der Mittelachse einer langen geraden Straße, auf welchem nur ein Mensch gleichzeitig stehen kann, kann im Zentrum eines Raumes unterhalb einer Kuppel auch nur ein Mensch, ein einzelnes Ich, ein Individuum stehen. So können Achsen und Kuppelbauten im Betrachter das Gefühl entstehen lassen, diese gewaltigen Anlagen seien nur für ihn gebaut worden, was zu einer gewaltigen Steigerung des Ich-Erlebens führt. Im altägyptischen Menschenbild wird die Seele mit einem Vogel symbolisiert (Baa), das Ich mit der vergoldeten Spitze einer Pyramide. Das volle Bewusstsein seines Ichs (Ach) erreichte zu Lebzeiten nur der eingeweihte Pharao, was ihm den Status eines Halbgottes verlieh.

6.3 Grecomanie, Funktionalismus und Rationalismus in der Moderne der Architektur; Ägyptomanie

Während sich in der europäischen Philosophie und Wissenschaft das mental-rationale Bewusstsein schon in der Barockzeit stark entfaltete, konservierte und reproduzierte die Architektur längst vergangene Baustile, insbesondere den als Höhepunkt der Baukunst gefeierten griechischen Tempel. Dass mit der Renaissance auch in der Architektur an die Antike angeknüpft wurde, ist naheliegend. Dass aber bis ins frühe 20. Jahrhundert an den Akademien der Schönen Künste kein Architekturstudium ohne das exakte Kopieren und Aquarellieren dorischer, ionischer und korinthischer Tempeldetails möglich war, ist doch merkwürdig. Man spricht in der Kunstgeschichte respektvoll von Klassik, Klassizismus und Neo-Klassizismus. Man kann aber etwas weniger respektvoll auch von einer Grecomanie sprechen. Es war den unbefangeneren Ingenieuren vorbehalten, mit den neuen, industriell gefertigten Baumaterialien Gusseisen und Glas erstmals Mitte des 19. Jahrhunderts der naturwissenschaftlich und technisch geprägten Neuzeit einen stimmigen Ausdruck zu verleihen.

Weil Gusseisen und Glaskonstruktionen ein klares Trennen von „Skin and Skeleton", Haut und Knochen, erforderten, griffen die Ingenieure primär auf die Baukunst der Gotik zurück. Wie in der Gotik in Stein war das Pflanzenhafte, das Ätherische die Inspirationsquelle für den Guss der Konstruktion und der Ornamentik in Eisen.

Ebenfalls eine neuartige, durch hochstehendes Handwerk geprägte Formensprache, welche als organisch bezeichnet werden kann, weil sie durch pflanzen- und tierhafte Formen inspiriert wurde, nannte man in Spanien treffend Modernismo, im deutschsprachigen Raum Jugendstil. Wegen ihrer Opulenz und handwerklichen Exklusivität in Verruf geraten, brachte diese Erneuerungsbewegung in der Architektur jedoch wichtige Impulse: Das aus den USA stammende Postulat der frühen Moderne, dass die Form der inneren Funktion und Bedeutung einer Bauaufgabe folgen sollte („form follows function", Louis Sullivan) führte zu einer kreativen Vielfalt neuer Bautypen und zu einer neuen Freiheit im architektonischen Entwurf.

Neben der Grecomanie, der Nachahmung der griechischen Baukunst, griffen Architekten merkwürdigerweise in revolutionären Umbruchzeiten auf die Formensprache der altägyptischen Totenstätten zurück. So geschehen in der französischen Revolutionsarchitektur (Boullée/Ledoux, vgl. Abb. 10), dem Rationalismus und Futurismus der 20er und 30er Jahre in Italien (Gruppo 7, Antonio Sant'Elia) und dem Neo-Rationalismus in der Folge der revolutionären 68er-Bewegung (Aldo Rossi), welche bis heute wirksam ist. Es ist deshalb nicht abwegig, auch von einer Ägyptomanie in der europäischen Baustilentwicklung zu sprechen (Pevsner 1968).

Abb. 20 (links): Pyramidenanlage aus der 4. Dynastie des alten Reiches (ca. 2500 v. Chr.) mit Taltempel am Nil, Aufweg, Totentempel und Grosspyramide; Abb. 21 (rechts): Aldo Rossi mit Assistenten: Wettbewerbsbeitrag zum Studentenheim von Triest, Ägyptomanie im Neo-Rationalismus nach der 68er Revolutionszeit.

Abb. 22 (links): Beispiel einer rationalen Architektursprache für ein industrielles Betriebsgebäude; Eero Saarinen & Associates GM Technical Centre, Warren, Michigan, 1948–56. Abb. 23 (rechts): plastisch-organische Formensprache desselben Architekturbüros bei der Empfangshalle des Flughafens in Dulles, im Sinne von „form follows function", 1960-62.

6.4 Die Baustile der Moderne und der Postmoderne – organische und rationale Formensprachen

Wie beschrieben führen die Ansätze dessen, was wir in der Architektur mit der Moderne bezeichnen, ins 19. Jahrhundert zurück. In Ermangelung eines klaren, einen Inhalt bezeichnenden Begriffs, nannte man die unübersichtlich vielen Strömungen in der Architektur der 70er und 80er Jahre, die Postmoderne. Es ist wohl symptomatisch für unsere Ratlosigkeit, dass wir einen inhaltslosen Begriff mit einem weiteren ebenso nichtssagenden Begriff abgelöst haben.

Die Rat- und Richtungslosigkeit der Architektur der Gegenwart denunziert sich selber in den beiden Leitsätzen der Postmoderne: „Less is bore" und „Anything goes". Die griffigsten bisher genannten Begriffe waren wohl das Gegensatzpaar der organischen und rationalen Formensprachen innerhalb der Moderne (Giedion, 1976).

Ich habe 1995 in einem Artikel vorgeschlagen, den Begriff des Organischen mit den Begriffen des «Organisch-Pflanzenhaften" mit seiner Verwandtschaft zum Ätherleib zu ergänzen und des „Organisch-Tierhaften" mit seiner Verwandtschaft zum Seelenleib. So ließe sich auch der Bauimpuls Rudolf Steiners, welchen er „plastisch-organisch" nannte, besser einordnen. Steiner hätte ihn wohl in dieser Reihe „organisch-menschlich" oder „organisch-geistig" genannt und eine Verwandtschaft zum menschlichen Ich angeführt. Es sind also andere, tiefer gehende Ansätze gefragt, damit die Architektur wiederum ein tragfähiges Fundament und eine gemeinsame Perspektive erhalten kann.

6.5 Architektur für neue, bewusst gestaltete Gemeinschaften

Das mental-rationale Bewusstsein und das damit verbundene, eigenständige Ich hat die Tendenz, die tradierten Gemeinschafts- und Gesellschaftsformen kritisch zu hinterfragen und damit letztlich aufzulösen. Die „Ich-AG" oder das übergroße Ego eines Donald Trump sind Ausdruck dafür, wie weit dieser Prozess der Auflösung bereits fortgeschritten ist. Was folgt entwicklungsgeschichtlich auf die mental-rationale Bewusstseinsstufe und auf die Individualisierung, auf das autonome Ich als Ego? Aus heutiger Sicht lässt sich aus der Architekturgeschichte ablesen, worum es gehen könnte. Im Einfamilienhaus kommt das Bedürfnis zum Ausdruck, der neu und auf bewussten Entscheidungen von zwei autonomen Ichs gegründeten Gemeinschaft eine selbst gestaltete Hülle, eine Art Nest zum Aufziehen der Kinder zu geben. Im Unterschied zu den Häusern des Mittelalters in den Kleinstädten und zu den Mietkasernen in den Großstädten des 19. Jahrhunderts realisierte der neue Einfamilienhausbesitzer den Traum eines Eigenheims in der Natur mit Ausblick auf Seen und Berge und der Möglichkeit, sich in der Freizeit im eigenen Garten zu erholen.

Da der Mensch zoologisch gesehen ein extremer Nesthocker, also ein Gemeinschaftstier und kein Einzelgänger ist, hat er als eine Art höheres Wesensglied einen Gemeinschaftsleib oder ein Gemeinschaftsselbst. Auf einer hierarchisch etwas höheren Stufe hat der Mensch eine angeborene Zugehörigkeit zu einem größeren Holon. Ich nenne dieses Wesensglied Gesellschaftsleib oder Gesellschaftsselbst (Maurer 2007).

Nach dem Scheitern des statischen Traumes der idyllischen Kleinfamilie in der Natur sucht der Mensch heute vermehrt nach neuen Formen des bewusst gestalteten Zusammenlebens mehrerer Generationen und mehrerer Kleinfamilien oder Bruchstücken davon. Nachbarschaft wird wiederum gesucht und als Chance wahrgenommen, die divergierenden Ansprüche von Kinder- und Altenbetreuung, Arbeit, Ernährung, Erholung, Kontakte, Reisen etc. abdecken zu können. Gestaltete Nachbarschaft und Urban Farming sind deshalb die neuen hoffnungsgeladenen Schlüsselwörter. Die Todsünde der Menschheit, die Umwandlung des begrenzten Schöpfungsgutes Boden in ein lukratives Spekulationsobjekt, verhindert allerdings deren Umsetzung in größerem Stil.

Abb. 24: Das Einfamilienhaus im Grünen als Ausdruck des bewusst durch eigene Entscheidungen gestalteten Gemeinschaftleibes.

Abb. 25: Das Sofa als Attribut und Symbol des gemeinsamen Sich-Niederlassens oder Sesshaftwerdens im Einfamilienhaus oder in der Wohnung.

Abb. 26: Riesiges Genossenschaftshaus am mit Linden gesäumtem Dorfplatz der Siedlungsgenossenschaft Freidorf (1919–25), mit „Frei" war hier frei von Schulden gemeint, sowohl auf dem Boden als auch auf den Gebäuden.

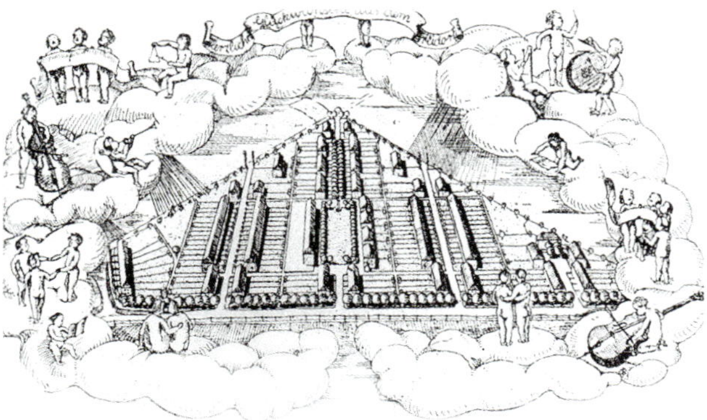

Abb. 27: Vogelperspektive des Freidorfes des Architekten Hannes Meyer als himmlisch-utopische Verheißung von ewigem Glück und Frieden

Wichtige Sinne Führende neuronale Systeme		**Bezug zur Architektur**
archaisches Bewusstsein Ebene des **Seins** Tast-, Lebens-, & Geschmacksinn R-System („Instinkthirn“) „Reptilienhirn“	sein 	**Tiefschlaf** elementar – zyklisch Erde / Wasser / Luft / Feuer Höhle und Nest
magisches Bewusstsein Ebene der Handlung / Macht der Konzentration; Pulsschlag, Tanz und Ekstase, Bewegungssinn Wärme- & Geruchssinn Limbisches System („Emotions-hirn“) älteres „Säugetierhirn“	handeln 	**Traum** Orte der Kraft, der kultischen Rituale in der Natur Setzungen als Demarkationen mobile fibro-textile Flecht-werke und Grabmäler
mythisches Bewusstsein Ebene der **Gefühle** und **Empfindungen** Atem, Musik und Rhythmus Ton-, Gestalt- und Gleichgewichtssinn Neokortex: rechte Hemisphäre (Großhirn); jüngeres „Säugetierhirn“	fühlen  Zeit	**Tag-Traum** von außen nach innen und von innen nach außen Polaritäten und Atmosphäre Oberfläche, Ornament, Skulptur
mental/rationales Bewusstsein Ebene der Gedanken & der Kraft des Intellekts Seh-, Gedanken-, Identitätssinn Neokortex: linke Hemisphäre (Großhirn) jüngeres „Säugetierhirn“	denken 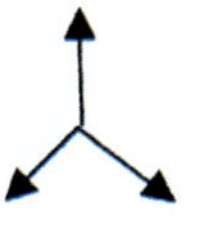 Raum	**Wachzustand** Augen – Ästhetik Oberfläche, Augenschein Perspektive, Axe, Außen- & Innenraumgestaltung
integrales Bewusstsein Ebene der freien Bewusstheit Imagination, Inspiration, Intuition alle Sinne in bewusster Kultivierung Präfrontalkortex (vorderer Stirn-lappen) menschliches „Säugetierhirn“	 Bewusstsein	**Geistesgegenwart** Innenraum – Außenraum multi-, a-perspektivisch alle Sinne ansprechend

Abb. 28: Übersicht über die fünf Bewusstseinsstufen nach Jean Gebser in Bezug auf die wichtigsten zugehörigen Sinne, die dominanten Hirnregionen und die Ausdrucksweise in der Architektur.

6.6 Gemeinschaft, Gesellschaft, Megacities, Homo Urbanicus

Spekulative Nachweise erster echter Städte mit Arbeitsteilung und Befestigungsanlagen reichen frühestens ins 6. Jahrtausend v. Chr. zurück. Erst im 3. Jahrtausend v. Chr. aber wurde die Stadt zu einer wichtigen und verbreiteten Besiedlungsform. In der Stadt standen weder Familie noch Sippe im Zentrum, sondern der Mensch als Gesellschaftswesen. Die öffentlichen Bauten waren hier Ausdruck und Träger von Menschengruppen, welche sich nicht als Feinde verstanden, sondern im Angriffsfall gemeinsam die Stadt verteidigten.

Da sich die Stadtbevölkerung nicht selber ernähren konnte, war sie auf die Urproduktion, also auf Bergbau, Landwirtschaft, Jagd und Fischerei angewiesen. Der Güteraustausch fand innerhalb der schützenden Stadtmauern auf den öffentlichen Marktgassen und Marktplätzen statt.

Die griechische und hellenistische Polis waren autonome Stadtstaaten mit nicht mehr als rund 10.000 Einwohnern. Überschritten sie diese Obergrenze, zogen Pioniere mit den überzähligen Jungen aus und gründeten eine neue Polis. Die kritische Größe einer Verwaltungseinheit, in welcher lokale Entscheidungen noch transparent, orts- und sachgemäss gefällt werden können, beträgt gemäß empirischer Untersuchungen rund 7000 Einwohner (Alexander, 1977). Seit Napoleon nennt man diese Verwaltungseinheiten Quartiere. Rund die Hälfte der Bewohner einer antiken Stadt waren Sklaven. Menschenraub war eines der großen Ziele von Eroberungszügen. Den völkisch, d. h. kulturell, sprachlich und religiös fremden Minderheiten wurden in den Städten gewisse, wenn auch minimale Rechte und Freiheiten zugestanden.

Evolutionsgeschichtlich gesehen sind die heutigen Megacities eine extrem junge Erscheinung. Das über Jahrtausende erhaltene Gleichgewicht zwischen Stadt- und Landbevölkerung, Zentrum und Peripherie ist durch die völkerwanderungsähnliche Landflucht aufgehoben. Die Städte haben mit ihrem ungebremsten Wachstum auch eine ungeheure Anziehungskraft, eine Art wirtschaftlicher, sozialer und kultureller Gravitationskraft entwickelt, welcher die verbliebene Landbevölkerung schutzlos ausgeliefert ist. Der rasant wachsende Ressourcenbedarf der Städte führte zur Industrialisierung des primären Sektors und zu einem gigantischen Transportvolumen. Der Homo Sapiens ist seiner Konstitution nach ein Teil der Natur und ein Halbnomade geblieben, weshalb ihm das urbane Biotop aus Beton und Asphalt nicht genügt und weshalb er dauernd unterwegs ist. Zudem suchen viele Eltern in der Brut- und Aufzugsphase etwas Dörfliches und wählen ihren Nistplatz in den Agglomerationen.

Gütertransport und Mobilität lassen den Ressourcenverbrauch stark ansteigen.

Die knappsten Ressourcen des heutigen Homo Urbanicus sind allerdings die Zeit, die eigenen Sinne und damit zusammenhängend die Sinnhaftigkeit des eigenen Lebens. Dem in der Megamaschine (Scheidler 2015) nicht mehr Integrierten fehlt es an allem, vor allem aber an einer Perspektive! Da ihm auch der Zugang zu den unzähligen Ersatzbefriedigungen des Konsums verwehrt ist, bleiben ihm je nach Temperament und Sozialisierung Depression oder Aggression. Um Terror, Bürgerkrieg oder weitere teure Stellvertreterkriege zu vermeiden, werden wohl demnächst Gratiskonsum, ein Grundeinkommen oder Helikoptergeld Alltag werden.

Alle erfolgreichen Politiker, selbst die Konservativsten, punkten deshalb mit dem diffusen Versprechen auf einen Wechsel. Der Feind ist das „Establishment" welches mit der jeweiligen Politik und Verwaltung gleichgesetzt wird. Der neue Klassenkampf richtet sich gegen die jeweils herrschende „Classe Politique". In Wirklichkeit sitzen an den Hebeln dieser Megamaschine die zwei Prozent Superreichen, welche über ihr akkumuliertes Kapital die globalisierten Großkonzerne steuern und abschöpfen und über die Massenmedien und die Plattformen der sogenannten sozialen Medien die politischen Scheinkämpfe inszenieren und finanzieren.

7 Ansätze zur Raumgestaltung einer integralen Bewusstseinsstruktur

Wenden wir uns in dieser als ausweglos erscheinenden Situation noch einmal mit Jean Gebser den Stufen des Bewusstseins zu. Wir sind heute mehr denn je herausgefordert, das Ungenügen und die Einseitigkeit des mental-rationalen Bewusstseins mit dessen eigenem Werkzeug, dem klaren und analytischen Verstand, zu durchschauen. Hierzu empfehle ich die Lektüre des Buches „Das Ende der Megamaschine" von Fabian Scheidler.

Gefordert wäre gemäß Jean Gebser darüber hinaus ein integrales Bewusstsein. Der Begriff des Integralen meint, dass auf dieser Stufe des Bewusstseins eine Integration der älteren, vermeintlich primitiveren Bewusstseinsstufen des

Mythischen, des Magischen und des Archaischen auf einer bewussten Ebene sowohl von der Gesellschaft als auch von möglichst vielen einzelnen Individuen vollzogen wird. Der Mensch bleibt heute und in absehbarer Zukunft nur wirklich Mensch, wenn er alle seine Seelenkräfte weiterentwickelt – bis zu seinem Tod.

Wie im nächsten Kapitel ausgeführt wird, sind vor dem Erwachsenwerden alle notwendigen Entwicklungsschritte stark mit den natürlich bedingten Veränderungen wie dem körperlichen Wachstum und dem Erreichen der Geschlechtsreife verbunden. Nach dem Erwachsenwerden braucht es eigene Anstöße zu einer inneren, seelisch-geistigen Weiterentwicklung. Dies ist nicht zu verwechseln mit einer lebenslangen beruflichen Weiterbildung.

Meine Frau und ich haben wie viele der 68er-Generation nach dem Studium einen ersten Schritt in diese Richtung gemacht, indem wir uns in der Schweiz beruflich, militärisch und steuerlich abgemeldet haben und mit einem als Wohn- und Arbeitsmobil umgebauten VW-Bus ostwärts gefahren sind. Dieses bewusste Abschließen einer Lebensphase, um offen und neugierig andere Perspektiven nicht europäisch geprägter Kulturen einzunehmen, war sicher ein guter und altersgemäßer Schritt in dieser Richtung. Jean Gebser nennt das integrale Bewusstsein auch das aperspektivische, d. h. ein Bewusstsein, welche auch andere Perspektiven mit einschließt.

Um aus biographischen Krisen und Nahtoderlebnissen seelisch-geistige Wiedergeburten entstehen zu lassen, braucht es Vorbereitungen und Begleitungen, für die meisten Menschen wohl auch eine individuelle Führung durch eine reifere Persönlichkeit.

Eine Integration der magischen und mythischen Bewusstseinsstufe führt zu einer Entwicklung dessen, was wir Imagination und Inspiration nennen, jene der archaischen Stufe zur Entwicklung dessen, was wir Intuition nennen. Die Ersteren bereichern die Phantasie, die Letztere stärkt die Entscheidungs- und die Entschlusskraft.

7.1 Konkrete Beispiele einer integralen Architektur

An zwei konkreten Beispielen der neueren Architekturgeschichte – zwei Wallfahrtskirchen – soll gezeigt werden, dass es Realisierungen einer integralen Architektur schon seit mindestens 50 Jahren gibt. Das eine ist die Wallfahrtskirche von Ronchamps, ein Spätwerk des Architekten Le Corbusier in der

Abb. 29: Archaische Dimension in der starken, plastischen Großform und in der Form des archeartigen Daches.

Nähe von Belfort im Elsass. Beim zweiten Beispiel handelt es sich um die Bündner Bergkapelle San Benedetg in der Surselva, einem Werk des ebenfalls weltbekannten Architekten Peter Zumthor. Beide Werke sind Ausdruck eines integralen Bewusstseins: sie sprechen den Menschen auf allen seinen vier Bewusstseinsstufen an, auf der archaischen durch die elementare Kraft der Großform, auf der

Abb. 30: Magische Dimension durch die geheimnisvolle und poetische Umwandlung des Lichtes.

Abb. 31: Mythische Dimension durch die grobe, hautartige Struktur des Außenputzes, das Spiel von Licht und Schatten und durch den höchst reizvollen, erzählerischen Umgang, der voller Überraschungen ist.

magischen durch die geheimnisvolle Umwandlung des Tageslichtes an den Wänden des Innenraumes, auf der mythischen durch die erzählerisch reiche Ausgestaltung der Außenfassaden mit dem Wechselspiel von Licht und Schatten. Die mental-rationale Dimension ist bei einem heutigen Neu- oder Umbau immer angesprochen, da der Zeitgeist und der Zwang zur Rationalisierung immer auch präsent sind.

Abb. 32: Mental-rationale Dimension durch die scharfe, spitzwinklige Kante im Bug.

Abb. 33: Archaische Dimension in der starken ovalen Großform und der Einfachheit der Setzung in der unveränderten Landschaft.

Abb. 34: Magische Dimension in der Umwandlung des Tageslichtes in geheimnisvolle Silber- und Goldtöne an den Innenwänden.

Abb. 35: Mental-rationale Dimension in der ablesbaren, geometrisch-ökonomischen Statik der Dachkonstruktion.

Abb. 36/37: Mythische Dimension in der abwechslungsreichen Licht- und Schattenwanderung innen und den vielfältigen Geschichten, welche die Lärchenschindeln außen im Tagesablauf erzählen.

8 Metamorphosen menschlichen Bewusstseins in der Kindheit und Adoleszenz

Wie im letzten Kapitel angedeutet, werden die Entwicklungsschritte im Säuglings- und Kindesalter und auch noch in der Adoleszenz stark von inneren, instinktgesteuerten Kräften ausgelöst und geprägt. Analog zum biogenetischen Grundgesetz von Ernst Haeckel aus dem Jahr 1866 kann man von einer Art psychogenetischem Grundgesetz sprechen. Dies besagt, dass jedes Kind ganz grundsätzlich noch einmal die Bewusstseinsstufen der Menschheit von einer archaischen über eine magische zu einer mythischen und schließlich zu einer mental-rationalen Bewusstseinsstruktur durchläuft. Je nach Entwicklungsalter haben andere Hirnteile die Dominanz bezüglich Sinneswahrnehmung, Erleben und Handeln. Im archaischen Säuglingsalter ist das R-System (auch Instinkt- oder Reptilienhirn genannt) dominant, im magischen Bewusstsein der frühen Kindheit das Limbische System, auch Emotionshirn genannt, im mythischen Bewusstsein der mittleren Kindheit ist es vorwiegend die rechte Hemisphäre des Großhirns und im mental-rationalen Bewusstsein der Pubertät und der späteren Jugendzeit ist es die linke Hemisphäre des Großhirns. Für die Entwicklung eines integralen Bewusstseins stünde der für den Menschen typische Präfontalkortex zur Verfügung, der heute offenbar noch kaum aktiv genutzt wird (Pearce, 1994).

Warum ist dies im Zusammenhang mit Architektur relevant und interessant? Weil dies bedeutet, dass wir uns sowohl bei den raumplanerischen Überlegungen zu den künftigen Platzierungen von Kitas, Kindergärten, Primar- und Sekundarschulen als auch bei der architektonischen Gestaltung der Gebäude und Außenräume von diesen Erkenntnissen leiten und inspirieren lassen können.

Wie Manfred Spitzer 2002 in diesem Zusammenhang gesagt hat, „geht es bei der Pädagogik nicht primär um das Festlegen von Inhalten, die zu vermitteln sind. Es geht vielmehr um die Schaffung von Lebensbedingungen, unter denen das Richtige überhaupt erst gelernt werden kann." Bis zur Pubertät bildet einen wichtigen Teil dieser Lebensbedingungen die Nähe zur gewachsenen, elementaren und zur vom Menschen kultivierten Natur wie dem Garten, den Wildtieren und den Nutz- und Haustieren. Warum? Weil dies in der Evolution des Menschen auf den entsprechenden Entwicklungsstufen das maßgeben-

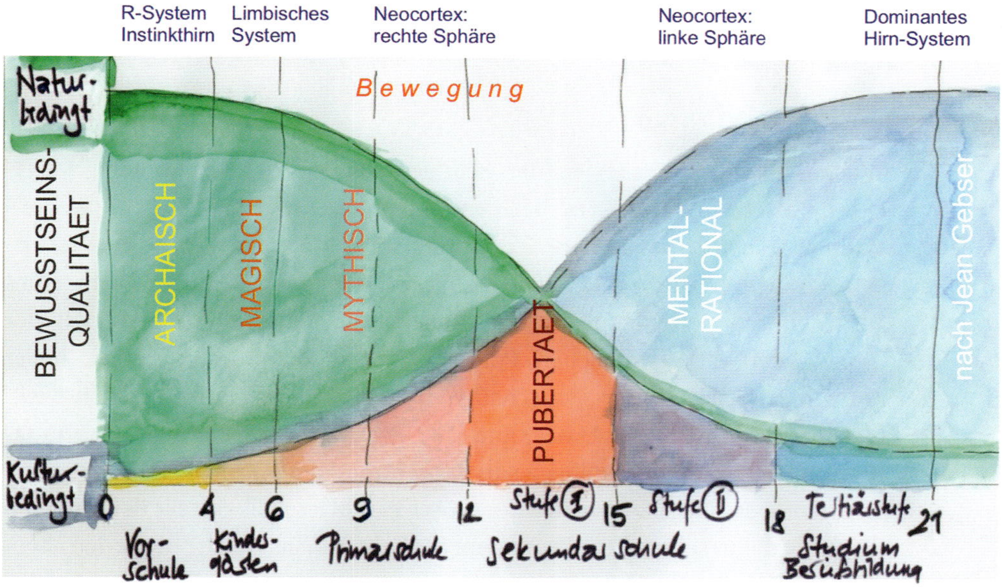

Abb. 38: Übersicht über die Stufen kindlicher Entwicklung in Bezug zu den gängigen Schulstufen und zu den jeweils dominanten Hirnregionen; Grün bezeichnet den naturbedingten Einfluss auf das kindliche Verhalten und Lernen, Blau den kulturbedingten; in dieser Darstellung wird auch die schwierige Situation der Jugendlichen in der Pubertät verständlich.

de Biotop war. Natürlich sind Kinder so anpassungsfähig, dass sie auch in einem urbanen Biotop aus Beton und Asphalt groß werden und sehr viel lernen können, was von der Arbeitswelt kurzfristig gerade noch gebraucht wird. In Konkurrenz mit der künstlichen Intelligenz von Höchstleistungscomputern wird der Mensch aber auf dieser rein mental-rationalen Ebene ohnehin den Kürzeren ziehen. Eine Ausbildung der vielfältigen Sinne, eine Entwicklung der Grob- und feinmotorischen Beweglichkeit und ein starkes inneres Selbstvertrauen werden sich bei Kindern aber gemäß dem biogenetischen Plan (Pearce, 1978) und der Dominanz der angesprochenen Hirnpartien in Resonanz mit einem naturnahen Biotop viel eigenständiger und effizienter vollziehen als in einer dichten, vom Menschen künstlich gestalteten und rational durchorganisierten Stadt.

9 Primäre Forderung an die Verantwortlichen der Planung von Megacities

Wie lässt sich dies aber in der heutigen Realität der wachsenden Megacities umsetzen? So wie es bei den Juden und im Islam selbst in Großstädten eine unveränderbare Tradition ist, aus Respekt vor den Verstorbenen einen bis in alle Ewigkeit zugesicherten Ruheplatz in Form eines ausgedehnten befriedeten Hofes zuzugestehen, sollte es zuoberst auf der Agenda der verantwortlichen Politiker und Stadtbehörden stehen, unseren Kindern ein Biotop zu schaffen, welches ihrer Natur und Entwicklung entspricht. Bei der Umstellung auf selbstfahrende, gemeinsam genutzte Autos wird eine riesige Fläche an dann unnötigen Parkplätzen frei werden. Von acht Autos besetzen heute sieben auf Parkplätzen abgestellt den urbanen Raum. Etwa im selben Verhältnis steht auch die Fläche, welche heute den abgestellten Autos im Vergleich zu Kinderspielplätzen zur Verfügung steht. Anstatt den durch Parkplätze freiwerdenden städtischen Raum gleich für andere, vorwiegend kommerzielle Nutzungen freizugeben, können wir ihn dazu verwenden, das dritte Grundmuster der „Pattern Language“ von Christopher Alexander umzusetzen: „Stadt-Land-Finger“, das fingerartige Ineinandergreifen von Natur und Stadt. Dies ist nicht nur für unsere Kinder lebensnotwendig, sondern dient auch der Gesundheit und dem inneren Gleichgewicht der Erwachsenen, welche sich in Arbeits- und Wohnnähe effizient erholen, Stress abbauen, zur Ruhe und zu sich selber kommen können.

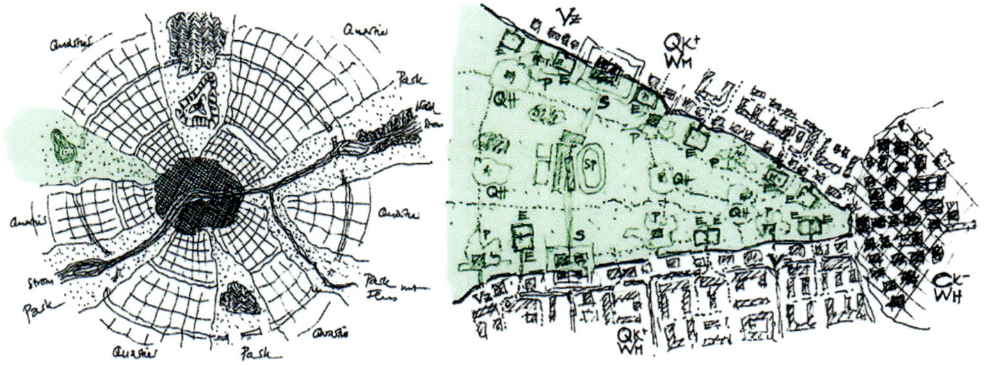

Abb. 39/40: Schematische Darstellung des dritten Grundmusters der „Pattern Language": Stadt-Land-Finger; die Natur greift fingerartig in die Megacities ein.

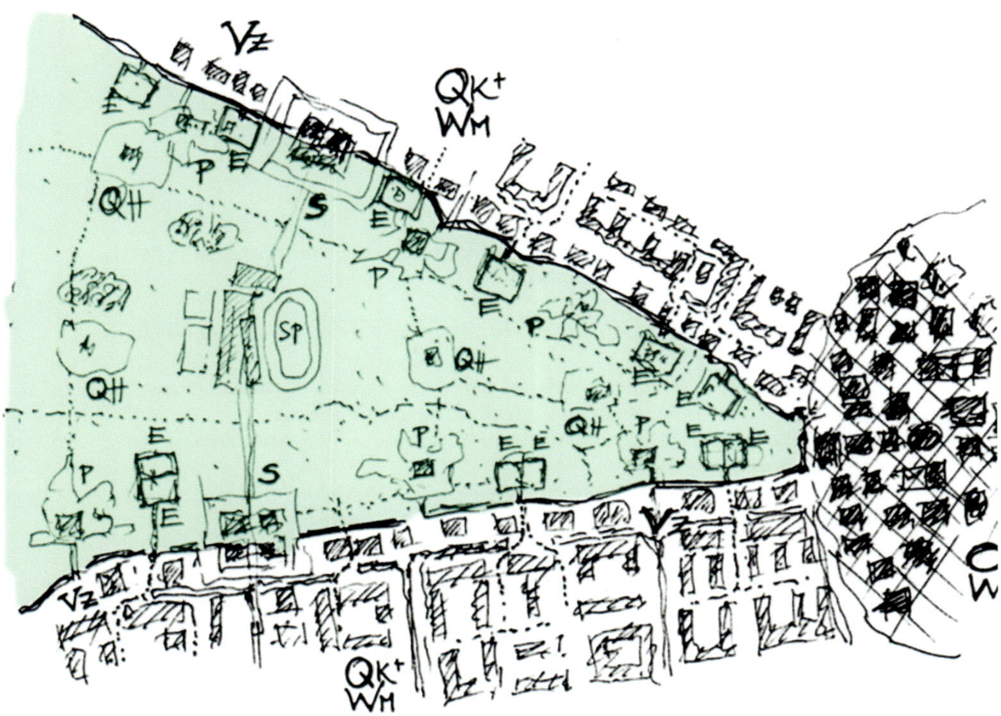

Abb. 41: An diesen Naturkorridoren docken Kindergärten an (Elementarstufe E), liegen die Primar-(P) und Sekundarschulen (S), gibt es Quartierbauernhöfe (QH) und Sportanlagen(SP).

Literatur

Alexander, Christoph (1977), A Pattern Language.

Gebser, Jean (1952), Ursprung und Gegenwart. Die Fundamente der aperspektivischen Welt.

Giedion, Sigfrid (1976), Raum, Zeit und Architektur, die Entstehung einer neuen Tradition.

Maurer, Urs (1995), Thesen und Kriterien zur Herausbildung zeitgemässer Architektursprachen, reflektiert auf gestalterische Eigenschaften des Betons.

Maurer, Urs (2007), Den Schulbau neu denken, fühlen und wollen. Erneuerung der Fundamente, Entwicklung von Leitbildern und Perspektiven jenseits der Moderne.

Pearce, Josef Chilton (1978), Die Magische Welt des Kindes.

Pearce, Josef, Chilton (1992), Der nächste Schritt der Menschheit. Die Entfaltung des menschlichen Potentials aus neurobiologischer Sicht.

Pevsner, Nikolaus & Lang, Susan (1968), The Egyptian Revival in Art, Architecture and Design.

Scheidler, Fabian (2015), Das Ende der Megamaschine.

Spitzer, Manfred (2002), Lernen, Gehirnforschung und die Schule des Lebens.

Steiner, Rudolf (1904), Theosophie, Einführung in übersinnliche Welterkenntnis und Menschenbestimmung.

Teichmann, Frank (1978), Der Mensch und sein Tempel, Ägypten.

Bildnachweise

Abb. 1 und 2: aus: IRONIMUS, Architekten sind auch nur Künstler, Ernst & Sohn, Berlin (1989).
Abb. 3 und 4: Zeichnungen des Autors nach Fotos
Abb. 5 und 6: Fotos des Autors
Abb. 7/8: Architektur der frühen Hochkulturen (1972), Hrsg. Pier Luigi Nervi; Fotos: Pepi Merisio & Bruno Balestrini.
Abb. 9: aus Frank Teichmann, der Mensch und sein Tempel, Ägypten, Urachhaus, Stuttgart (1980), Fig. 11; der Vordergrund wurde vom Autor zur Vergleichbarkeit schwarz eingefärbt
Abb. 10: Max Adolf Vogt, Boulées Newtondenkmal, Sakralbau und Kugelidee, Birkäuser Verlag (1969), S. 48
Abb. 11: Foto des Autors
Abb. 12: aus Frank Teichmann, Der Mensch und sein Tempel, Griechenland, Urachhaus, Stuttgart, (1978), Fig.13
Abb. 13: aus Rudolf Stössel, Wege zur Harmonik, Bern, (1987), Fig. 69
Abb. 14: Foto und Monochord des Autors
Abb. 15 und 16: ab Dia der Editioni Turistiche, „Ancient Rome", (1980)
Abb. 17 bis 19: Fotos des Autors
Abb. 20 bis 24: Kohlezeichnungen des Autors
Abb. 24 und 25: Fotos des Autors
Abb. 26 und 27: Fotokopie aus den Archiv des Freidorfs, (1930)
Abb. 27: Fotokopie aus dem Archiv des Freidorfs, Zeichnung Hannes Meyer, (ca. 1924)
Abb. 28: Grafik des Autors
Abb. 29 bis 37: Fotos des Autors
Abb. 38 bis 41: Grafiken des Autors

Joachim Pfeffinger

Organische Architektur

Prinzipien einer Baukunst aus dem Menschen

1 Einleitung

Die folgende Betrachtung ist einer Formenwelt des Bauens gewidmet, die sich im vergangenen Jahrhundert in verschiedenen Richtungen herausgebildet hat. Sie ist heute zwar in vieler Munde, doch gibt es aufgrund der verschiedenen Interpretationen ihres Wesens kaum eine Möglichkeit, allgemeingültige Eigenschaften zu formulieren. Würde man aber eine größere Anzahl Bau-Unkundiger spontan zwischen herkömmlichen Architekturen und solchen der genannten Formenwelt wählen lassen, so würden sich viele, vielleicht sogar die meisten Betrachter für diese „lebendige" Formenwelt entscheiden.

Organische Architektur (Organik) – unter diesem Namen wurde bisher die genannte Formenwelt zusammengefasst – wartet darauf, salonfähig zu werden, den Nimbus des Alternativen oder gar Irrationalen abstreifen zu können. Organik hat sich im Verlauf des 20. Jahrhunderts neben Baurömungen wie dem „Expressionismus", dem „Internationalen Stil" als „Moderne", der „Postmoderne" und dem „Dekonstruktivismus" allmählich weltweit in verschiedenster Art herauskristallisiert. Sie hat sich jedoch nicht wie jene eher kurzatmigen Zeiterscheinungen frühzeitig abgenutzt, sondern sie drängt in vielen Bauten des heutigen Mainstreams quasi an die Fassadenoberflächen; man könnte auch sagen, dass sie ihre Anwesenheit oberflächlich geltend macht. Als Ganzheit wird Organik jedoch eher abgelehnt.

Die kontinuierliche Entstehung organischer Bauten bis heute legt die Vermutung nahe, dass sie mehr als ein Zeitphänomen ist. Das Greifen der Organik verlangt daher einen ganz anderen Betrachtungshorizont im Zuge eines epochalen, historischen und *geistigen Wandels,* in dem sich die Menschheit seit dem Beginn der Renaissance befindet. Innerhalb dieser Entwicklung ist die Menschheit seit etwa 120 Jahren in eine neue Phase eingetreten, die nach der Ausbildung eines *Neuen Denkens* verlangt, das mit der *Überwindung des Materialismus* einhergeht:[1] Statt einer Denkweise, die lebendige Wesen immer noch aus der materiellen Sphäre zufällig und mechanisch gebildet glaubt, geht es um ein Denken, das sich zum tieferen Verstehen der Sphäre des Lebendigen und Sozialen weitet. Statt der üblichen Geisteshaltung der rationalen Logik, die

1 Das neue Denken beschreibt Rudolf Steiner in seiner immer noch kaum beachteten Schrift: „Die Philosophie der Freiheit, Grundzüge einer modernen Weltanschauung", 15. Auflage 1987, Rudolf Steiner Verlag Dornach/Schweiz.

sich bis heute allmählich herausgebildet hat und die im Zeitalter des Individualismus seit dem Beginn der Renaissance eben zum Materialismus degenerierte, geht es um einen „Erkenntnisweg, der das Geistige im Menschenwesen zum Geistigen im Weltall führen möchte", insofern dieses im Menschen als „Herzens- und Gefühlsbedürfnis" auftritt und es geht darum, „... gewisse Fragen über das Wesen des Menschen und der Welt so als Lebensnotwendigkeit [zu] empfinden, wie man Hunger und Durst empfindet". Ein wirklicher Erkenntnisweg im Sinne des ersten anthroposophischen Leitsatzes Rudolf Steiners wird Subjekt und Objekt zusammenführen. Das Subjekt wird vollgültig in den Wissenschafts- und Erkenntnisprozess aufgenommen. Dualismen wie „Dinge an sich", „Dies- oder Jenseitsvorstellungen" und eine von Physik zu unterscheidende „Meta-Physik", die für eine lange Zeit die philosophischen Diskussionen beherrschten und die Trennung des Menschen von der Welt, vom Kosmos und von sich selbst bezeugten, sollten wir getrost einem Museum der Geistesgeschichte überantworten. Wir leben in *einer Welt* des physischen und seelischen und geistigen Seins, in *einem Kosmos*, der sich auf der Basis des bisher Erforschten und ganz neuer Forschungsmethoden neu erschließt.

Die nachfolgende Betrachtung der Organik wird auf die möglichen künstlerischen Entwurfsprinzipien beschränkt, die der Planung und Realisierung unterlegt sein sollten, was gut gerechtfertigt werden kann: Wenn nämlich empfindsame Menschen große Bauten – auch gute Wohnbauten[2] – erleben und von deren Schönheit, Erhabenheit und Charme ergriffen sind, fragen sie nicht zuerst nach dem Entstehungsprozess, den Umständen oder gar nach Zeitplänen und Kosten, die im Zuge der Realisierung aufgetreten sind. Sie suchen zunächst in den Formen und künstlerischen Gebärden die Gründe für das Ergriffensein. Alle anderen Fragen stellen sich danach.

2 Gemeint sind Neu- und Umbauten/Sanierungen bestehender Bauten, aber auch Anbauten an bestehende Bauten, diese Kategorien werden allerdings nicht systematisch behandelt.

2 Die menschliche Gestalt als „Modell" - Grundprinzipien[3]

Bauformen sind Gedankenformen, denn das Bewusstsein der Bauschaffenden und der Menschen jedes Zeitalters bildet sich in den Formen der Bauten dieser Zeitalter ab. Mit reinem und lebendigem Denken[4], das wir als Akt der Freiheit neu in unseren Dienst stellen, werden wir organische Bauten ausführen, die nicht aus Teilen additiv zusammengefügt sind, sondern (als scheinbar lebendiges Wesen) wachsend auseinander hervorgehen.

Der Körper des Menschen als Gestalt-Ausdruck seines individuellen Wesenskernes, seines Ich, ist dabei das Modell, aus dem wir formal zu schöpfen haben, wenn wir keine Boxen, Schachteln, verbogenen und schräg gestellten Dinge mehr bauen möchten – wie dies heute weitgehend üblich ist – , sondern *lebendig wirkende* Formen und Gestalten, eben: organische Architektur. Dazu Rudolf Steiner: „Ein Hinausprojizieren der eigenen Gesetzmäßigkeit des menschlichen Leibes außer uns in den Raum ist die Baukunst, die Architektur."[5]

Zunächst kommt das Skelett als Trage- und Aufrichte-System des menschlichen Leibes in Betracht.

Der Bau und die Formen des menschlichen Skeletts sind vom *Wachstumsprinzip* bestimmt, das auch organische Architektur bestimmen sollte. Dieses Linien- und Kräftespiel vor uns hingestellt ist die Grundlage der organischen Baukunst. Gebäude sind tote Dinge, denn sie sind ja keine Menschen, Tiere oder Pflanzen; sie sollen aber lebendig *wirken*, weil das Leben – auch als Schein – uns Menschen im tiefsten Inneren entspricht.

Diese Aussagen befremden vielleicht, wenn ersichtlich wird, was sie in Bezug auf die Bauformen wirklich bedeuten: Eine komplette Abkehr vom Prinzip des Addierens und monoton-reihenden Wiederholens, wie es auch die in Bild 1 gezeigte Wohnanlage auszeichnet und das wir heute einfach *gewohnt* sind.

3 Trag- und Raumstrukturen, Konstruktionen, Gebäude- und Erschließungstypologien sind nicht Gegenstand dieser Abhandlung, obwohl klar sein muss, dass es auch in Zukunft Tragstrukturen geben wird. Die Lasten werden auch in Zukunft ins Erdreich abgetragen. Wir werden auch in Zukunft Gebäudegrundrisse strukturieren und uns Erschließungstypologien bedienen. Organische Architektur verpflichtet außerdem in noch höherem Maße als bisher dazu, die entsprechenden Gebäudepartien so zu konstruieren, dass keine Bauschäden entstehen können.

4 Zum Begriff des lebendigen Denkens siehe zum Beispiel www.anthrowiki.at.

5 Rudolf Steiner: „Die Kunst im Lichte der Mysterienweisheit", Rudolf Steiner Verlag Dornach/Schweiz, GA 275, 3. Auflage 1990, S. 43.

Abb. 1: Wohnkomplex „Ceres Living, Neues Wohnen in Pratteln“ http://www.ceres-living.ch/Wohnen/Home/

Betrachtet man dagegen den Wohnkomplex „Taliesin“ von Frank Lloyd Wright[6], sieht man in die Landschaft asymmetrisch komponierte Kuben ohne derartige Monotoniegebärden. Auch wenn Taliesin sicher nicht ohne Weiteres mit jenem Wohnkomplex in Pratteln vergleichbar ist, wird doch eine Haltung deutlich, die organische Architektur gegenüber herkömmlichen Architekturen des heute weitgehend üblichen Bau-Denkens auszeichnet. Möglicherweise wird auch deutlich, dass menschenwürdige Wohngebäude nur in begrenzten Größenverhältnissen möglich sind.

Was den Menschen vom Tier grundsätzlich unterscheidet und mit den Pflanzen in eine Ähnlichkeit bringt, ist *die Aufrichte, das Sein zwischen Himmel und Erde.*

Eine wesentliche Forderung für eine neue Baukunst lautet, dass der Mensch, der Gebäuden gegenübertritt oder sie nutzt und bewohnt, in seiner Aufrichte gewürdigt und aufgenommen wird. Das bedeutet nicht ein Verbot horizontaler Elemente, denn es kann in der freien Kunst keine Verbote geben. Was auch immer an Formen konkret gewonnen wird, welche Art von Trag-, Trenn- und Gebäudestrukturen wir erfinden: Der Mensch muss sich beim Betreten, Bewohnen, Nutzen als aufrecht Gehender zwischen Himmel und Erde fühlen

6 Siehe: Google/Taliesin/Bilder.

können (ob er dabei als Nutzer die erforderliche Sensibilität zur Beurteilung besitzt, ist freilich ein anderes Thema). In anderer Weise beleuchtet der Philosoph Martin Heidegger den Zusammenhang des Menschen mit Himmel und Erde: „Doch ‚auf der Erde sein' heißt schon ‚unter dem Himmel'. Beides meint mit ‚Bleiben vor den Göttlichen' und schließt ein ‚gehörend in das Miteinander der Menschen'. Aus einer ursprünglichen Einheit gehören die Vier: Erde und Himmel, die Göttlichen und die Sterblichen in eins".[7]

Abb. 2: Wohnkomplex Ceres Living, Neues Wohnen Pratteln http://www.ceres-living.ch/Wohnen/Home/

Bild 2 zeigt die Straßenfassade derselben Wohnanlage in Pratteln, die mit einer Längenentwicklung von ca. 130 Metern entlang der Hauptstraße und mit ihrer bänderartigen Schichtung der Fassade, erzeugt durch einen Niveauabsatz in der Isolation und durch ein farbliches Verbinden von Einzelfenstern, schier nicht enden will. Sie schneidet – perspektivisch gesehen - mit ihrer Oberkante förmlich den Himmel in zwei Teile. Dieser Umstand wird durch den Höhenversatz allenfalls etwas abgeschwächt, aber keinesfalls aufgehoben. Aus der seelischen Tiefe betrachtet besitzen viele Bauten des zeitgenössischen Bau-Denkens mit dieser einseitigen Tendenz zur Horizontalisierung etwas Niederzwingendes.

Die menschliche Gestalt ist harmonisch gegliedert, wir finden den *Kopf als wölbenden Bezug gegen den Himmel* (gegen oben).

Die Übersetzung auf die zukünftige Baukunst fordert generell von jeder Art von Raumabschluss nach oben – insofern es sich um primäre Räume handelt, die von Menschen bewohnt werden –, dass dieser Raumabschluss eine würdige Reaktion auf den gewölbten Schädel des Menschen ist. Beispiele solcher Räume findet man eher im Privathauswohnungsbau, wie zum Beispiel

7 Martin Heidegger: „Vorträge und Aufsätze, Bauen Wohnen Denken", S. 143, 6. Aufl. 1990, Verlag Günther Neske Pfullingen 1954.

beim bereits genannten Wohnkomplex Taliesin von Frank Lloyd Wright (siehe Fußnote 6). Ein anderes Beispiel bieten die „Maisons Jaoul" von Le Corbusier in Paris[8]. Obwohl Le Corbusier nun nicht in den Kreis organischer Architekten gehört, gibt es doch zahlreiche Werke des Meisters, die deutlich die Merkmale organischer Architektur tragen. Die Gebäude sind in zwei Raumschichten konstruiert, die jeweils mit einem katalanischen Gewölbe überdeckt sind. Interessant wäre es, zu untersuchen, inwiefern solche Raumabschlüsse auch in größeren Wohnbauten realisiert werden können.

Tief empfunden werden kann der Druck, ja beinahe Schmerz, wenn Menschen sich (mit ihrem gewölbten Schädel, dessen sie sich bewusst werden müssen) in Räumen mit (er-)drückenden flachen Decken befinden, besonders wenn (erzwungen durch Energiegesetze oder Verdichtungs- und Ausnutzungszwänge) die Räume in der heutigen Zeit immer weniger Höhe aufweisen.

„Die Füße, über die Erdenschwere hinaus gewölbt, den Boden im Tasten ergreifend, aktiv, beweglich, federnd, sich selbst das Verhältnis zur Erde suchend, leicht und doch bestimmt, bewusst auftretend ..."[9] Der Mensch steht mit den Füssen am Boden, wir finden entsprechend eine *bewusste Beziehung zur Erde* (gegen den Boden).

Gegen das Erdreich wurde aus baukonstruktiven Gründen in früheren Zeiten des Bauens immer schon ein Sockel ausgebildet, der dadurch in einen Formenkanon einbezogen war. Neuerdings geht es darum, nicht den Zwang des Nutzens oder äußerer Bedingungen als Anlass für die Verwendung dieses Übergangselementes zu nehmen, sondern jenes immer wieder neu zu suchende und freie Verhältnis zur Erde in der Gebäudegestalt sichtbar zum Ausdruck zu bringen. Obwohl wir den konstruktiven Schutz bautechnisch heute ohne sichtbaren Sockel herstellen können, ist eine Gestaltung dieses Übergangs doch wichtig. Andernfalls bleibt das Gebäude von der Erde getrennt.

Der Baukomplex der ING-Bank in Amsterdam, der im Jahr 1999 von den niederländischen Architekten Anton Alberts und Max van Huut realisiert wurde, zeigt unter anderem, wie der Übergang zur Erde gestaltet werden kann: Das Gebäude verbreitert sich gegen unten und erweckt den Schein, als wachse

8 Siehe: Google/Maison Jaoul/Bilder.
9 Aus: „Der Bau, Studien zur Architektur und Plastik des ersten Goetheanum von Carl Kemper", herausgegeben von Hilde Raske, Verlag Freies Geistesleben 1984, S. 173.

es aus der Erde heraus.[10]] Die Bronze-Plastik (Bild 3) des Bildhauers und Architekten Christian Hitsch aus Dornach, die Architekturqualitäten besitzt und auch als Hochhausentwurf verstanden werden könnte, weist die Verbindung zur Erde in ähnlicher Weise auf.

Abb. 3: Bronzeplastik
Künstler: Christian Hitsch, Dornach

Die Abschlüsse von Gebäuden/Wänden/Elementen gegen oben und unten sind generell neu zu greifen. Eine Architektur, die gegen oben und unten abgeschnitten ist, die oben und unten – in den Innenräumen und am Außenbau – gleich ausgebildet ist, entfernt sich vom Leben des Menschen, dessen Aufrichte-Gestalt dadurch korrumpiert wird. Der deutsche Philosoph und Pädagoge Otto Friedrich Bollnow verdeutlicht diesen Zusammenhang mit folgenden Worten: „Im Unterschied zur Homogenität des mathematischen Raumes ... ist der erlebte Raum durch seine Inhomogenität gekennzeichnet. Dieser Unterschied ist jetzt nach verschiedenen Seiten hin zu verfolgen. Er besagt zunächst, dass es im erlebten Raum keine gleichwertigen und beliebig drehbaren Achsenrichtungen gibt, sondern bestimmte, ausgezeichnete Richtungen, die mit dem Verhältnis des Menschen zum Raum notwendig gegeben sind." In Bezug auf die Gegensatzpaare vorn/hinten, rechts/links und oben/unten schreibt Bollnow weiter: „Vor allem aber hebt sich die Richtung von oben und unten heraus, die durch die aufrechte Stellung des Menschen bedingt ist. Von dieser kann man in der Tat sagen, dass sie von Natur aus und nicht durch menschliche Willkür besteht".[11]

Im Vorgriff auf eine noch vertiefte Betrachtung der Organik weiter unten sehen wir in der Rippen- und Wirbelstruktur ein Abbild des Empfindens und Fühlens des Menschen:

10 https://volcania.wordpress.com/2011/10/27/schrage-bank/

11 Otto Friedrich Bollnow: „Mensch und Raum", 8. Auflage 1997, Verlag W. Kohlhammer, S. 44ff.

In diesem Bereich liegen das Herz und die Lungen geschützt. Die *rhythmisch angeordneten Elemente* im Mittelbereich als harmonisch gegliederte Partie von sich wandelnden gleichartigen Elementen lassen das Wesen der Zahl in der menschlichen Gestalt aufleuchten.

Keine Rippe gleicht der anderen, kein Wirbel ist gleich. Mit dem rhythmischen Element kommt ein Teil des Musikalischen in die Architektur des Leibes und somit in die Baukunst hinein. Takt und Rhythmus in der Musik gehen direkt aus den Atemzügen und Herzschlägen des Menschen hervor (in der Musik spricht man auch vom „Puls" eines Musikstückes). So, wie sich Melodik und Harmonik vom Ich ausgehend ins Physische einprägen, wird Neues Bauen musikalisch durchdrungen sein. Und wollen wir Sinfonien, Phantasien und rhythmisch geprägte kontrapunktische Melodien in freiem Takt schaffen, muss die Anordnung der primären Bauglieder, aber auch der Fenster und Öffnungen, Vor- und Rücksprünge im organischen Bau rhythmisch-harmonisch-melodisch geprägt sein, indem jede Monotonie vermieden wird. Am heutigen Bau des Goetheanum in Dornach (Schweiz) sind die Fenster in Gruppen rhythmisch auf den Fassadenflächen angebracht. Durch diese Anordnungsweise entstehen zugleich lebendige Zwischenräume; die einzelnen Fenster in den Gruppen sind zudem gestisch aufeinander bezogen und durch Form-Metamorphosen gekennzeichnet. Das Öffnungs- und Formverhalten der Fenster und Fassadenoberflächen zwischen West- und Ostfassade ist zudem polar ausgebildet. In puncto Organik gibt es zurzeit wahrscheinlich keinen Bau, der konsequenter und tiefsinniger gestaltet ist, als es das Goetheanum ist.[12]

In den Armen und Fingern haben wir ein besonderes Element, sie können horizontal um sich und über den Kopf hinausgreifen. Die Arme sind die freiesten Glieder des menschlichen Leibes, sie stehen für *die Verbindung zur Welt.*

Statt abweisende Wandscheiben sind in die Welt ausgreifende Gebäude und Gebäudeelemente zu konzipieren, die sich mit der Welt und dem Himmel räumlich und optisch verbinden und verzahnen, die Welt nach innen holen und das Innen mit der Welt verschränken.

12 Siehe: Google/Goetheanum/Bilder.

Abb. 4: Kulturwerkstatt, Wohn- Büro- und Geschäftsgebäude Salzburg, Abb. 5: Rudolf Steiner-Bau Salzburg, Detail Pfeilervorlage. Architekt: Christian Hitsch, Dornach

Bild 4 zeigt, wie durch eine lebendige Silhouette eine optische Verbindung des Gebäudes mit dem Himmel erreicht wird.

Auch das folgende Element der Organik wird auf dem vorigen Bild verdeutlicht: Wir sehen in der menschlichen Gestalt keine starre Aufrechte. Wenn wir Bauten lebendige Gestaltprinzipien einhauchen möchten, werden sie sich durch ein *dynamisches Umspielen der Horizontalen und Vertikalen* auszeichnen.

Als zwischen Himmel und Erde Stehende können wir in uns zwei Tendenzen spüren: Einerseits die lastende Kraft, die uns zum Erdboden (zum Erdmittelpunkt) zieht. Unser ganzer Körperbau, das Skelett trägt die Lasten in jeder Bewegungs- und Ruhesituation von oben nach unten ab. Andererseits nehmen wir im ganzen Bau des menschlichen Körpers durch die Aufrichte eine gespannte Gegenkraft wahr, die uns dem Himmel zuführt. Die Wirbelsäule ist wie eine gespannte, dynamisch geformte Stütze ausgebildet, die ein perfektes Bild der Aufrichtungskraft gibt. Setzen wir dieses Prinzip *nach außen,* sollte in jedem Bau eine *Empfindung für Tragen und Lasten* deutlich werden.

Nicht allein die Software des Computers, sondern vor allem die Empfindung der Architekten und Statiker muss in Zukunft beim Planen und Formen von Stützen und tragenden Elementen im Vordergrund stehen, in einem meditativen Akt in die (zukünftigen) Bauteile hineingehen, um die Trage- und Lastenstruktur des zukünftigen Baus von innen zu spüren. Stützenformen werden nach ihrer Aufgabe und Stellung möglicherweise immer asymmetrisch geformt sein, so wie es im menschlichen Bau keinen zylindrischen oder kantig-symmetrischen Knochen gibt.

Der Kampf gegen die Schwere, den wir als Planer auch im Entwurf zu führen haben, wurde in der neueren Baugeschichte – zwar im Formenkanon anorganischer Bauformen – bereits erfolgreich geführt: Wenn wir in der Geschichte zurückgehen und die weißen Kuben der Moderne betrachten, zum Beispiel den Wohnungsbau von Ludwig Mies van der Rohe in der Weißenhofsiedlung in Stuttgart[13], finden wir an diesen Bauten, im Gegensatz zu vielem, was heute gebaut wird (nicht selten auch organische Architektur), eine enorme „Leichte", beinahe ein entmaterialisiertes Schweben, trotz mäßiger Verwendung von Glas. Diese Eleganz der dem Himmel zustrebenden Leichte – ohne „abzuheben" – ist anzustreben.

Betrachtet man irgendein beliebiges Glied an der Leibesform, findet man keines an ein anderes angefügt, angeklebt oder montiert. Die Form des jeweils anschließenden Gliedes nimmt die Form des vorigen „mit Bedacht" auf, so, als ob ein Mensch im Gespräch die Gedanken des Vorredners sanft aufnimmt und weiterspinnt. Es herrscht ein Fließen und sanftes Reagieren im Sinne eines *sozialen* Ganzen. Jede Einzelform scheint im Sinne eines Grundgedankens so gebildet, dass die Gewichtskräfte dem Auge plausibel vermitteln, von oben nach unten geführt werden und zugleich die Gegenbewegung des Nach-Oben-Strebens ausgeführt wird. Entsprechend ist eine sprechend-soziale Baukunst zu fordern als *fließendes Ineinander-Übergehen der Glieder.*

In den Gebilden des heutigen Bau-Denkens findet man kaum ein Bewusstsein für diese Zusammenhänge. Alles, was die Baugeschichte bis ins 19. Jahrhundert herausgearbeitet hat, wurde während des 20. Jahrhunderts „über Bord geworfen" und einem Abstraktionsprozess unterzogen. Hier soll nun nicht der alten Tektonik das Wort gesprochen werden, wie Stützen durch Kapitelle, Balken durch Pfeilervorlagen, Wände durch historisierend gegliederte Sockelformen, Fassaden durch Gesimse gegliedert werden, obwohl auch dies selbstverständlich nicht verboten sein kann. Die Ausformung solcher Übergänge soll frei in völlig neuer Form gegriffen werden! Keine Stütze „verschwindet" mehr *irgendwie* in der Deckenverkleidung, kein Balken stößt mehr ohne Form-Reaktion stumpf an eine Wand, kein Dach wirkt mehr als „Deckel" aufgesetzt, kein Gebäudetrakt wirkt an den anderen angeklebt. Auf Bild 5 ist ein solcher Über-

13 Siehe: Google/Weißenhofsiedlung/Mies van der Rohe/Bilder.

gang am Beispiel einer Pfeilervorlage gezeigt, die in eine gewölbte Decke übergeht. Auch beim Goetheanum kann das fließende Übergehen in verschiedenster Weise studiert werden, etwa an den mächtigen Stützpfeilern der Süd- und Nordfassade.[14]

Wir sehen heute vor allem Gebäude, deren Gestalt so angelegt ist, dass sie unendlich horizontal oder vertikal weitergehen könnten. Man hat den Eindruck, dass sie, obwohl fertig gebaut, in einem unvollständigen Stadium stehengeblieben sind.

Abb 6: Wohnturm Nordseite

Abb. 7: „Öffnungsgeste“ gegen den Bahnhof

Abb. 8: Wohnturm Ostseite

Abb. 9: Unterraum mit Zylinder-Stützen

Abb. 6 - 9: Wohnhochhaus L'Aquila in Pratteln(http://www.aquila-pratteln.ch/default

14 siehe Fußnote 12

Die Bilder (6-9) zeigen einen Ausschnitt des Gewerbe- und Wohnhochhauses L'Aquila des Architektenteams Christ und Gantenbein aus Basel, das 2016 in Pratteln (Nordwestschweiz) eingeweiht wurde. Das Hochhaus mit seinen zwar um die Ecken fließenden, aber doch monotonen Fassaden- und Fensterbändern (Bilder 6 und 8), die vertikal addiert sind, wirkt oben „abgeschnitten", es könnte höher oder weniger hoch sein. Die Gestalt endet oben willkürlich, vermutlich aus baurechtlichen Gründen. Unten stoßen die Stützen unvermittelt und ohne Übergang in die Decke (Bild 9), die „durchgestanzt" zu werden droht. In dieser Komposition wird die Schwere betont, es fehlt die Gegenkraft zum Himmel. Der Unterraum unter den „Flügeln" besitzt durch seine Höhenentwicklung durchaus einen aufrichtenden Charakter. Das Gebäude ist im Sinne anorganischer Architektur ein gelungenes Beispiel gut durchgestalteter Architektur, hat aber mit Organik wenig bis nichts zu tun, obwohl die Architekten dies bei der Einweihungsfeier reklamierten.

Die Annahme der Möglichkeit unendlichen Wachstums ist eine Grundproblematik des Kapitalismus und in verstärktem Masse auch des Marktradikalismus (Neoliberalismus), eine Denkweise, die sich geistig in vielen Bauten ausdrückt. Dagegen ist beim näheren Betrachten der menschlichen Gestalt als „Organismus" zu beobachten, dass sie in jedem Entwicklungsstadium *in sich* abgeschlossen ist.

Die Forderung nach der Abgeschlossenheit der Bau-Gestalt steht nicht unbedingt im Widerspruch zur Notwendigkeit, dass Bauten etappiert oder erweitert werden können, eine Forderung, die sich heute oft aus der Nutzung oder Finanzierung ergibt. Es geht darum, einen Bau in jedem Stadium als fertige Gestalt mit Anfang und Ende, Oben und Unten erleben zu können – wie eine Pflanze in jedem Wachstumsstadium ihre abgeschlossene Schönheit besitzt. Betrachten wir den Bau 1, den das Architekturbüro Herzog und De Meuron für das Pharmaunternehmen Roche in Basel geplant und gebaut hat[15], finden wir in der Pyramiden-Gestalt eine abgeschlossene Form, weil das Gebilde nach oben nicht mehr weiterwachsen kann. Ist man außerdem imstande, die Kanten der Abtreppung im Kubus der zurückweichenden Geschosse ringsum im Geiste zu verbinden, erkennt man leichte und gewundene, nirgends zwingend vertikale Linien, weder an der Front- noch an der Rückseite des Gebäudes. Bei

15 Vgl. www.roche.com/de/basel_building1.htm.

aller möglichen Kritik – etwa an der städtebaulich unverträglichen Größe in Bezug zur bestehenden Umgebung, an der anorganischen Art der Fensterbänder mit ihren monotonen Reihungen –, kann dem Büro doch eine Attitüde des Suchens nach dem lebendigen Bauen bescheinigt werden. Ein weiteres Beispiel virtuoser organischer Raumgestaltung bietet die kürzlich fertiggestellte Elbphilharmonie in Hamburg.[16] Steigt man über die gebogenen Rolltreppen zur „Plaza" auf, ist man erstaunt über den Raum mit seinen gewölbten Decken, den plastisch geformten Treppen, die zu den ebenfalls organisch gestalteten Sälen führen. Mit der bis in die Details durchgearbeiteten Organik (zum Beispiel den mehrfach gebogenen Glasvorhängen) ist das Gebäude mit seiner Größe und Bedeutung für Hamburg trotz widriger Umstände bei der Realisierung ein Meilenstein hin zu einer Architektur der Zukunft. „In den früheren Jahren experimentierten wir mit den unterschiedlichsten Formen und Materialien und versuchten, ihre konventionelle Nutzung zu unterlaufen, in der Hoffnung, etwas Verstecktes, etwas Unsichtbares aus ihnen zu gewinnen, etwas, das unserer Architektur Leben einhauchen würde. Ja, das war's, was wir wollten: der Architektur Leben einhauchen, obwohl wir nicht genau beschreiben konnten, was wir damit meinten, trotz endloser Versuche, dies in Worte zu packen."[17]

Vorläufig können die folgenden allgemeinen Prinzipien für das organische Bauen festgehalten werden:

- die Aufrichte, das Sein zwischen Himmel und Erde,
- der wölbend-abschließende Bezug gegen den Himmel (gegen oben),
- die Beziehung zur Erde (gegen den Boden),
- lebendiger Rhythmus,
- die Verbindung zur Welt,
- das dynamische Umspielen der Horizontalen und Vertikalen,
- die Empfindung für Tragen und Lasten,
- das fließende Ineinander-Übergehen der Glieder,
- die Abgeschlossenheit der Gesamtgestalt auf jeder Stufe.

16 Google/Elbphilharmonie Plaza/Bilder.

17 Auszug aus der Rede von Jaques Herzog, anlässlich der Verleihung des Pritzker Preises 2001; aus: „Herzog und De Meuron 1997-2001 Das Gesamtwerk, Band 4", S. 229.

Mit den zuvor skizzierten Elementen einer menschlichen Baukunst ist nichts über konkrete Formen gesagt. Und es ist möglich, dass auch anorganische Architektur sich dieser Prinzipien bedient. Was macht nun aber das „Organische" überhaupt aus, worin unterscheidet es sich vom Anorganischen?

3 Anorganisch und Organisch

Die anorganische Welt der Mineralien, Sachen und Dinge ist durch das durchschaubare Gesetz von Ursache und Wirkung bestimmt. Weil Dinge, Sachen und Mineralien nicht leben, muss die Idee jeder Veränderung immer *außerhalb* derselben liegen. Wenn hier der Begriff „Idee" thematisiert wird, ist nicht ein abstrakt-philosophisches Konstrukt gemeint, sondern die Tatsache, dass jedem Vorgang immer ein reales geistiges Urbild zugrunde liegt, das der menschlichen Erkenntnis zugänglich ist. Bei Organismen, Pflanzen, Tieren – und noch mehr beim Menschen – können Veränderungen nicht auf dieselbe Weise beurteilt werden, weil die Ideen, Triebfedern und Motive *in* den Organismen wirken. Das Gesetz von Ursache und Wirkung und die Gesetze der Mechanik haben nur sehr beschränkt Gültigkeit. Die Form von Organismen und deren Genom – das gilt für die Naturreiche und den Menschen jeweils in unterschiedlicher Art und Weise – entsteht aus der *im Inneren wirkenden Idee.* Der gesamten Pflanzen-, Tier- und Menschenwelt liegt jeweils eine eigene Idee zugrunde und diese Idee wird immer größer und umfassender, je mehr sie sich zum Menschen hinbewegt, zumal sich im Menschen alle diese Ideen vereinigen. Goethe fand die gemeinsame Idee aller Pflanzen: Aus der Mannigfaltigkeit aller Pflanzen konnte er den rein geistigen, nur dem reinen und lebendigen Denken zugänglichen *Typus* der *Urpflanze*[18] synthetisieren. Rudolf Steiner, der bedeutende Impulsgeber für eine Erneuerung der menschlichen Gesamtkultur und damit auch des Bauens, kam schließlich dazu, auch den Typus der Tierwelt, das *Urtier* und den Typus des Menschen, den *Urmenschen,* zu formulieren.

18 Johann Wolfgang von Goethe: „Naturwissenschaftliche Schriften", Bd. 1, S. 17f, mit Einleitungen und Erläuterungen im Text, herausgegeben von Rudolf Steiner, 1883.

Gestalten wir die Formen der Architektur, muss klar sein, dass wir einen „Schein des Lebens" gestalten, denn es wird aus dem Lebenszusammenhang etwas herausgesetzt, das selbst nicht lebt, nicht leben darf. Es ist sozusagen erstarrtes Leben, das durch den betrachtenden menschlichen Geist, wenn er die denkende und empfindende Veranlagung dazu besitzt, wieder lebendig werden kann. Auch im Schein-Lebendigen muss ein vom Planer/Entwerfer erzeugter oder gefundener Typus-Gedanke vorhanden sein, auf den durch erweiterte Sinnestätigkeit, durch Intuition geschlossen werden kann. Die Mannigfaltigkeit der Architekturglieder und Architekturen in einem Bauensemble wird dann ebenso auf ein geistiges Prinzip zurückzuführen sein, wie es auch der amerikanische Architekt Frank Lloyd Wright deutlich gemacht hat: „Doch alle Formen und Formelemente des Entwurfs sind in jedem Fall aus einer einzigen Grundidee abgeleitet und im menschlichen Maßstab und in entsprechendem Charakter fest zusammengehalten worden [...] in jedem Fall wird das Motiv im ganzen Haus verwendet".[19]

4 Tod, Schweigen, Licht und Materialität

Mit den vorher genannten Prinzipien steht eine Art Linien- und Kräftesystem vor uns, das dadurch sichtbar wird, dass wir es mit Materialien „ausfüllen". Dazu Rudolf Steiner: „Echte wahre Baukunst entspringt aus nichts anderem, als dass man in die Linien, die schon im Raume da sein müssen, die Steine oder Ziegel hineinlegt, wobei man gar nichts tut, als nur dasjenige sichtbar zu machen, was im Raume ideal, geistig schon vorhanden ist, indem man Materie hineinstopft."[20] Das bedeutet umgekehrt, dass die Materie an sich ohne die unsichtbare Form nichts ist, denn sie macht sichtbar, was an sich unsichtbar ist.

Der estnisch-amerikanische Architekt Louis Isidor Kahn sieht in der Kategorie der *Ordnung* der Architektur (das Linien- und Kräftesystem) etwas, das noch nicht zum Ausdruck gekommen ist, was ein zum Ausdruck kommen-

19 Frank Lloyd Wright, „Schriften und Bauten", Albert Langen – Georg Müller-Verlag GmbH, München, Wien 1963, S. 108.

20 R. Steiner, Aus dem Vortragszyklus „Welt, Erde, Mensch" GA 105, 4.–16.8.1908, S. 26f.

wollendes Potenzial in sich birgt; und der *Ausdruck* dieser Ordnung sei nur dann gelungen, wenn *alles zueinander passt*. Für Kahn steht vor aller Kunst das *Schweigen*, Schweigen als ein Erspüren der *vorhandenen Ordnung*, die zunächst nichts mit *Schönheit* zu tun hat: *Schönheit* kann kein Ziel von Architektur sein, denn wir können sie erst durch Interpretation feststellen, nachdem die Formen geboren sind. *Licht* war für Kahn die Repräsentanz der Erscheinungen, ihr Ursprung. Materie entsteht, wenn Licht erlischt.[21] Durch Licht tritt Architektur, tritt materialisierte Ordnung in Erscheinung. Damit ist eine Art Schwelle zwischen dem Lebendig-Physischen und dem Toten charakterisiert. Als Lebende setzen wir etwas aus uns hinaus, indem es in Schein-Lebendigkeit erstarrt, also in einen tot-lebendigen Zustand als Baukunst kommt; und zugleich ist da bereits etwas im Raum unsichtbar vorhanden, das uns als Formen, Ordnungen, die der Offenbarung durch *Materialisierung* harren, entgegenkommt.

In Analogie dazu ist uns unser Skelett nur sehr äußerlich bewusst, die Prozesse *in* den Knochen entziehen sich vollständig unserem Bewusstsein, viel mehr, als dies in allen Organen im übrigen Organismus der Fall ist. Es scheint, dass unsere Knochen gar nicht zu uns gehören, eigentlich außerhalb von uns sind. Auch Architektur steht so an der Grenze zwischen Leben und Tod als Schein-Leben. Entsprechend verweist Steiner wiederum auf den *saturnischen Charakter der Architektur*. Saturn steht für einen Weltenzustand, der nur geistige Wärmequalitäten kennt, vor Raum und Zeit, bevor es Leben im Kosmos gab: „Alles Herbe, alles Keusche, alles Schweigsame und Sprechende der Baukunst". Wer Baukunst so fasst, kann verstehen, warum die antiken und vorantiken Bauwerke vor allem dem Totenkult dienende Bauten waren, und wir können auch gut verstehen, warum der Tod immer durch das Skelett symbolisiert wurde. Kahns Bauwerke, noch nicht organisch ausgeprägt, aber doch auf dem Weg zur Organik sich befindend, lassen den saturnischen Charakter der Baukunst besonders gut erkennen.[22]

21 „Louis I. Kahn", Studiopaperback, von Romaldo Giurgola und Jaimini Metha, Verlag für Architektur Artemis Zürich, 2. Aufl. 1984, S. 15f.

22 Als Beispiel sei auf die erste Unitarierkirche in Rochester, New York verwiesen: www.archdaily.com/.../ad-classics-first-unitarian-church-of-rochester/Bilder

5 Pflanzenmetamorphosen, lebendige Flächen

Das Plädoyer für eine Baukunst, die *aus der Leiblichkeit des Menschen und aller Naturreiche* gewonnen wird, die er in sich trägt, bedeutet nicht, menschliche, tierische oder pflanzliche Formen als Architekturformen nachzubilden. Der Mensch ist in der Lage, die Prinzipien künstlerisch frei anzuwenden. Der menschliche Leib ist das Modell der Neuen Baukunst. Das Mensch-Wort, der Homo Spiritualis, ist deshalb umfassend, *weil darin alle Naturreiche und der gesamte Kosmos* vereinigt sind. Wir finden die Prinzipien des Pflanzlichen und Tierhaften in verwandelter Form im Menschen wieder. Suchen wir also eine Baukunst *aus dem Menschen*, ist zu untersuchen, inwiefern die Formbildungen der Naturreiche – im Sinne eines integralen Systems – Anteil an der menschlichen Gestalt und, im übertragenen Sinne, nach außen projiziert, an der Bau-Form haben.

Pflanzen entwickeln sich aus dem punktförmigen Keim über das Lineare des Stängels/Stamms hin zum flächigen Blatt. Geometrisch gesprochen: Der Punkt als die Grenze zum Geistigen, die aus dem Punkt geborene Gerade, die die Fläche als noch Unräumliches zeugt. Das Pflanzliche ist flächenhaft organisiert, es greift von einem linearen Zentrum aus in den Umkreis. Pflanzen werden von ihrem Wesen her, bevor sie zu einer bestimmten Zeit die Frucht bilden (die räumlich ist) vom Stängel und Blatt bestimmt. In diesen Zusammenhängen drückt sich eine Polarität aus, die in der Blüte noch eine Steigerung findet.

Ein organischer Bau, will er lebendig wirken, bedarf daher der Gestaltung nach den Prinzipien der *Polarität (Punkt-Fläche) und Steigerung (Blüte).*

In diesem Polaritätsprinzip drückt sich ein Zusammenziehen und Ausdehnen aus, das mit den Spiraltendenzen des Wachsens überlagert wird – Tendenzen und Bewegungen, wie wir sie auch im gesamten Kosmos finden.

Die Formenvielfalt aller Pflanzen geht auf den ihnen gemeinsamen „Typus" zurück, der sich als *Urpflanze* erdet und durch Materialisierung sichtbar wird. Es ist das *Prinzip der Metamorphose* als Grundlage der Gestalt-Wandlung, das immer wieder neue Gestaltungen aus dem geistigen Typus heraus ermöglicht.

Wir sprechen von einer *Formenvielfalt in der Einheit*, denn keine Pflanze gleicht exakt der anderen und ist doch aufgrund der Beziehung zum Typus der Urpflanze eindeutig als wesensverwandt erkennbar. Steiner dazu: „Da müssen wir, um eine Form in die andere überzuführen, die Gebilde lebendig denken, mit Wachstumskraft begabt. Innerlich werden wir eins mit dieser Kraft, verfolgen mit auf diese Weise die Metamorphose, indem der Gedanke derselben in uns ganz lebendig wird."[23] Das Prinzip der Metamorphose steht gegen monotone Reihungen und Additionen, denn alles Lebende ist ständig im Wandel und in Verwandlung begriffen. Wir finden es als Formreihen beim Tier und beim Menschen auf allen Gestaltebenen: Formen, die einander ähnlich aber nie gleich sind.

Was Räume als solche in Erscheinung treten lässt, sind die sie begrenzenden Flächen: Die Pflanze ist an sich noch un-räumlich. Flächen sind außerdem, sollen sie lebendig wirken, nie exakt eben. Das Signum des Organischen, betrachtet man den pflanzlichen Anteil als Urphänomen des Plastischen an der Bauform, ist die (mindestens) *doppelte Krümmung von Oberflächen*, mit der einem Bau *der Schein des Lebens* eingeprägt wird.

Ohne den Anspruch, pflanzliche Organismen irgendwie nachahmen oder nachbauen zu wollen, wird es in Zukunft eine Herausforderung sein, Oberflächen primär durch ihre Form lebendig wirken zu lassen (die Behandlung der Wandoberflächen in der neueren Architektur mit ornamentalen Elementen kann man durchaus als Sehnsucht und Schritt hin zu jenem Leben der Fläche verstehen). Die Art und das Maß, in der das zu geschehen hat, hängt auch von der Bestimmung des Gebäudes ab. Doppelt gekrümmte Flächen können wiederum am Bau des Goetheanum in Dornach studiert werden.[24]

Ein interessanter Aspekt des Pflanzlichen ist, dass man in der Blattgestalt eines Baumblattes häufig die charakteristische Gesamtgestalt dieses Baumes wiederfindet. Viele Pflanzen sind so beschaffen, dass man einen Teil von ihnen abschneiden und einpflanzen kann und dieser Teil wieder zu einer ganzen Pflanze wird, also *Formen der Gesamtgestalt auch in Teilgestaltungen der Gesamtgestalt* auftreten, und dies in abgewandelter Form.

In Bezug auf die gesamte Erde verwandelt der Pflanzenteppich die Erdoberfläche in eine Art *Relief.* Die Pflanzen wachsen aus der Erde hervor. Weil der Mensch ein Teil der Erde ist und mit ihr und allen Naturreichen zusammen eine Art Hyperorganismus bildet, können Raumoberflächen analog zur Erdoberfläche nicht nur doppelt gekrümmt, sondern reliefartig behandelt werden, so, als ob die Relief-Formen aus den Wänden, Decken oder gar Böden heraus-

23 Aus: „Der Bau, Studien zur Architektur und Plastik des ersten Goetheanum" von Carl Kemper, herausgegeben von Hilde Raske, Verlag Freies Geistesleben 1984, S. 162.

24 Siehe Fußnote 12.

wachsen. Ein Relief hat allerdings „gar keinen Sinn, wenn man die Figuren nur an einer Wand anbringt, sondern es hat nur dann einen Sinn, wenn man die Anschauung hervorruft, dass die Wand selber lebe und die Figur hervorbringen kann."[25]

Wäre die Welt nur bis zur Pflanze entwickelt, dann gäbe es keinen Raum, weil das Phänomen „Raum" in der Evolution erst mit den Tieren auftritt.

6 Tiermetamorphosen, empfindende Raumhüllen

Alle Prinzipien der Pflanzenwelt treten in der Tierwelt in metamorphosierter Gestalt auf. Der Typus selbst geht durch eine Metamorphose hindurch. Erst dadurch kann das Phänomen „Raum" überhaupt auftreten. In ein Wesen kann erst dann Seele einziehen, wenn dieses Wesen die Qualität eines vom *Außenraum* abgegrenzten *Innenraums* entwickelt.

Biologisch tritt beim Tier (und auch beim Menschen) das Pflanzliche zu Beginn seiner physischen Entwicklung als „Morula", als Zellhaufen auf, bei dem alle Zellen immer das ganze Wesen in sich tragen. Dann kommt der große und unglaubliche Augenblick, wo sich das Zellgebilde zur Gastrula, einer Art doppelwandiger Becher einstülpt. Was vorher außen war, wird nun (teilweise) zum *Innen-Raum.* Obwohl die Gastrulation bei verschiedenen Tierarten, bei den niederen und höheren Land- und Wassertieren jeweils sehr unterschiedlich mit jeweils spezifischer Ausformung verläuft, bleibt eine Gemeinsamkeit: die Bildung eines Innen gegen ein Außen.

Was vorher Außenwelt war, wird nun Innenwelt, die sich von der Außenwelt abgrenzt. Die inneren Zellen spezialisieren sich zum Innenorganismus. Der Kosmos, zu dem sich die Pflanze gegen außen richtet, stülpt sich nach innen. Der Gesamtkosmos teilt sich in einen *Makro- und Mikrokosmos.* Die Metamorphose tritt beim Pflanzen-Sein als zweidimensionale Gestaltwandlung, beim Tier-Sein als *dreidimensionale Einstülpung als Innenraum,* Höh-

25 Rudolf Steiner: „Wege zu einem neuen Baustil", S. 130f, Rudolf Steiner Taschenbücher aus dem Gesamtwerk, GA 286.

le und Bau auf. Auf die organische Architektur bezogen entstehen Volumen, die durch Volumen-Metamorphosen, durch Einstülpungsprozeduren geprägt sind. Jede Volumen-Form hat einen direkten Wesensbezug zum Typus. Eine Volumen-Form geht in eine andere über, sie sieht vielleicht völlig anders aus als ihre Bezugsform, sie ist jedoch *von derselben Art.*

Als Beispiel sei darauf hingewiesen, dass die erhaltenen Pläne Rudolf Steiners Formzusammenhänge der verschiedensten Art zwischen dem ersten Goetheanum-Bau (der durch Brandstiftung zugrunde ging) und den ebenfalls von Steiner geplanten Umgebungsbauten, die heute noch bestehen, belegen. Der Architekt Erich Zimmer hat umfassend dargelegt[26], wie das Motiv der Doppelkuppel in verschiedensten Metamorphosen als Kuppel, Rotunde Erker usw. in den Umgebungsbauten, je nach ihrer Bestimmung, auftritt.

Die Oberflächen der Tierkörper (in allen Arten und Gattungen zu beobachten) sind mit fantastischen Strukturen, „Materialien“ und Farben gebildet, die Spannung der Muskeln und Sehnen, welche die Körperoberflächen als beseelte „Reliefs“ wirken lassen, sind Ausdruck des Innerseelischen der Tierheit. Auf die Baukunst übertragen gestalten wir *Oberflächen mit Gefühls- und Empfindungs-Qualitäten.* Innen und außen treten durch Öffnungen miteinander in Verbindung. Die Raumumhüllungen des tierhaft gestalteten Baus sind empfindend-reliefartig ausgebildet, sodass man sich in einem lebend-fühlenden Organismus wähnt: Was beim Pflanzen-Sein mit Leben erfüllt wurde, wird jetzt zusätzlich mit Gefühl durchdrungen: *fühlende Räume.*

Mit der Tierheit tritt die horizontale Dynamisierung auf, Tiere sind gegenüber Pflanzen, die vertikal eingewurzelt sind, *horizontal auf die Erde gesetzt.*

Tiere haben – im Gegensatz zu Pflanzen und Menschen – Fähigkeiten, die sich im ganzen Körperbau als *extreme Ausbildung von Qualitäten* manifestieren, die uns immer wieder ins Staunen versetzen können.

Tier-Sein bedeutet zugleich Schwarm-Sein. Im Tierreich gibt es kein „Ich“, keine wirkliche Individualität wie im Menschenreich. Das Tier ist ein Gattungswesen. Es tritt in seinen niederen Formen häufig als *Schwarm und Masse* auf: massenhaftes Auftreten des Gleichen. Obwohl auch im Tierreich, besonders bei den höheren Tieren, als Übergangsformen wie beim Menschen individuelle Tendenzen auftreten, bedeutet der Schritt vom Tier zum Menschen wiederum eine gewaltige sprunghafte Dimensionserweiterung.

26 Erich Zimmer: „Rudolf Steiner als Architekt von Wohn- und Zweckbauten“, Verlag Freies Geistesleben, 2 Aufl. 1985.

7 Menschenmetamorphosen, sprechende Gestaltungen

Bleiben wir bei den Prinzipien des Nur-Pflanzlichen in der Baukunst stehen, werden bauliche Oberflächen mit arabesken Ornamenten versehen, mit der guten Absicht, Lebendigkeit zu erzeugen. Raum wird ent-räumlicht, indem durch übertriebene Anwendung von Glas das Innere ausfließt und ent-innerlicht wird. Solche Tendenzen sind, im Verein mit monotonen Reihungen und Additionen innerhalb der zeitgenössischen Architektur deutlich wahrzunehmen. Doch auch hier soll der Hinweis gemacht werden, dass es keine Verbote geben darf – etwa das Material Glas im größeren Maßstab anzuwenden – und selbstverständlich darf auch weiterhin gereiht und monotonisiert werden. Nur bleibt man dann in der Entwicklung stehen.

Bleiben wir bei der Nur-Tierhaftigkeit des Bauens stehen, indem das Pflanzliche auf einer höheren Stufe integriert ist, werden die Oberflächen belebt und lebendig gemacht, um *Stimmungen* zu erzeugen. Wir bleiben aber in einem dumpf-gefühlsmäßigen Zustand verhaftet. Raum umschließt sich, wird aber durch einseitige Formgesten gebildet. Gebäude bleiben vom Erdboden abgehoben und vom Himmel abgeschnitten. Das Prinzip der Polarität zeigt sich durch extreme Ausdehnung in der Vertikalen und Horizontalen. Auch diese Tendenzen sind seit dem Beginn der Industrialisierung in der Architektur des Westens deutlich zu sehen. Nur durch das neue Anknüpfen an die uns tragende Natur durch eine erweiterte Wissenschaft, die den Menschen und den gesamten Kosmos greift und begreift, können wir den Begriff einer wirklich *Neuen Baukunst* erlangen. Wenn dies realisiert wird, darf man – wenigstens vom anthroposophischen Gesichtspunkt aus – von organischer Architektur sprechen.

Nachdem das Räumliche, das aller Baukunst wesentlich innewohnt, bereits im Tierstadium erreicht ist, kann man sich fragen, was noch Wesentliches aus der Betrachtung des Menschen übrig bleiben kann? Reicht das nicht aus? Ist der Mensch nicht ohnehin ein höheres Tier, wie es in naturwissenschaftlichen Kreisen immer noch geglaubt wird?

Auch die menschliche Gestalt weist Polaritäten auf, wie noch zu zeigen ist. Das Prinzip der doppelten Krümmung durchsetzt alles am Menschen, von der Ausprägung der Knochen bis zur Körperoberfläche, die als lebendiges, sich ständig wandelndes „Relief" Ausdruck des Seelischen ist. Wir finden auch

Gestaltungen im Kleinen wie im Großen: Der Gliedmaßen-Mensch mit den Beinen und Armen bildet sich zum Beispiel in den Händen mit den Fingern und Füßen mit den Zehen ab.

Wo Mensch als „Schwarm" auftreten, indem sie ihre Individualität leugnen, ist meistens nichts Gutes zu erwarten. Wo sich der Mensch allerdings – unter Wahrung seiner Individualität – bewusst in ein Kollektiv begibt, kommt er in den Genuss kollektiver Bewusstseinsprozesse, die sein Wesen weiterentwickeln helfen. Im Menschen fließen die Gestaltprinzipien der Naturreiche zusammen und werden in einem weiteren Dimensionssprung gesteigert. Wir finden dann das Pflanzliche und Tierische im menschlichen Wesen – vermenschlicht – wieder.

Die Pflanze ist vom Leben bestimmt. Das Tier ist ein Gattungs-Seelenwesen, das zusätzlich empfindungsfähig ist und sich selbstständig fortbewegen kann. Das Sprach-Wesen Mensch ist kein Gattungswesen, wie es bei den Tieren der Fall ist, denn jeder Mensch ist eine eigene Gattung. Als *Individuum* ist der Mensch dazu fähig, frei zu denken und seine Gefühle anzuschauen (sich von ihnen etwas sagen zu lassen). Der Mensch besitzt einen freien Willen, er kann und will selbstbestimmt leben und seinen Bauten einen geistigen Mehrwert hinzufügen, der *Bauen in den Stand der Kunst erhebt.*

Um noch einen neuen Aspekt der Naturreiche zu beleuchten, kann der Mensch als perfektes Spiegelbild der Pflanze angesehen werden, eine Spiegelung sozusagen um die Horizontalachse der Tierheit. Die Pflanze ist nach außen gerichtet, weshalb sie tief schläft; sie kann nicht selbst-bewusst werden; der Mensch hingegen ist mit seiner Organwelt nach innen gerichtet und dadurch im Denken wach. Die Pflanze, an den Kosmos und die Erde gebunden, kann *nicht* nach innen gehen, sie muss ihrer Bestimmung folgen; der Mensch, vom Kosmos und der Erde emanzipiert, kann sich frei nach innen *und* außen wenden und beides bewusst erleben und gestalten, indem *das Außen als bewusster Ausdruck des Innen* erscheint.

Der Mensch kann dem *Äußeren* der Architektur- und der Stadträume die Qualität des Inneren verleihen, Außenräume sind dann auch Innenräume.

Das Geschlecht der Pflanze ist gegen den Himmel gerichtet, das menschliche Geschlecht und dessen Stoffwechselsystem gegen die Erde. Insofern ist die Pflanze gegenüber dem Menschen eine Spiegelung: Was beim Menschen wacher Sinnes-Nervenprozess im Kopf ist, ist bei der Pflanze schlafender Wurzelprozess im Erdreich. Wurzelpflanzen dienen der Stärkung des Nerven-Sinnesprozesses des Menschen, Blüten und Fruchtpflanzen dienen der Stärkung des Verdauungssystems des Menschen. Es gibt also ein polares Verhältnis zwischen dem Pflanzlichen und Menschlichen.

Gibt es eine durch Metamorphose verwandelte Beziehung zwischen der Urpflanze und dem Ur-Menschen? Ist der tiefere Grund, dass die Baumeister und Bildhauer in der Zeit der Gotik mit pflanzlichen Motiven gearbeitet haben, ein Hinweis auf diesen Zusammenhang?

Die Tierheit steht quer zum Menschen, sie ist vom Standpunkt dieser Betrachtungen aus, die Wesensbeschreibungen aufgrund biologischer Tatsachen sind, ein ganz eigenes Reich, von dem offensichtlich nicht einfach eine lineare Entwicklungslinie zum Menschen geht.

Die Tierheit ist nicht individuell. Sie ist, weniger als die Pflanze, aber dennoch an die Erde gebunden und kann sich von dieser nicht einfach lösen. Ganz anders der Mensch: Er ist tendenziell losgelöst von der Erde und vom Himmel. Weil der Mensch sich selbst gegenüberzutreten vermag und so einen Begriff von sich als Ich hat, *werden Bauten zu Individuen.*

Der Mensch tritt als Sterblicher den Göttlichen gegenüber, wie es Martin Heidegger in seinem berühmten Aufsatz entwickelt hat[27], und vernimmt deren Wort, weil er selbst mit der Kunst des Wortes begabt ist. Rudolf Steiner äußerte sich über die Architektur der (damaligen) Moderne: „Ich denke zum Beispiel an manche Gebäude, die jetzt aufgeführt worden sind in unserer Zeit mit genialen Architekturkräften ... Aber ein gemeinsames Kennzeichen tragen sie alle: Man kann sie bewundern von außen, ... man kann in sie hineingehen und kann sie bewundern von innen, aber so ... wie man sich umschlossen fühlt von seinen Sinnesorganen, so fühlt man sich in diesen Baulichkeiten nicht. Warum fühlt man sich so nicht? Man fühlt sich in ihnen nicht so, weil sie stumm sind, weil sie nicht sprechen, meine lieben Freunde."[28] Die belebten (Pflanzen) und mit Gefühl durchdrungenen (Tiere) Raumflächen und Bauglieder werden durch bewusst gestaltete Formen – auch ihrer Reliefs und Oberflächengestaltungen zu sprechenden *Formen ihrer Linien und Flächengestaltungen.*

Dann erst können wir im wörtlichen Sinne von *Formensprache* sprechen. In diesem Zusammenhang sei wieder auf ein Hauptwerk von Le Corbusier hingewiesen, auf die Chapelle Notre-Dame-du-Haut in Ronchamps. Betrachtet

27 Siehe Fußnote 7.

28 Rudolf Steiner: „Wege zu einem neuen Baustil", GA 286, Acht Vorträge, gehalten in Berlin und Dornach, zw. dem 12.12.1911 und 26.07.1914, S. 117.

man die Ausbildung der schrägen Wand mit dem emaillierten Eingangsportal von innen, sehen wir durch die Lichtführung der Fensterschlitze in der sich gegen oben in der Dicke verjüngenden Außenwand ein sprechendes mystisches Gebilde, lebendig durch Licht![29]

Wenn die Bauglieder (scheinbar) zu sprechen beginnen, muss eine solche „Sprache" natürlich im Hinblick auf die Bestimmung des Gebäudes und seiner Funktionen gewählt werden. Mit diesen Gestaltungsmitteln, zu denen auch die Farbenwelt gehört, wird zugleich und wesentlich erreicht, dass die Raumumhüllungen ihren abschließenden Charakter verlieren: Farblich-plastische Gestaltung der Raumgrenzen, die dem Bewohner Offenheit und geistige Weite vermitteln, ohne invasive Verwendung von Fenstern und Verglasungen.

Statt der asozialen Aneinanderreihung von scheiben- und kistenförmigen Gebäuden mit monotonen Zwischenräumen als Ergebnis ökonomischer und baurechtlicher Sachzwänge und ausschließlich rational-logischem Denken, werden Stadt und Haus sprechend. Bauliche Gesten entsprechen menschlichen Gesten des Öffnens, Abweisens, Umlenkens, Aufnehmens usw. Konkave Formen besitzen aufnehmend-sympathische, konvexe Formen abweisend-antipathische seelische Kräfte, die durch eine erweiterte Sinnestätigkeit und durch das lebendige Denken erfasst werden können. Bauten selbst werden (schein-) sozial. Zwischen Räumen und Volumen fließen „Kräfte", die bildend wirken: Es geht neu *auch* um das Erfassen der Zwischenräume zwischen Gebäuden und Bauteilen und der aus dem Umkreis bildend wirkenden Kräfte. Die im „Zwischen" vorhandenen „Energien" müssen tiefer verstanden werden, um in den eigenen Bau sich einfügen zu können. Das bereits erwähnte Gewerbe- und Wohnhochhauses L'Aquila in Pratteln weist eine öffnende Geste der beiden hervorstehenden Flügel in den unteren Geschossen auf, die den Stadtraum in Bezug auf den gegenüberliegenden Bahnhof wohltuend weitet (Bild 7). Die Geste wirkt jedoch in der Art, wie sie ausgeführt wurde, mechanisch, wohl als Folge der zwingenden Gesamtgeometrie des Gebäudekomplexes. Dies wird dann deutlich, wenn der Bezug zu einem Menschen herstellt wird, der seine Arme öffnet. Die Ausführung bei L'Aquila wirkt dabei eher wie ein Zurückschnappen von der Straßenfront. An sich sucht man bei solchen Gesten in der Mitte einen Eingang. Man läuft jedoch nicht auf ein Mittelfeld mit empfangenden Türen zu, sondern auf eine Gebäudekante. Die Gebäudekante – unten konvex,

29 Siehe zum Beispiel: https://de.wikipedia.org/wiki/Ronchamp.

oben konkav – ist polar ausgebildet, ein Kennzeichen organischer Architektur, die Übergänge von konvex nach konkav sind wiederum sprunghaft und nicht organisch ausgebildet, als Folge des Additionscharakters des Gebäudekomplexes. Diese Kante wirkt abweisend, man „prallt an ihr ab“ und wird seitlich ins Nichts „abgelenkt“. Fazit: Die zwingende Geometrie stört und schwächt die an sich gut gemeinte und wohltuende Öffnungs-Geste im städtebaulichen Kontext.

„Genius Loci“ hieß ein Buchtitel Ende der siebziger Jahre des vergangenen Jahrhunderts, der Autor war Christian Norberg-Schulz. Mit Bezug auf den mehrfach genannten Aufsatz von Martin Heidegger legte er eine spannende und lehrreiche Untersuchung zur Typologie von existenziellen (natürlichen und artifiziellen) Orten vor, die viele Architekten dazu inspiriert hat, ihre Bauten dem „Geist des Ortes“ zu zuwenden: „Zwischen Himmel und Erde wohnen bedeutet, im ‚vielgestaltigen Zwischen' zu siedeln, das heißt, die allgemeine Situation als einen vom Menschen geschaffenen artifiziellen Ort konkret werden zu lassen. Mit dem Wort ‚siedeln' ist hier keine bloß ökonomische Beziehung gemeint, viel eher eine existenzielle Vorstellung, die auf die Fähigkeit, Sinn zu symbolisieren, verweist. Ist die vom Menschen geschaffene Umgebung sinnvoll, ist der Mensch daheim.“[30]

Bauformen werden zu existenziellen Formen des Wohnens, denn überall wo Menschen Bauten nutzen, wohnen sie: *Bauen ist Wohnen.*

Das Wohnen auf Räume gleichen Namens zu beschränken, ein Ergebnis einseitig funktionalistischer Denkweisen, wird aufgehoben. Denn Bauen für Menschen *ist* Wohnen(-Können) in *allen* erstellten Räumen. Dazu Heidegger: „Was heißt nun Bauen? Das althochdeutsche Wort für bauen, ‚buan', bedeutet wohnen. Dies besagt: bleiben, sich aufhalten. Die eigentliche Bedeutung des Zeitwortes bauen, nämlich wohnen, ist uns verlorengegangen.“[31] Auch wenn wir Nomaden geworden sind, die durch den Freiheitsdrang sich nicht mehr an einen Ort gebunden fühlen müssen, sollten gebaute Orte als Wohnorte gestaltet sein, und zwar *jeder* gebaute Ort, an dem sich Menschen aufhalten. –

Jeder gebaute Raum, der Menschen wie auch immer dient, sollte als Umge-

30 Christian Norberg-Schulz: „Genius Loci, Landschaft, Lebensraum, Baukunst“, dt. Fassung Klett-Cotta, 1982, S. 50.

31 Siehe Fußnote 7, S. 140f.

bung mitgestaltend und mitbestimmend in *Besitz* (von *Eigentum* zu unterscheiden) genommen werden können, indem *Wohnen als Mitbestimmungs- und Mitgestaltungsprozess verstanden wird.*

Dieses Mitbestimmen und -gestalten wird sich bei Räumen des Wohnens sicher umfassender ausbilden lassen als bei solchen der Arbeits-, (Bürobauten) Gesundheits- oder gar der Kulturwelt (Kultbauten, Museen usw.). In den siebziger Jahren des 20. Jahrhunderts begann der österreichische Architekt Ottokar Uhl aus Wien, aufbauend auf den Ideen des Niederländers Niklas Habraaken, „partizipatorisches Bauen" zu erforschen und zu praktizieren. Die Idee war, dass Menschen die Möglichkeit eröffnet wird, die Form der eigenen Wohnung demokratisch mitzubestimmen. Das Büro konnte über zwei Jahrzehnte wertvolle praktische und positive Erfahrungen machen, die zeigen, dass Mitbestimmung möglich und sinnvoll ist. Hierzu ist noch Folgendes zu ergänzen: Mitgestalten *über den privaten Wohnrahmen hinaus* verlangt danach, auch gestalterische Fähigkeiten und ein vertieftes Wissen mitzubringen. Ohne diese Fähigkeiten scheint ein solches Recht fragwürdig im Hinblick auf eine neue „Baukunst" zu sein. Demokratie hat nicht überall ein Existenzrecht, wohl aber ein aus geschulten Fähigkeiten und Interesse resultierendes *konkretes* Mittun. Mit diesen Fähigkeiten eröffnen sich allerdings ganz neue Welten des Planens und Bauens: Bauen als gemeinsamer künstlerisches Prozess. Das Künstlerische wird aus dem Zwang der Einsamkeit des genialen Einzelkünstlers befreit.

8 Umstülpungen, Gestaltwandlung außerhalb von Raum und Zeit

Zum Abschluss dieser Abhandlung soll auf noch tiefere Zusammenhänge der menschlichen Gestalt zumindest hingewiesen werden.

Die menschliche Gestalt ist grundsätzlich eine Einheit. Wir können den Menschen nicht aus seiner Zergliederung verstehen, wohl aber aus seinen Teilen auf ein Ganzes schließen. Denn in den Teilen lebt wiederum ein Ganzes, die pflanzliche Natur ist so auf einer höheren Stufe in die menschliche integriert.

Ein Blick auf das Skelett wiederum zeigt, dass wir die Gestalt auch als Zweiheit auffassen können: Der kugelige Kopf ist nach innen konzentriert, das darunter stehende Gliedmaßensystem nach außen gerichtet. Es handelt sich um eine Polarität: Der Ich-Punkt des Kopfes wird im Gliedmaßensystem zum Kreis und umgekehrt. Wir finden diese Polarität des Rund-Sphärischen und Lang-Peripheren auch im tragenden, die Aufrichte-Gestalt ermöglichenden Oberschenkel-Röhrenknochen: an dessen länglichem Schaft (Diaphyse) sind Sphären angegliedert, besonders die obere Epiphyse, die in den Hüftknochen eingreift, eine Wunderformenwelt, die als Metamorphose wiederum die ganze Menschen-Gestalt enthält! Der Schädelknochen als Außenskelett bildet eine eigene Innen-Welt, das Gliedmaßensystem als Innenskelett ist der Peripherie, der Außenwelt, zugeordnet.

Der Metamorphose-Gedanke nimmt eine neue Form an: Schädel- und Gliedmaßensystem stehen nicht im Verhältnis der Einstülpung, sondern im Verhältnis der *Umstülpung als vierte Dimension* zueinander. Dazu Rudolf Steiner: „Man denke, man habe eine elastische Kugel, und man bohrte oben an einer Stelle hinein, so dass man die Kugel so in sich stülpt, dass dann dasjenige, was zuerst nach oben geragt hat, nun nach unten hineingepresst ist, so dass man also eine Art Schüsselchen oder Teller aus der Kugel bekommt, und man denke jetzt daran, dass man nun nicht nur bis zum unteren Boden der Kugel umstülpt, sondern noch über diesen hinaus, gleichsam ihn durchdringend, dass aber auf der anderen Seite die Kugelsubstanz in einer anderen Konsistenz herauskommt, sodass sich die Kugel nun, nachdem man sie durchstoßen hat, von außen wie mit einem Lichte umsäumt, das aber aus dem umgestülpten Teil selber entstanden ist".[32] Kopf und Gliedmaßensystem der menschlichen

32 Siehe Fußote 23, S. 176.

Gestalt stehen bis in die Einzelheiten in dem beschriebenen Umstülpungsverhältnis zueinander.

Das Denken des Punktes als im Geistigen verschwindender Kreis, dann der Kreis, der sich allmählich so weit ausdehnt, bis er sich zur unendlich fernen Gerade ausdehnt (diese Prozedur sollte ebenso mit Punkt-Kugel und unendlich ferner Ebene meditiert werden) lässt uns innerlich ein geometrisches Metamorphose-Prinzip nachvollziehen, das der Realität des pulsierenden Lebens zwischen Geburt und Tod und Tod und Geburt entspricht, in dem der Mensch in seinem Schicksal sich entwickelnd und verwandelnd existiert. Obwohl wir die Umstülpung dreidimensional im Jetzt nachvollziehen können, verweist sie auf den Schicksalsaspekt des Menschen, der durch verschiedene Erdenleben hindurchgeht und dabei seine Gestalt wandelt. Die Umstülpung beinhaltet somit eine vierte Entwicklungs-Dimension, in die Raum und Zeit ihrerseits eingebettet sind.

Kommen Umstülpungsprozeduren bei der Gestaltbildung in Betracht, ist es wesentlich, dass diese *zuerst* durch den Menschen denkend in aller Komplexität innerlich nachvollzogen werden, sie sollten nicht allein durch den Computer generiert werden. Was man sich nicht in aller Tiefe vorher genau vorstellen und denken kann, sollte nicht realisiert werden. Dies ist ein wesentlicher Teil der Organik: Die Formbildung muss durch den Menschen hindurchgehen, durch sein Bewusstsein ganz erfasst werden, bevor die Maschine zum Einsatz kommt. Derartige Prozeduren verlangen nach einem meditativen Akt, bei dem man aus dem raum-zeitlichen Kontext herauskommt.

Man kann die menschliche Gestalt auch in einer anderen Form betrachten: Wir sehen den Kopf als Zentrum des Denkens, als Innenwelt, das Gliedmaßen- und Stoffwechselsystem mit dem Zentrum des Willens zur Außenwelt gerichtet, und dazwischen das Rhythmus-Herz-System als Zentrum des Fühlens, zwischen oben und unten vermittelnd, als *Dreigliederung.*

Die Dreigliederung hat sich seit der griechischen Architektur als klassischer Aufbau in Sockel, Mittelbau (mit den Fassaden und Fensterordnungen) und dem Oberbau mit Dach in der Architektur herausgebildet. Auch wenn der Mittelbau mehrere Geschosse aufweist, beschreibt er eine Mitte. –

Zusammenfassend werden die tieferen Gestalt- Prinzipien wiederholt:

Die Gestalt-Prinzipien aus dem Pflanzlichen, in den Stand des Menschlichen gehoben:

- Polarität (Punkt-Fläche) und Steigerung (Blüte)
- Prinzip der Metamorphose
- doppelte Krümmung von Oberflächen
- Formen der Gesamtgestalt auch in Teilgestaltungen der Gesamtgestalt vorhanden
- Reliefartige Ausbildung von Oberflächen

Die Gestalt-Prinzipien des Tierhaften im Menschen, die einer Verwandlung ins Menschliche bedürfen:

- dreidimensionale Einstülpung als Innenraum, Höhle und Bau
- Oberflächen mit Gefühls- und Empfindungs-Qualitäten
- horizontal auf die Erde gesetzt
- extreme Ausbildung von Qualitäten
- Schwarm und Masse

Die Gestalt-Prinzipien aus dem Menschen:

- Bauen als Kunst
- das Außen als bewusster Ausdruck des Innen
- Individualität
- sprechende Formen der Linien- und Flächengestaltungen
- bewusste Gesten
- Bauen als Wohnen
- Wohnen als Mitbestimmung und Mitgestaltung
- Umstülpung als vierte Dimension, die dreidimensionale Einstülpung als Raum enthaltend
- Dreigliederung

9 Ausblick

Die Darstellungen in diesem Aufsatz beruhen teilweise auf der Geisteswissenschaft, die Rudolf Steiner vor 100 Jahren ausgebreitet hat. Seither forschen und arbeiten viele Künstler und Naturwissenschaftler, die auch die Geisteswissenschaft Steiners und andere integrale Wissenschaftsansätze kennen, in den verschiedensten Sachgebieten. Diese Forschungen und deren Ergebnisse werden in der Öffentlichkeit allerdings noch immer ignoriert, weil sich die Mainstream-Wissenschaften allein für zuständig erklären zu beurteilen, was als wissenschaftlich zu gelten hat und was nicht, welche Forschungsmethodik gültig ist und welche zu verwerfen ist. Wenn aber mit der erforderlichen Unvoreingenommenheit auf die dargestellten Zusammenhänge geblickt wird, kann klar werden, warum Bauen direkt mit dem Menschen und seiner Gestalt zusammenhängt: Wir trennen deshalb Innen- von Außenräumen ab, weil wir im Verlauf der Evolution selbst zu lebendig-fühlendem und selbstbewusstem Innen-Seelen-Raum wurden, der sich vom Kosmos emanzipiert hat. Tragen und Lasten werden deshalb (wieder) zu baulichen Hauptthemen, weil wir selbst tragend, lastend und aufstrebend sind. Wir bringen deshalb Leben in die Bau-Gestalt, weil wir selbst lebendige Form sind und schlussendlich benutzen wir Formen-Sprachen, weil wir als Menschen Sprachbegabte sind: *Wir bauen eben das, was wir als Menschen sind*: Bauten werden zu Menschen.

Mit der vorherigen Abhandlung wurde der Begriff der Organik aus anthroposophischer Sicht skizziert. Auf dieser Basis könnte organische Architektur zu einem Stil werden, der allerdings nicht mehr allein auf der Festlegung auf bestimmte Formkanons beruhen kann. Dieser Stil erhält eine Art höhere Einheit dadurch, dass er ganz aus dem Wesen des Menschen gegriffen wird und die Formprinzipien aus der tiefsinnigen Gestalt des Menschen herausgeholt: von Menschen für Menschen gemacht. Damit würde ein Stil etabliert, der geistig schlussendlich im Typus des Homo Spiritualis gegründet ist, der allen Menschen innewohnt.

Literatur

Bollnow, Otto Friedrich: Mensch und Raum, 8. Auflage 1997, Verlag W. Kohlhammer.

Goethe, Johann Wolfgang: Naturwissenschaftliche Schriften, Bd. 1, mit Einleitungen und Erläuterungen im Text, herausgegeben von Rudolf Steiner, 1883.

Heidegger, Martin; Vorträge und Aufsätze, Bauen Wohnen Denken, 6. Aufl. 1990, Verlag Günther Neske, Pfullingen 1954.

Herzog und De Meuron: Herzog und De Meuron 1997–2001, das Gesamtwerk, Band 4.

Kahn, Louis Isidor: In: Louis I. Kahn, Studiopaperback, von Romaldo Giurgola und Jaimini Metha, Verlag für Architektur Artemis Zürich, 2. Aufl. 1984.

Kemper, Carl: Der Bau, Studien zur Architektur und Plastik des ersten Goetheanum von Carl Kemper, herausgegeben von Hilde Raske, Verlag freies Geistesleben 1984.

Lloyd Wright, Frank: Schriften und Bauten, S. 93ff, Albert Langen – Georg Müller-Verlag GmbH, München Wien 1963, original: Writings and Buildings, Horizon Press, New York 1960.

Norberg-Schulz, Christian: Genius Loci, Landschaft, Lebensraum, Baukunst, dt. Fassung Klett-Cotta, 1982.

Steiner, Rudolf: Die Philosophie der Freiheit, Grundzüge einer modernen Weltanschauung, 15. Auflage 1987, Rudolf Steiner Verlag Dornach/Schweiz.
Ders.: Die Kunst im Lichte der Mysterienweisheit, Rudolf Steiner Verlag Dornach/Schweiz, GA 275, 3. Auflage 1990.
Ders.: Vortragszyklus Welt, Erde, Mensch, GA 105, 04.–16.08.1908.
Ders.: Wege zu einem neuen Baustil, Rudolf Steiner Taschenbücher aus dem Gesamtwerk, GA 286, acht Vorträge, gehalten in Berlin und Dornach.

Zimmer, Erich: Rudolf Steiner als Architekt von Wohn- und Zweckbauten, Verlag Freies Geistesleben Stuttgart, 2 Aufl. 1985.

Bildnachweise

Abb. 1-2: Joachim Pfeffinger
Abb. 3-5: Christian Hitsch
Abb. 6-9: Joachim Pfeffinger

Christian Kaiser

Ganzheitliches Bauverständnis in der Baubiologie und Bauökologie

Anmerkungen aus der Praxis

1 Einleitung

In den meisten modernen, naturwissenschaftlich-funktional geprägten Berufsfeldern hat sich der Reduktionismus durchgesetzt, d. h. Einzelfragen werden in Teildisziplinen und Einzelbereichen untersucht, beantwortet und bearbeitet. Die Naturwissenschaften werden in dieser Weise bereits in der Schule gelehrt: Die Biologie beschreibt das Leben auf der Erde, die Chemie beschreibt die stofflichen Zusammensetzungen, die Physik die dynamischen Prozesse.

Auch im Bauschaffen hat sich das Prinzip der Arbeitsteilung immer mehr verfestigt: Architekten gestalten, Ingenieure konstruieren und berechnen, Handwerker führen das Bauwerk aus. Und immer mehr Fachplaner und Spezial-Unternehmer finden weitere Zusatzfelder, in denen sie ihr Spezialwissen einbringen, bis hin zum Baujuristen, der sich nur noch mit der rechtlichen Aufklärung von Mängelfragen befasst.

2 Spezialist versus Generalist

Das Detailwissen der Spezialisten nimmt also zu, während gleichzeitig die Breite des Fachwissens der Baubeteiligten schwindet. Kaum ein Architekt kann noch selbst die energetischen und technischen Aspekte des Bauwerkes erklären, geschweige denn alle erforderlichen Normen, Gesetzesgrundlagen und Berechnungsgrundlagen selbst beherrschen. Auch ist eine Prüfung der eingesetzten Materialien und Bauprozesse für den Planer kaum noch möglich, da die Auswahl immens ist, während die Informationen der Hersteller spärlich bleiben und lediglich die positiven Eigenschaften durch einfache Werbebotschaften transportiert werden. Die ursprüngliche Rolle des Architekten als „Baumeister", der alle Aspekte und Bauleute koordinierend zusammenführte, geht verloren. Immer öfter verliert der Architekt den Zugriff auf die Baurealisierung an Projektmanager, denen Kosten und Termine wichtiger sind als die qualitativen Eigenschaften des Bauwerkes. Somit verbleibt im Bauprozess kein Verantwortlicher mehr, der alle Aspekte des Gebäudes umfassend im Blick hat und koordiniert.

Abb. 1: Auf heutigen Baustellen stehen (niedrige) Kosten und (schnelle) Bauzeiten im Mittelpunkt.

Diese „Atomisierung“ der Zuständigkeiten geht jedoch zunehmend zulasten der baulichen Qualität. Wo keiner mehr weiß, was der andere tut und der Blick auf das Ganze verloren geht, wird das Gesamtergebnis immer mehr zum Zufallsprodukt. Aber auch die Mängel nehmen zu, da es im Rahmen des Prozesses immer mehr zu einer Autoritäts- und Machtfrage wird, welche Partikularinteressen sich durchsetzen. Denn nicht alle Teilbereiche lassen sich widerspruchsfrei miteinander verbinden. Wenn aus Kostengründen auf eine Lüftungsanlage verzichtet wird, die Energieplaner jedoch auf maximale Energieeinsparung bei der Auslegung der Dämmschichten gesetzt haben, kann es zu Nachteilen für die Nutzer kommen. Gleichzeitig gibt es immer noch viele Bauprodukte, die problematische Ausdünstungen in die Innenraumluft verursachen. Wenn keiner auf diese Nebenwirkungen „kostengünstiger“ Bauweisen achtet, sind Mängel im Bauwerk unvermeidbar. Kein Wunder also, dass die Zunft der Mängelsachverständigen und zusätzlichen Bauherrenberater immer weiter wächst.

3 Lernen aus der Geschichte

Dabei sind ähnliche Probleme bereits aus der Vergangenheit bekannt. Über einen Zeitraum von 50 Jahren wurde feinfaseriges Asbest aus Brandschutzgründen (Achtung: Partikularinteresse!) in Fassaden- und Dachplatten, Technikzonen, aber auch in Fliesenkleber, Bodenbeläge und vieles mehr eingemischt. In den 1990er Jahren wurde der Einsatz in Gebäuden schließlich verboten, da das erhöhte Lungenkrebs- und Asbestose-Risiko für Bewohner und Verarbeiter nicht mehr geleugnet werden konnte. In ähnlicher Weise wurde jahrzehntelang auch in Innenräumen ein vorbeugender chemischer Holzschutz gefordert, der lange mit dem Nervengift Pentachlorphenol (PCP) durchgeführt wurde. Auch dieses ist inzwischen verboten, jedoch weiterhin in zahlreichen Dachstühlen und Holzkonstruktionen in hohen Konzentrationen enthalten.

Heute müssen diese Schadstoffvorkommen aufwändig saniert werden. Gleichzeitig wird aber kaum Aufmerksamkeit auf heutige Materialien gerichtet, die zukünftig ebenfalls wieder als Schadstoffe erkannt werden könnten.

Abb. 2: Alte Schadstoffvorkommen (hier: Holzschutzmittel in Dachbalken) müssen bei heutigen Umbauten aufwändig saniert werden.

4 Werden – Sein – Vergehen

Die Betrachtung des Bauprozesses im übergeordneten Kontext schafft ein neues Verständnis für Detail-, Konstruktions- und Materialfragen. Im Rahmen von Lebenszyklus-Betrachtungen wird nicht nur die Erstellung des Gebäudes („Werden“) als Aufgabe wahrgenommen, sondern auch die Nutzungsphase mit den Nutzerbedürfnissen („Sein“), sowie die spätere Entsorgung oder Flexibilität für Umnutzungen und Umbauten („Vergehen“). Vor diesem Hintergrund relativieren sich auch viele Kostenentscheidungen, die meist nur im Blick auf die Bauerstellung bewertet werden: Materialien, die heute noch kostengünstig wirken, können sich bei einer Langzeitbetrachtung als außerordentlich teuer herausstellen, sobald auch negative Auswirkungen auf die Bewohner und spätere Rückbau- und Entsorgungskosten eingerechnet werden.

In diesem Zusammenhang befasst sich die *Baubiologie* umfassend mit den Wechselwirkungen zwischen dem Menschen und seiner (gebauten) Umwelt. Gerade wohngesundheitliche Aspekte stehen dabei im Vordergrund. Die *Bauökologie* dagegen begreift das Gebäude und seine Nutzer einerseits als eigenes Ökosystem, in dem Beziehungen der Lebewesen untereinander und zu ihrer (gebauten) Umwelt entstehen und andererseits als Teil der übergeordneten lokalen, regionalen und globalen Ökosysteme.

Abb. 3: Gebäude werden gebaut, genutzt und später umgebaut oder abgebrochen.

Vereinfachend könnte man also feststellen, dass Architektur und Bauplanung lediglich den Entstehungsprozess eines Gebäudes betrachten, während die Baubiologie eine schadens- und schadstofffreie Nutzungsphase (Wohngesundheit) und die Bauökologie die langfristigen Auswirkungen (Nachhaltigkeit) im Blick hat. Baubiologisches und ökologisches Bauen bieten sich somit als ganzheitliche Betrachtungsfelder des Bauens an. Dabei sollten diese aber idealerweise nicht als Zusatzdisziplin angewandt werden, sondern integraler Bestandteil der Bauplanung (z. B. beim Architekten) sein.

5 Körper, Geist und Seele im Gleichgewicht

Baubiologische Planung führt somit eine Vielzahl an (bestehenden) Einzelaspekten der Bauplanung und -ausführung zusammen und bewertet diese im Kontext des Gesamtzusammenhanges. Dabei wird nicht den Einzelaspekten die größte Bedeutung zugemessen, sondern der gleichzeitigen und langfristigen Wirkung in Kombination. Zudem ist anzuerkennen, dass die individuelle Reaktion und Disposition von Menschen eine unbekannte Variable im System bleibt. Der Baubiologe erhält in diesem Zusammenhang eine wichtige Rolle als Generalist, der die getätigten Entscheidungen im Planungs- und Bauprozess im Hinblick auf ihre Auswirkungen auf Mensch und Umwelt einschätzt.

In der Vorstellung der Baubiologie werden Störungen und Erkrankungen nicht als kausale Direktergebnisse von Problemstoffen eingestuft, sondern es wird davon ausgegangen, dass erst die Kombination und Vielfalt menschenfeindlicher Materialien, Konstruktionen, etc. dazu führt, dass „das Fass der Belastungen überläuft“. Das Gebäude wird dabei als „dritte Haut des Menschen“ verstanden, dessen materielle, gestalterische und sinnliche Ausgestaltung das Wohlergehen des Menschen beeinflusst. Körperliche, physikalische Einflüsse und Aspekte haben dabei keine prioritäre Bedeutung gegenüber psychischen, sinnlichen und geistigen Aspekten.

Bauphysikalische Faktoren

Der Mensch in den westlichen Zivilisationen hält sich immer öfter und immer länger in geschlossenen Räumen auf. Gleichzeitig werden seit der Ölkrise 1973 die Gebäude immer besser gedämmt und abgedichtet, sodass der Luftaustausch zwischen innen und außen deutlich verlangsamt wird oder durch technische Lüftungssysteme sichergestellt werden muss. Die Anforderungen an ein behagliches *Raumklima* umfassen daher längst nicht mehr nur eine gleichmäßige Raumtemperatur (20°C) und mittlere relative Luftfeuchtigkeit (40–60%). Ein ideales Raumklima, in dem sich Menschen wohlfühlen und regenerieren können, umfasst zahlreiche weitere wichtige Aspekte:

- abstrahlende Oberflächentemperaturen von Bauteilen (Strahlungswärme),
- sorptive und feuchtigkeitsregulierende Oberflächen,
- Reduktion von Zuglufterscheinungen durch kühle Luft,
- Ausreichende Frischluftzufuhr sowie eine zuverlässige Abführung von nutzungsbedingten Schadstoffen (Feuchtigkeit, Stoffwechselprodukte, Gerüche, etc.),
- Vermeidung von Störfeldern bei der Wärmeverteilung.

Abb. 4: Sorptive Baumaterialien (wie z. B. Lehm) sorgen für einen Feuchteausgleich im Innenraum.

Gerade in energetisch maximal gedämmten Gebäuden wird die Sicherstellung einer guten Innenraumluft zur Herausforderung. Weiterhin unklar bleibt, ab welcher Gebäudedichtheit eine technische Lüftung zwingend erforderlich wird. Ebenso sind die baubiologischen Vorbehalte gegenüber einer Innenraumluft, die mithilfe elektrischer Lüftungsgeräte und durch Kunststoffkanäle in den Raum gelangt, weiterhin groß. Und zentral bleibt die Frage, ob den Nutzern überhaupt noch zugetraut werden kann, selbst zu erkennen, wie häufig eine Fensterlüftung notwendig ist.

Eine unerwünschte Begleiterscheinung des ungünstigen Raumklimas kann die Bildung von *Schimmelpilzen* sein, die als starkes Allergen das menschliche Immunsystem schwächen. Gerade durch das Vorhandensein vieler kunststoffhaltiger und damit nährstoffreicher organischer Oberflächenmaterialien gedeihen Schimmelpilze heute oft in Neubauten oder sanierten Altbauten deutlich besser als in Altbauten. Das Vorkommen von Schimmelpilzen in Innenräumen sollte jedoch auf ein Minimum begrenzt bleiben und weder die natürliche Umgebungskonzentration übersteigen noch stoffwechselaktive sichtbare Beläge erzeugen. Ebenso schädlich ist jedoch eine Vielzahl an chemischen (meist chlorhaltigen) Bekämpfungsmitteln.

Ein weiterer Punkt, der starken Einfluss auf das Wohlbefinden nehmen kann, sind *Lärm und Schall* in Innenräumen. Dabei geht es nicht nur um akustische Einflüsse von außen (z. B. durch Straßenverkehr, Fluglärm etc.) oder innerhalb des Gebäudes Hauses (z. B. von Nachbarn, Gaststätten etc.), sondern auch um raumakustische Effekte, wie etwa Schallreflektionen, Echos oder anderes.

Immer mehr Menschen reagieren besonders empfindlich auf Lärm. Die Ursachen hierfür sind vielfältig: Einerseits hat die Lärmbelastung zugenommen (Straßenverkehr, Arbeitsplatz, Unterhaltungsmedien, etc.), andererseits wirkt Schall unmittelbar auf das Nervensystem und daher zentral auf das menschliche Wohlbefinden. Für lärmgestresste Menschen können somit schon „normale" und harmlose Geräusche, wie z. B. spielende Kinder, Musik oder Gespräche hinter Wänden zu Stressfaktoren werden.

Allerdings kann das vollständige Fehlen von Geräuschen (wie z. B. hinter Schallschutzfenstern) ebenso zu biologischen Störungen führen, da sich Menschen dadurch nicht mehr mit ihrer Umwelt und ihrem Umfeld verbunden fühlen. Die geltenden Baunormen tragen dieser Entwicklung keine angemessene Rechnung, da sie im Wesentlichen die technischen Möglichkeiten des baulichen Schallschutzes betrachten und nicht die biologischen Folgen für die Menschen. So ist es kein Wunder, dass auch in Räumen, in denen die Baunormen eingehalten sind, subjektiv starke Beeinträchtigungen vorliegen können.

Bezogen auf die biologischen Funktionen des Menschen, spielen *Licht und Farbe* fast die wichtigste Rolle. Zur Steuerung des menschlichen Tag-Nacht-Rhythmus ist die Produktion des Hormons Melatonin entscheidend. Die Menge und Länge des empfangenen Lichts wirkt unmittelbar auf die Hormonproduktion. Im Winter reagiert der Körper über die Steuerungsfunktion der Zirbeldrüse mit Müdigkeit, depressiver Neigung und auch verringerter Geschlechtsaktivität. Sonnenlicht dagegen stimuliert den Hormonhaushalt und beschwingt den Menschen.

Dieses biologische Wissen wird jedoch in der Bauplanung kaum eingesetzt, stattdessen dominieren technische Aspekte wie Lichtstärke, Blendfreiheit und Energiebedarf die Diskussion. Diese technischen Parameter dominieren auch in der Auswahl und Anordnung von künstlicher Beleuchtung. Dabei müsste gerade bei künstlicher Beleuchtung besonders auf die Vermeidung von unerwünschten und negativen Auswirkungen auf den Menschen geachtet werden.

Untrennbar mit der Qualität des Lichtes ist die Anordnung von Farben im Gebäude eine wichtige Grundlage für die Orientierung, sinnliche Stimulanz und Empfindungen des Menschen. Gegenüber den technischen Aspekten werden auch hier die psychologischen und sensitiven Faktoren nur wenig betrachtet.

Abb. 5: Die natürliche Belichtung in Innenräumen trägt maßgeblich zum Wohlbefinden bei.

Elektrobiologische Auswirkungen

Das menschliche Nervensystem wird über elektrische Impulse gesteuert. Von außen einwirkende, nicht ionisierende Strahlung hat nachweislich biologische Wirkungen. Die unterschiedlichen Einwirkungen aufgrund von Elektrizität werden umgangssprachlich als „Elektrosmog" zusammengefasst. Dieser Begriff ist zwar nicht ganz zutreffend, da bei elektrischen Feldern keine „Verschmutzung" der Luft wie beim Smog vorliegt, dennoch hat er sich als bildliche Umschreibung einer konkreten Belastung etabliert. Im Einzelnen werden Ursachen und deren Wirkungen gerne verwechselt und fehlinterpretiert. In unserer Umwelt und in unseren Häusern hat die Installationsdichte deutlich zugenommen. Daher häufen sich auch Beobachtungen, dass Menschen in Folge elektrobiologischer Einflüsse individuelle gesundheitliche Beeinträchtigungen erleben.

Dabei muss noch nicht einmal Strom fließen, um Felder zu verursachen: Bereits an allen Geräten und (Wechselstrom-)Installationen, die unter Spannung stehen, treten *niederfrequente elektrische Wechselfelder* auf, auch ohne gleichzeitigen Stromkonsum.

Diese Felder werden durch die permanente Änderung der Plus-Minus-Polarität bei Wechselstrom-Installationen erzeugt und breiten sich durch (leitfähige) Oberflächen, Materialien und die Luft im Gebäude aus. Da die menschlichen Zellen und das Nervensystem ebenfalls über eine sehr niedrige elektrische Ladung verfügen, mit deren Hilfe Informationen im Organismus weitergeleitet werden, führen starke äußere elektrische Felder zu neuronalen Beschwerden, wie z. B. Unruhe, Schlaflosigkeit, Gereiztheit, Konzentrationsstörungen u. v. a. m. Durch lang anhaltenden Einfluss der Felder werden jedoch nicht nur der Schlafrhythmus und die Erholung des Organismus gestört, sondern auch chronische Sensibilisierungen gegenüber Elektrosmog aufgebaut. Allerdings können die Felder relativ einfach abgeschirmt werden und bei Bedarf – z. B. durch Netzfreischalter – abgeschaltet werden, wenn kein Verbraucher mehr angeschlossen ist.

Sobald (Wechsel-)Strom verbraucht wird, entstehen zusätzlich *niederfrequente magnetische Wechselfelder.* Der geschlossene Stromkreis bildet dabei ein räumliches Magnetfeld aus, welches in der Regel nicht, oder nur mit sehr großem Aufwand, abgeschirmt werden kann. Als einziger Schutz kommt daher meist nur das Einhalten geeignet großer Abstände in Frage. Auch durch unkontrollierte Rück- und Fehlerströme können magnetische Wechselfelder erzeugt werden.

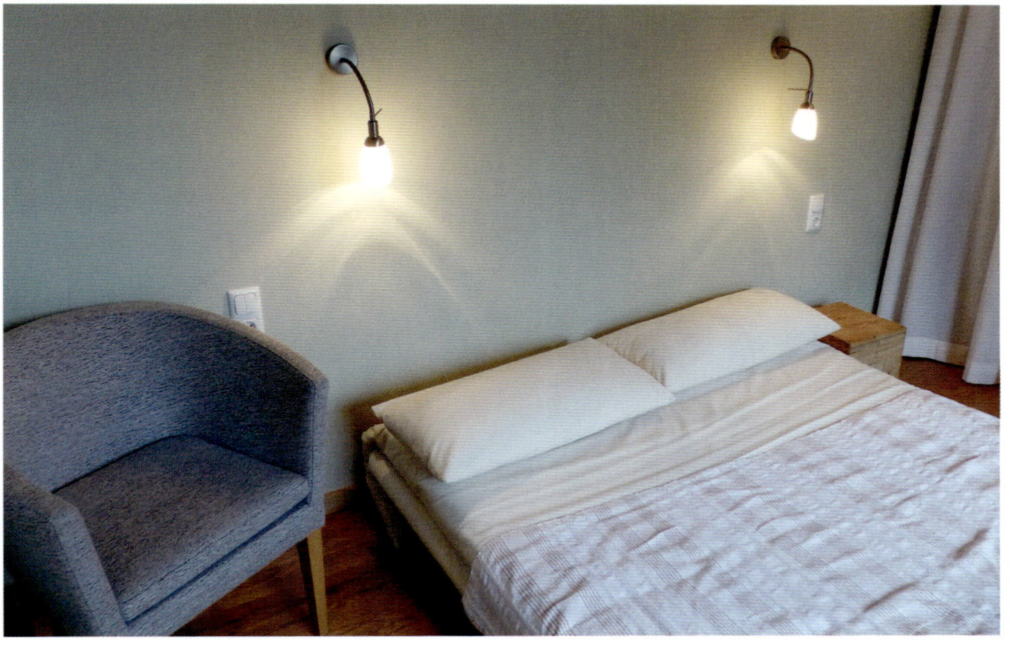

Abb. 6: Am Bettplatz sind Störfelder auf ein Minimum zu begrenzen (Elektrobiologisch installierter Bettplatz im Institut für Baubiologie + Nachhaltigkeit IBN, Rosenheim).

Besonders intensive Magnetfelder gehen von Transformatorstationen, Starkstromleitungen, Bahnstrom, Radiowecker, Ladegeräten, Motoren etc. aus. Daher sind in elektrobiologischen Konzepten Dauerverbraucher am Schlafplatz, wie die Telefonladestation, Radiowecker, Fernseher etc. aus baubiologischer Sicht zu vermeiden. Aber auch der Einfluss aus Feldern von nahestehenden Hochspannungsleitungen, erdverlegten Hauszuleitungen oder vagabundierenden Bahnströmen kann den Menschen beeinträchtigen.

In den letzten zwanzig Jahren erlebten die mobile Kommunikation und die weltweite Datenübertragung einen beispiellosen Ausbau. Sendestationen, lokale Empfänger und Dauerstrahlen finden sich daher inzwischen nicht nur fast flächendeckend überall, sondern auch in überlagerten Bereichen. Die Sendetechnologie mithilfe *hochfrequenter elektromagnetischer Strahlung* ist allerdings nicht neu, sondern wird lediglich heute erst zu zivilen Zwecken flächendeckend genutzt, während die entsprechenden Sendefrequenzen in Zeiten des „Kalten Krieges“ lediglich für militärische Kommunikation verwendet werden durften. Doch während die Betriebszeiten von militärischen Funkern aus

Gründen des Arbeitsschutzes klar begrenzt waren, wird die Zivilbevölkerung heute flächendeckend mit Strahlung versorgt. Dies entspricht auch den Wünschen der Bevölkerung, die möglichst ungehindert und ortsungebunden auf mobile Kommunikationsmittel zugreifen möchte.

Allerdings sind bereits seit Langem vielfältige gesundheitliche Risiken in Verbindung mit hochfrequenter Funkstrahlung bekannt. Meist werden diese Risiken „nur“ auf den Bereich bezogen, in dem durch HF-Strahlung thermische Effekte auftreten, also Materie erwärmt wird, wie z. B. im Mikrowellenherd. Inzwischen häufen sich aber Hinweise und wissenschaftliche Studien, die darauf schließen lassen, dass auch bereits weit unterhalb der thermischen Effekte schon biologische Irritationen und Schädigungen möglich sind. Die Bandbreite der beobachteten Risiken reicht von „kleineren“ Problemen wie Unwohlsein, Nervosität, Schlaflosigkeit, chronischer Erschöpfung etc. bis hin zu gravierenden Auswirkungen wie Blutbildveränderung, Immunschwäche, DNA-Schädigungen, Chromosomenbrüchen und Erbgutveränderungen. Auch die Häufung von Unfruchtbarkeit und erhöhte Krebsrisiken infolge HF-Bestrahlung müssen als wahrscheinlich angenommen werden.

Ein zurückhaltender Umgang mit hochfrequenter Sendetechnologie wird aus baubiologischer Sicht daher empfohlen. Vor allem auch in Bezug auf selbst verwendete Funktechnologien (Telefone, Babyphone, Schnurloses Internet, etc.) sollte darauf geachtet werden, dass diese nicht rund um die Uhr strahlen und zumindest während der nächtlichen Ruhephase am Bettplatz geringere Einflüsse bestehen.

Untergrundeinflüsse

Auch aus dem Untergrund sind vielfältige Einflüsse auf Gebäude und deren Nutzer bekannt und möglich. Neben möglichen *Verzerrungen des natürlichen Geomagnetfeldes*, die durch Betonarmierungen, Stahlträger und/oder metallhaltige Betten verursacht werden können, zählen hierzu auch die physikalisch kaum erklärbaren sogenannten *Erdgitter, Wasseradern und Verwerfungen*, die in der Regel durch Rutengänger ausfindig gemacht werden. In Bezug auf solche geomantische Einflusslinien und Punkte ist festzuhalten, dass die Bedeutung dieser Einflüsse erst in den letzten hundert Jahren zurückgedrängt wurde. In mittelalterlichen Gebäuden war das Ausmessen von Grundstücken durch Rutengänger eine übliche Vorgehensweise. Auch die Findung geeigneter Gebäudestandorte für sakrale Bauwerke wurde mithilfe radiästhetischer Mutungstechniken vorgenommen. Oft genug waren auch die Architekten selbst in dieser Hinsicht geschult.

Mehr Aufmerksamkeit erhalten dagegen natürlich austretende radioaktive Untergrundeinflüsse, wir *Radongase*, die als Zerfallsprodukte der Tiefengesteine, besonders in Gebirgen und Mittelgebirgen, vorzufinden sind. Radon verursacht Lungenkrebs und sollte sich daher nicht in Innenräumen ansammeln. Bei Altbaukellern und Neubaugründungen über radonausgasendem Untergrund wird daher auf eine geeignete Abdichtung der bewohnten Bereiche, sowie auf die Ablüftung des radioaktiven Edelgases geachtet.

Aber auch *Vibrationen* aus haustechnischen Installationen und/oder Umgebungseinflüssen (z. B. Strassen- oder Bahnverkehr) führen zu neuronalen Reizungen von Menschen in Gebäuden. Im Gegensatz zu Lärm sind Vibrationen nicht hörbar und werden daher oft nicht direkt wahrgenommen. Erst wenn ein diffuses Unwohlsein festgestellt wird, kann die Gebäudeanalyse Vibrationen als Verursacher ausfindig machen. Bauliche Entkopplungen vibrationsverursachender Installationen sind daher wichtige Maßnahmen.

Abb. 7: Untergrundeinflüsse wie z. B. Erdgitter und Wasseradern lassen sich im Vorfeld aufspüren.

Baubiologische Materialwahl

Die moderne Gebäudehülle wird immer dichter und besser gedämmt, um den Energiebedarf im Gebäude auf ein Minimum zu reduzieren. Gleichzeitig kommen aber häufig synthetisch hergestellte Bauprodukte zum Einsatz, die nicht nur größtenteils der Erdölchemie entstammen, sondern auch als Hybridbaustoffe unerwünschte Synergiewirkungen haben können. Während die Auslüftung der synthetischen Baustoffe und der Baufeuchtigkeiten im dichten Gebäude einen immer längeren Zeitraum benötigt, streben die Bauherrn immer schnellere Bezugszeiten an, um ihre Finanzierung zu optimieren. Viele Baufamilien ziehen in Gebäude ein, die noch sehr hohe chemische Belastungen der Raumluft aus Klebern, Farben und anderen Verbundwerkstoffen aufweisen.

Tatsache ist, dass Baustoffe nicht im Hinblick auf ihre gesundheitliche Eignung, sondern ihren technischen Nutzen (im Sinne der Verarbeitbarkeit und Kosten) optimiert werden. Insofern finden sich eine Vielzahl synthetischer *Chemikalien und Problemstoffe in Baumaterialien.* Die Problematik ist bereits aus den 1960er-1990er-Jahren bekannt, als Asbest (in Zementprodukten), Formaldehyd (in Holzwerkstoffen und Farben), PCB (in Fugenmassen), PAK (Bitumen und Teere), PCP (als Holzschutzmittel), etc. in großen Mengen in Gebäude eingebracht wurden. Inzwischen sind viele dieser Schadstoffe als eindeutig schädigend erkannt und verboten worden und müssen aufwändig aufgespürt und saniert werden.

Aber auch aus heutigen Baustoffen können gesundheitsschädigende Emissionen erfolgen, wie z. B. flüchtige organische Verbindungen (VOC) aus Farben, Klebern und Lacken, Weichmacher und Phtalate aus Kunststoffen und Fugenmassen, biozide Nanoverbindungen aus Anstrichen und Beschichtungen.

Bei allen vielfach veränderten Stoffen und Verbindungen, die in der Baustoffindustrie im Einsatz sind, stellt sich neben den direkten Wirksamkeiten als Wohngifte, Reizstoffe oder Umweltbelastungen stets auch die Frage nach der Herstellung und Verarbeitung. Oftmals werden zahlreiche problematische Nebenprodukte erzeugt, um z. B. einen unproblematischen Baustoff herzustellen. Die Aus- und Nebenwirkungen des Produkts sollten daher aus baubiologisch-ökologischer Sicht nicht nur beschränkt auf den Stoff selbst betrachtet werden, sondern umfassend auf seine gesamte Stoffbiographie – von der Gewinnung über die Verarbeitung bis hin zur Entsorgung oder Wiederverwendung.

Abb. 8: Naturbelassene Baumaterialien schaffen ein gesundes Innenraumklima.

Ein eher neues Thema ist die Betrachtung der *Luftelektrizität und Klein-Ionen* in Innenräumen. Für die Aufnahme von Sauerstoff braucht der Körper negativ geladene Ionen. Diese befinden sich vorwiegend in der Luft. Elektrostatisch geladene Materialien entziehen der Luft diese Ionen. Durch Beanspruchung und Reibung (Teppiche, Vorhänge, Plastik, Synthetik) wird die elektrostatische Aufladung von Oberflächen extrem verstärkt. Auf mit Lack versiegelten Parkettböden oder auch rein synthetischen Laminatböden werden Spannungen von bis zu 20 000 Volt gemessen. Dies entspricht Aufladungen, wie sie sonst in der Natur allenfalls kurz vor einem Gewitter auftreten. Daher sollten stark elektrostatische Oberflächen (wie Laminatböden, Versiegelung, etc.) vermieden werden.

Zudem können übermäßige elektrostatische Aufladungen, z. B. in kontrollierten Lüftungssystemen oder Schalldämpfern dazu führen, dass zugeführte Luft vollkommen ladungsfrei ist. Inwieweit diese künstliche Veränderung der Luftqualität Beeinträchtigungen für die Menschen erzeugt, ist noch weiter abzuklären.

Eng verbunden mit elektrostatisch aufgeladenen Oberflächen ist die Ansammlung von *Hausstaub und Mikropartikeln.* Im Staub sammeln sich nicht nur tote und lebendige Organismen, sondern auch Stoffwechselprodukte und Schadstoffe (z. B. schwermetallhaltige Tonerstäube aus Laserdruckern). Bekannte Mikroorganismen im Hausstaub sind z. B. die Hausstaubmilben, die sich von Hautschuppen und anderen organischen Teilchen im Hausstaub ernähren. In direkter Nachbarschaft zu Mensch und Tier im Haushalt regen Hausstaubmilben seit jeher das Immunsystem des Menschen an und sind unverzichtbar für ein intaktes Abwehrsystem. Steigt jedoch die Hausstaubmilbenpopulation auf synthetischen Oberflächen deutlich an, so kann sie zum Auslöser für Immunüberreaktionen, nämlich Allergien unterschiedlichster Ausprägung, werden.

Neben den gut erkennbaren Schad- und Reizstoffen in Baumaterialien bleibt auch die Reduktion von radioaktiver Strahlung aus Baustoffen ein wichtiges Thema. Gerade in Massivbauten kann ein Risiko einer erhöhten *Radioaktivität* auftreten. Besonders zu betrachten sind dabei:

- bestimmte Mauersteine, vor allem Baumaterialien, die nicht ortsnah verbaut werden,
- Glasuren und Tonprodukte,
- Tiefengesteine wie Granite,
- Gipsprodukte,
- Hochofenschlacken, die z. B. als Schüttungen verwendet wurden,
- Pflastersteine, Kiese und Splitt, die allerdings üblicherweise nicht in Innenräumen verarbeitet werden sollten.

Entscheidend zur Einschätzung des Schädigungspotenzials von baustoffbedingten Radioaktivitäten ist meist der Vergleich zwischen der Strahlungsintensität im Innenraum gegenüber der natürlichen Hintergrundstrahlung im Außenraum.

Gesundheitliche Faktoren

Neben den gebäudebedingten Einflüssen auf den Menschen und die Umwelt spielen auch der Mensch selbst und sein Lebenswandel eine Rolle. Bei Neu- oder Umplanungen können die den Menschen betreffenden Gesundheitsfaktoren bewusst unterstützt werden. Gerade *ergonomische Aspekte* sind wesentliche Faktoren eines „gesunden" Hauses. Immerhin zählen Skelett- und Muskulaturschwächungen in industrialisierten Ländern zu weit verbreiteten Problemen. Rückenleiden zählen neben Allergien zu den Volkskrankheiten. Ursache hierfür sind neben mangelnder Bewegung oft auch Fehlhaltungen oder Abnutzungen durch übergroße Beanspruchung. Bei unpassender Planung können lange Wege, steile Treppen, unpassende Möblierung u. v. a. m. die Bewohner ungleichmäßig beanspruchen und vorschnell verschleißen. Gerade auf die ergonomischen Aspekte von Erschließungen, Küche, Bad, Betten und Sitzgelegenheiten ist daher zu achten.

Das heutige Verständnis vom Menschen beschäftigt sich meist mit den materiellen und rein körperlich-biologischen Fragen. Daneben werden *psychische Aspekte* wenig betrachtet. Dabei beeinflussen sich körperliche und geistige Gesundheit gegenseitig. Durch geeignete menschengerechte Proportionierungen, Gestaltungen und die Anwendung harmonikaler Masse kann die Psyche des Menschen in Gebäuden positiv stimuliert werden. Daneben ist auch die Anregung der sinnlichen Wahrnehmungen (hören, sehen, tasten, schmecken, riechen, Unterbewusstsein, 6. Sinn) eine Möglichkeit, um Gefühle und Assoziationen zu wecken.

Abb. 9: Auch bei Umbauten kann auf gebäude- und raumtypische Elemente, wie die ursprüngliche Farbgebung oder ein Bodenbelagsmuster, eingegangen werden und somit die Identität des Hauses weitergeführt werden.

Für das Bauschaffen von eher untergeordneter Bedeutung sind sicherlich Fragen der *Ernährung*. Dennoch achten Baubiologen darauf, besonders bei der Erkennung und Einschätzung von gebäudebedingten Erkrankungen. Hierbei zeigt sich der ganzheitliche Ansatz der Baubiologie, dass eben nicht nur Aspekte betrachtet werden, die mit dem Bauprozess verbunden sind, sondern eine Betrachtungsweise gewählt wird, die über die eigentliche Bauaufgabe hinaus den *ganzen* Menschen in den Mittelpunkt stellt. Vor diesem Hintergrund sind also auch Konservierungsmittel, Geschmacksstoffe, Medikamente und künstliche Farbstoffe in Lebensmitteln als mögliche Belastungen zu benennen. Im Gespräch mit Bauherren kann daher das Thema durchaus angesprochen werden, da es wenig sinnvoll ist, ein möglichst gesundes Haus zu konzipieren, während gleichzeitig eine ungesunde Ernährung praktiziert wird.

In gleicher Weise spielt *Wasser* eine zentrale Rolle. Der Mensch besteht zu 60 bis 70 Prozent aus Wasser. Wasser ist somit das wichtigste Lebensmittel. Die Menge und Qualität des konsumierten Wassers können im Bauprozess berücksichtigt werden. Neben den rein biologischen und chemischen Eigenschaften zeichnet sich die Qualität von Wasser auch durch viele weitere Eigenschaften aus wie Kristallstruktur, Kalkgehalt oder Herkunftsort. Für die Wasserqualität mitverantwortlich sind außer den Leitungsmaterialien auch andere haustechnische Einrichtungen wie Speichertanks, Erwärmungseinrichtungen und Pumpen, aber auch die Art der Verteilung im Gebäude, da auch technische Wasserinstallationen Störungen verursachen können, die vergleichbar mit Wasseradern im Untergrund sind.

Ökologische Aspekte

Wie bereits eingangs festgestellt wurde, befasst sich die *Baubiologie* mit allen Einflüssen, die auf den Menschen im Bau und in der Nutzungsphase einwirken. Da hierzu auch Aspekte zählen, die erst indirekt über die Umwelt auf den Menschen zurückwirken, zählen diese Aspekte selbstverständlich ebenso zu den Einflüssen in Gebäuden.

Aus globaler Sicht ist die gerechte Verteilung von Energieressourcen eine wichtige Gegenwarts- und Zukunftsaufgabe. Gleichzeitig ist der CO_2-Ausstoß aus Gebäudeheizungen innerhalb der nächsten Jahrzehnte drastisch zu reduzieren, um die erkennbare Klimaerwärmung einzudämmen. Daher ist die Notwendigkeit einer größtmöglichen *Energieeinsparung in Gebäuden* in den industrialisierten Ländern als wichtiges Erfordernis unserer Zeit erkannt worden.

Dabei können neben der effektiv benötigten Endenergie im Gebrauch auch weitere indirekte Energieverbräuche („Graue Energie") während der Herstellung, bei der Verarbeitung und bei der Entsorgung lebenszyklusgerecht mitberücksichtigt werden Eine ökologische Planung erfordert demnach die umfassende Betrachtung und Bewertung von Materialien und Prozessen von der Erzeugung, über die Verarbeitung bis hin zur Entsorgung oder Wiederaufarbeitung.

Abb. 10: Gut gedämmte Gebäude sind heute Stand der Technik, dabei sind mineralische Verputzsysteme (hier: Mineralputz auf Holzfaser) vorteilhaft.

Die Endlichkeit der natürlichen Ressourcen und die Begrenztheit des Planeten Erde werden bei zunehmender Weltbevölkerung immer spürbarer. Dies bezieht sich jedoch nicht nur auf die zunehmende Rohstoffknappheit, sondern auch auf die begrenzten Möglichkeiten, langfristige *Abfälle* zu lagern und zu entsorgen. Nur selten machen sich Bauherren, Planer oder Handwerker bei der Gebäudeherstellung Gedanken über die spätere Entsorgung des Bauwerks. Allerdings muss jedes Bauwerk auch im Hinblick auf einen späteren Rückbau und eine Entsorgung oder aber Um- und Weiternutzung betrachtet werden.

Auch kann während der Bauphase auf die Vermeidung von Abfällen geachtet werden: Mit der Auswahl von Produkten wird bereits mitentschieden, wie viel Verpackungs- und Transportmaterial anfällt, welche Schadstoffe durch Reinigungsprozesse (z. B. Pinselauswaschen, Reinigen von Verputzmaschinen etc.) freigesetzt werden und wie viel Reststoffe und Verschnitt anfallen.

Im Zuge des umweltbewussten Ressourcenverbrauchs sind auch *Recycling-Prozesse* von Bedeutung. Allerdings dienen die meisten Recyclingprozesse am Bau lediglich einer Verlängerung des Lebenszyklus des Materials auf einer stofflich geringerwertigen Ebene. Dabei wäre es eine sinnvolle Zukunftsvision, wenn Materialien im Recyclingprozess erneut als Wertstoff und nicht als „Deponiegut“ in Baustellen verbaut würden. Das „Cradle-to-Cradle“-Prinzip fördert ein solches „intelligentes Recycling“, ist aber im Bauwesen noch nicht erkennbar.

Als Grundlage einer ökologischen Haltung kann durchaus die Selbstbescheidung, also die Reduktion an beanspruchter Fläche und materiellen Ressourcen angesehen werden. In ähnlichem Sinne ist auch die Förderung *regionaler Netzwerke* und Prozesse ein wichtiger Beitrag zum umweltgerechten Bauen. Ein großer Teil der ökologischen Zerstörung durch Flächen-, Energie- und Materialverbrauch geht auf das Konto des Transportwesens. Der enorme Energieverbrauch durch Verkehrsmittel sowie die damit verbundene Steigerung der CO_2-Belastung der Atmosphäre belastet jedoch sowohl die Umwelt als auch den Menschen selbst (Flächenverbrauch, Lärm, Abgase, Feinstaub, Unfallgefahren etc.).

In regionalen Netzwerken wird dieser Verkehr mit allen Nebenwirkungen deutlich reduziert, zudem bleibt das investierte Geld in der Region und kann so auch einen ökonomisch nachhaltigen Beitrag leisten.

6 Ganzheitliche Betrachtungsweisen

Im modernen Bauschaffen geht aufgrund der Komplexität der global vernetzten Gesellschaft der Blick für die Zusammenhänge verloren. Damit verbunden ist eine Entfremdung zwischen den Bauschaffenden und ihrem Bauwerk, aber auch ein schrumpfendes Verständnis für die Bedürfnisse der Gebäudenutzer. Im Druck der organisatorischen und ökonomischen Anforderungen werden zuerst die nachteiligen Auswirkungen des Hauses auf Mensch und Umwelt negiert, um fortan unbeeinträchtigt den Weg der Bauökonomie zu billigen und schnell errichteten Gebäuden beschreiten zu können.

Dabei bestimmt die bauliche Qualität nicht nur kurzfristig den Wert des Gebäudes, sondern macht auch nach langen Nutzungszeiträumen den Unterschied. Baubiologische Gebäude sind meist mängelärmer und fehlertoleranter und halten den Gebäudewert auch nach langen Zeiträumen noch hoch.

Zudem sind die Nutzer zufriedener und gesünder und reduzieren damit auch die volkswirtschaftlichen Ausgaben, indem sie weniger krank sind.

Im Planungsprozess zeigt sich, dass baubiologisch-ökologisches Bauen nicht etwa teurer ist, sondern im Gegenteil eher einfacher und günstiger, da von vornherein sehr viel einfacher gedacht wird und auf problematische, riskante und synthetisch stark veränderte Bauprodukte von vornherein verzichtet wird. Es liegt ohnehin auf der Hand, dass beim heutigen Bauen nicht mehr die Materialpreise die Gesamtkosten bestimmen, sondern lediglich die Lohnkosten. Langlebigere und gesündere Materialien schlagen daher auch dann nicht zu Buche, wenn sie im Materialpreisvergleich teurer sein sollten. Eine einfachere Bearbeitung kann die höheren Materialkosten rasch ausgleichen.

In der Praxis lassen sich unterschiedliche Einsatzbereiche der Baubiologie unterscheiden: Einerseits binden *Planer* (Architekten, Bauingenieure, etc.) baubiologische und ökologische Betrachtungsweise in ihre Arbeit ein und vermeiden damit präventiv spätere Beeinträchtigungen der Bewohner im Gebäude. Damit die planerischen Ansätze auch adäquat ausgeführt werden können, haben viele *Handwerker* bereits baubiologisches Zusatzwissen erworben und bringen dieses in ihr Handwerk ein. Interessanterweise sind dies oft Handwerker, die bereits selbst gesundheitliche Probleme durch die Verarbeitung problematischer Baustoffe hatten, wie z.B. Zimmerleute, Maler, Gipser, oder Elektriker. Bei Gebäuden und/oder Räumen, in denen bereits gesundheitliche Probleme auftreten, kommen *baubiologische Messtechniker* und Gebäudeanalytiker zum Einsatz, die sich vor Ort ein Bild der Belastungssituation verschaffen und Sanierungsmöglichkeiten aufzeigen, um die bestehende Risiken beheben. Allen drei beruflichen Ausrichtungen in der Baubiologie gemeinsam ist der ganzheitliche Ansatz, bei dem nicht nur der fachliche Einzelaspekt betrachtet wird, sondern das Zusammenwirken unterschiedlicher Einflüsse, die besondere Situation des Menschen im gebauten Umfeld sowie des Gebäudes im übergeordneten Ökosystem.

Abb. 11: Der Umgang mit Naturmaterialien will gelernt sein.

7 Vorgehensweisen im ökologischen Bauen

Als wesentliche Grundlage des ökologischen/baubiologischen Bauens haben sich verschiedene planungsbezogene Einzelkriterien bewährt, die dazu beitragen, dass Mensch und Umwelt angemessen berücksichtigt werden. Bei gleichberechtigter Berücksichtigung der Aspekte können nachteilige Auswirkungen weitgehend vermieden werden:

- *Berücksichtigung von Standortfaktoren:* Durch die Wahl des Gebäudestandorts kann bereits beeinflusst werden, wie stark in die Umwelt eingegriffen wird. Gleichzeitig können Umwelt- und Untergrundeinflüsse berücksichtigt und reduziert werden. Auf die Belichtungs- und klimatische Situation kann durch einen standortgerechten Entwurf Rücksicht genommen werden.
- *Baustoffe und Baukonstruktionen:* Bei der Baustoffwahl und Konstruktion sollten Produkte bevorzugt werden, bei deren Herstellung möglichst geringe Umweltbelastungen verursacht wurden und die im Gebäude möglichst geringes Schädigungspotenzial, bei gleichzeitig optimalen physikalischen Eigenschaften aufweisen.
- *Umweltschonende Bauausführung:* Einsatz regional verfügbarer Bauweisen und handwerklicher Traditionen bei gleichzeitiger Materialgerechtigkeit der Konstruktion; Einbezug der Alterungsfähigkeit und Lebenszyklus-Aspekte von Materialien und Bauweisen.
- *Haustechnische Einrichtungen:* Haustechnik dient der Komforterhöhung des menschlichen Lebens und nicht der Kompensation planerischer oder baulicher Fehler; Haustechnik sollte stets auf das erforderliche Minimum begrenzt werden.

Abb. 12: Natürliche Materialien bergen geringe Risiken für Bewohner und Umwelt (hier: Strohdämmung vom Feld).

- *Ökologische Einbindung:* Jeder Eingriff sollte möglichst harmonisch in die erkennbaren natürlichen Kreisläufe eingebunden sein. Dabei stehen Ressourceneffizienz und geringe Veränderung von Umwelt und Umfeld im Fokus.
- *Gestaltung und Form:* Gebäude sollen auch das Wohlbefinden der Menschen in körperlicher, geistiger und seelischer Hinsicht fördern. Hierbei sind harmonikale und menschengerechte Gestaltungsprinzipien hilfreich.
- *Soziale Einbindung:* Das Bauen dient dem Menschen und ist kein Selbstzweck. Entsprechend sollten die sozialen Beziehungen gestärkt werden. Individuelle Selbstentfaltungsmöglichkeiten sollten gleichwertig zu Gemeinschaftsbereichen bestehen. Soziale Aspekte sind bedeutsam bei der Frage nach der langfristigen Akzeptanz von Bauwerken und Siedlungsstrukturen.

Der Bauplaner greift beim Baugeschehen in die natürlichen Steuerungssysteme des Ökosystems ein und verändert diese durch seine Tätigkeit. Im ökologisch-baubiologischen Bauen geht es um die Minimierung nachteiliger Auswirkungen durch das Gebäude auf Mensch und Umwelt. Hierfür bedarf es

Abb. 13: Gebäude lassen sich in das natürliche Umfeld sensibel einbinden.

eines ganzheitlichen Blickes. Der Architekt ist durch seine koordinierende Rolle im Baugeschehen und durch seine Nähe zum Bauherren für diese verbindende Rolle prädestiniert.

In der Tradition des „Baumeisters", wie er in der Renaissance als Idealtyp des breit gebildeten und aufgeklärten Menschen bereits bestand, sollten Architekten ihren Wirkungskreis nicht ohne Not auf die rein oberflächlich gestalterischen Aspekte beschränken, sondern die Aufgabe einer ganzheitlich-integralen Planung annehmen.

Neben dem direkten Nutzen für die Nutzer und Bauherren (Wohngesundheit), sowie die Umwelt (langfristige Nachhaltigkeit) kommt ein solches baubiologisch-ökologisches Planungsvorgehen auch dem ökonomischen Werterhalt des Gebäudes (Ökonomie) zugute.

8 Widersprüche aushalten

Dabei liegt es auf der Hand, dass ein ganzheitliches Planungsverständnis nicht ohne Widersprüche auskommt. Nicht alle Einzelaspekte, die aus wohngesundheitlicher Sicht von Bedeutung sind, sind automatisch auch ökologisch – und umgekehrt. Gerade in der Versöhnung der technischen, der gesundheitsbezogenen *und* der ökologischen Widersprüche liegen Aufgabe und Qualität des Bauplaners. Der Bauplaner wird damit nicht nur zum (meinungslosen) Koordinator der unterschiedlichen Fachspezialisten am Bau, sondern zum (vermittelnden) Mediator der unterschiedlichen Aspekte. Im Prozess setzen sich damit nicht nur die lautesten und aktuell am wichtigsten erscheinenden Punkte (oft: Kosten und Termine) durch, sondern jene Aspekte, die beim geringsten Aufwand am meisten Gewinn (in Bezug auf den gesamten Lebenszyklus) versprechen.

Kurzum steht nicht das Bauwerk selbst im Mittelpunkt der Aufmerksamkeit, sondern der Mensch als Individuum (Bauherr) und als Gemeinschaft (Ökologie und Gesellschaft).

Abb. 14: Einfache Konzepte währen am längsten (hier: Notunterkunft in den Bergen, die aus nur einem Material erstellt wurde).

9 Flexibilität und Weiternutzung

Ein wichtiger Gradmesser der ökologischen Angemessenheit ist die Veränderbarkeit von Bauten und Raumkonzepten. Die Nutzungsanforderungen verändern sich im Verlauf der Jahre, während die finanzielle Belastung durch Hypothekarschulden gleichbleibend ist. Wenn im Einfamilienhausbau anfangs noch der Wunsch nach zahlreichen getrennten Räumen für unterschiedliche Familienmitglieder besteht, ändert sich das Bild mit dem Auszug von Kindern für die Berufsausbildung. Wenn dann noch die Großeltern zu Pflegezwecken mit in das Gebäude aufgenommen werden müssen, sind plötzlich wiederum neue Anforderungen gestellt. Im Alter ist man vielfach froh, wenn Teile des Hauses weitervermietet werden können, um den Unterhaltsaufwand zu reduzieren und sich auf den minimal nötigen eigenen Raumbedarf zu beschränken. Oft wäre es auch sinnvoll, wenn Teile des Grundstücks mitvermietet werden könnten, um auch die Gartenarbeit und Grundstückspflege im Alter reduzieren zu können.

Ähnlich verhält es sich auch bei Büro- und Verkaufsflächen, aber auch bei der Konzeption öffentlicher Gebäude. Multifunktionale und möglichst offen konzipierte Strukturen sind langfristig im Vorteil und deutlich nachhaltiger.

Abb. 15: Gute und nachhaltige Gebäude lassen sich auch nach langer Nutzung mit wenig Aufwand um- und weiternutzen (hier: Umbau eines 200-jährigen Hauses zum Mehr-Generationen-Haus).

Nur Gebäude, die *keine* Weiterentwicklungsmöglichkeit aufweisen, müssen vorzeitig abgerissen und entsorgt werden. Idealerweise sind in Gebäuden sogar vielfältige Nutzungen möglich, wie Wohn-, Gewerbe-, Atelier oder auch Sondernutzungen. Die meisten Ressourcen können gespart werden, wenn bestehende Baulichkeiten länger nutzbar bleiben. Gleichzeitig stärken Weiterentwicklungen von Gebäuden die Identifikation der Menschen mit dem Gebäude, da das Gebäude hierdurch eine „Geschichte“ erhält, die auf Umwelt und Nutzer abfärbt.

Bildnachweise

Abb. 01, 06, 07, 11, 12, 13, 14: Christian Kaiser, Lottstetten
Abb. 02, 03, 04, 05, 08, 09, 10, 15: Stefan Meyer, Berlin/Nürnberg

Christian Kaiser

Der Altbau – integral gedacht

Vergangenheit und Zukunft verbinden

1 Einleitung

Wer heute ans Bauen denkt, möchte sich meist ein eigenes, individuelles und auf seine persönlichen Bedürfnisse zugeschnittenes Haus schaffen. In der individualistischen Annahme, dass seine Bedürfnisse einmalig sind, wird das Haus im Rahmen des Planungsprozesses quasi „neu erfunden". Die meisten Bauherren denken daher, dass nur ein Neubau für sie geeignet wäre. Entsprechend beschäftigen sich auch angehende ArchitektInnen an den Hochschulen schwerpunktmäßig mit dem Entwurf von Neubauten. Dabei spricht die Realität unserer (gebauten) Welt eine andere Sprache: Das Neubauvolumen geht seit Jahrzehnten drastisch zurück, teils in Ermangelung bebaubarer Grundstücke, teils aufgrund mangelnder Nachfrage (finanziell und demografisch bedingt).

2 Der Altbau will beplant werden!

Die Statistiken sprechen eine klare Sprache: Im Grunde genommen ist bereits unser gesamter Bedarf an Wohnungen, Büros und Sondergebäuden längst gebaut. Mehr als 5/6 des Baubestandes sind dabei schon über dreißig Jahre alt und bedürfen bereits der ersten grundlegenden Sanierungen, Überarbeitungen oder Umstrukturierungen.

Die Gründe um einen Altbau zu beplanen sind dabei ebenso vielfältig wie die Altbauten selbst.

a) Unterhaltsbedarf/Sanierungsstau
Zunächst einmal bedürfen *alle* Gebäude während ihrer gesamten Lebensdauer eines fortwährenden Unterhaltes. Diese Unterhaltsarbeiten werden jedoch oft genug nur nachlässig oder gar nicht durchgeführt, sodass der Sanierungsbedarf durch die Jahrzehnte immer größer wird. Erst wenn die ersten Dachlatten einbrechen und Undichtigkeiten oder Schimmelpilze das Leben im Gebäude ungemütlich werden lassen, entschließen sich manche Eigentümer zu Grundsanierungen.

b) Modernisierungspotenzial

In diesem Zuge wird dann aber auch geprüft, ob möglicherweise Komfortverbesserungen möglich (und finanzierbar) sind. Meist werden Verbesserungen an den energetischen Qualitäten angestrebt, z. B. durch Fassaden- und Dachdämmungen oder Fenstererersatz. Oft genug werden diese Maßnahmen aber nur halbherzig durchgeführt, so dass die Modernisierung neue Probleme mit sich bringt (z. B. durch neue Wärmebrücken in der Gebäudehülle).

c) Altersgerechtigkeit

Ein weiterer Impuls zur Sanierung oder zum Umbau von Bestandsbauten ist die Anpassung an veränderte Bedürfnisse, z. B. gerade von älter gewordenen Bewohnern oder Nutzern. Der Umbau von Bädern, Treppen und Küchen für Barrierefreiheit oder gar Rollstuhlgängigkeit spielt gerade in Gebäuden eine Rolle, die entweder eine herausragende Bedeutung haben (z. B. Rathäuser, Museen, etc.) oder aber den Eigentümern und Bewohnern mit den Jahren so ans Herz gewachsen sind, dass sie sich einen Auszug nicht vorstellen können.

d) Landverknappung

Im Zuge des demografischen Wandels wird in vielen Kommunen festgestellt, dass die Bevölkerungszahlen nicht mehr spürbar steigen, meist sogar rückläufig sind. Gleichzeitig hat sich die bebaute und versorgte Fläche in den letzten 50 Jahren fast verdoppelt. Unter der Last der Versorgungsaufgaben entsteht ein neuer Druck auf die Ortszentren, da Neubauland nicht mehr grenzenlos erschlossen werden kann und darf. Vielerorts besteht zunächst die Auflage, die Altbauquartiere zu entwickeln, Baulücken zu schließen und nachzuverdichten. Neubauland dagegen steht nur noch begrenzt zur Verfügung und meist sind diese Flächen sehr knapp bemessen. In der Folge dieser politisch-demografischen Entwicklung ist es weder eine Seltenheit noch verkehrt, wenn sich Käufer auch „nur" wegen der Attraktivität einer Parzelle oder Lage für einen Altbau interessieren.

e) Finanzierung

Selbst finanzielle Gründe sind inzwischen oft ausschlaggebend für den Erwerb bzw. Umbau und die Sanierung eines Bestandsgebäudes. Nicht allen gelingt es, das benötigte Baugeld auf einmal zu beschaffen, zumal wenn am Anfang noch ein Grunderwerb zu tätigen ist. Bestehende Häuser bieten dagegen die Möglichkeit, die Investitionen gestaffelt und gemäß den Bedürfnissen und finanzi-

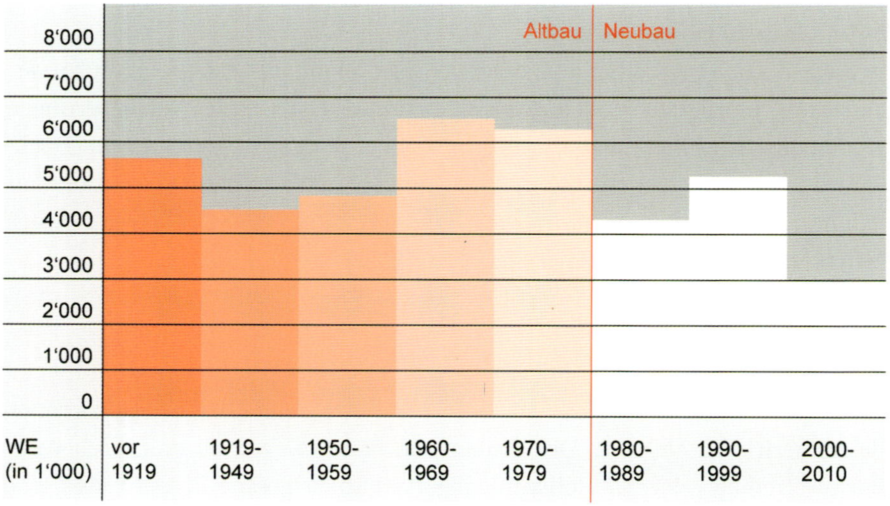

Abb. 1: Wohneinheiten in Gebäuden mit Wohnraum nach Baujahr

ellen Möglichkeiten durchzuführen. Objektiv ist es somit nicht richtig, wenn Bauwillige davon ausgehen, dass Altbauinstandsetzungen teurer wären als Neubauten. Sie sind gegebenenfalls lediglich schwieriger zu kalkulieren, erfordern in der Summe aber fast immer eine geringere Investition.

3 Jeder Altbau ist verschieden

In der Gebäudebewertung und Umbauplanung fürchten viele die Unterschiedlichkeit der Bestandsbauten. Denn jeder Altbau ist verschieden. Gleichzeitig lassen sich aber wiederkehrende Typologien feststellen, bei denen die Fragestellungen ähnlich sind.

Durch Jahrhunderte hindurch haben sich regional spezifische Bautypologien entwickelt. Aufgrund der früheren politischen Situationen vor 1870 mit kleinstaatlichen und kleinräumigen Organisationseinheiten war das Bauen mit vor Ort verfügbaren Materialien ein wesentliches Gebot. Gleichzeitig haben sich in den Regionen materialabhängig eigenständige handwerkliche Techniken entwickelt, die sich durch Ausbildung und Handwerkskunst weiterentwickelt haben. Die Kunst des Fachwerkhauses, aber auch Lehm- und Kalkbauten,

Abb. 2-5: Historische Bautechniken: Fachwerkhaus (oben links), Schieferfassade (oben rechts) Märkische Feldsteine (unten links), Blockbauweise in Arosa/Schweiz (unten rechts)

Blockholzkonstruktionen und Reetdachdeckungen sind Ausformungen dieser regional unterschiedlichen Gestaltungs-, Material- und Bauprinzipien.

Sowohl die Bautechnik als auch das Gebäudekonzept orientierten sich an den regional verfügbaren Ressourcen sowie den gegebenen kleinklimatischen Rahmenbedingungen. Eine Besonderheit dabei ist, dass gerade diese Bauten, obwohl sie oft mit einfachsten Mitteln erstellt wurden, sich auch langfristig als außerordentlich flexibel und vielfältig umnutzbar erwiesen haben. Trotz einfachster Bautechnik lassen sich Komfortverbesserungen und konstruktive Verstärkungen sowohl unproblematisch als auch kostengünstig durchführen.

4 Einheitliche Bauregeln für alle

Erst mit dem Wegfall der zahlreichen Zollgrenzen entwickelte sich in Mitteleuropa eine erste „Normierung“ des Bauens. Einheitliche Baugesetze und vor allem Brandschutzbestimmungen begleiteten den Ausbau der europäischen Städte und Siedlungen in Europa während der Industrialisierungsphase. Diese „Gründerzeit“-Häuser sind effizient gedacht. Sie entwickeln die Vertikale durch Mehrgeschossigkeit und den Einsatz neuer Materialien, wie z. B. Systembauteilen.

Auch diese Bauten sind sehr gut umnutzbar und variabel entwickelbar, meist dank dem Fehlen aussteifender Innenwände, sodass die Raumzuschnitte sehr frei wählbar sind. Die städtebauliche Form des Blocks mit mehreren Treppenhäusern, mit Vorder- und Hinterhäusern sowie verbindenden Seitenflügeln ermöglicht fast beliebig große Nutzungseinheiten. Auch dieser Typ kann als außerordentlich variabel umbaubar eingeschätzt werden. Sogar seine energetischen Qualitäten sind im Vergleich mit anderen Altbauten meist überdurchschnittlich gut.

Die Bautypologien der Nach-Weltkriegsjahre von den 1920er bis zu den 1970er Jahren zeichnen sich dagegen eher durch eine hohe Sparsamkeit und geringe Materialqualität aus. Schnelles, effizientes und materialsparendes Bauen war eine Notwendigkeit dieser Notjahre mit großem Raumbedarf. Wer solche Häuser umbaut, stellt sich häufig die Frage, ob Eingriffe überhaupt bautechnisch möglich sind und ob nicht ein Abbruch und Neubau angemessener wäre. Aber oft genug finden sich auch unter diesen Altbauten erhaltenswerte und besondere Konzepte, auch ohne dass zwingend eine denkmalpflegerische Vorgabe besteht.

In der Zeit der 1960er bis 1990er Jahre finden sich zunehmend individualistische Tendenzen mit großzügigem Raumkonzept, jedoch geringem Umbau- und Umnutzungspotenzial. Zu oft sind Statik, Haustechnik und Raumkonzept so speziell entwickelt, dass jeder Eingriff und jede Änderung das gesamte Gefüge zum Kollabieren bringen würde. Zudem gelangten in diesen Dekaden des kosten- und terminoptimierten Bauens eine Vielzahl problematischer Bauprodukte in die Gebäude, deren Sanierung heute unverhältnismäßig teuer wäre.

Abb. 6: Gründerzeithaus mit Erneuerungsbedarf

Abb. 7: 1920er-Jahre Haus (Hufeisensiedlung in Berlin-Britz)

Abb. 8: Einfach konstruiertes Nachkriegshaus von 1950

5 Achtung: Schadstoffe in jüngeren Altbauten!

Gebäude, die seit den 1950er Jahren erstellt oder umgebaut wurden, bergen oft ein hohes Risiko an Bauschadstoffen. Diese sind nicht immer auf den ersten Blick erkennbar, bedeuten aber ein hohes (gesundheitliches und ökologisches) Risiko für Bewohner und Umwelt, wenn sie unerkannt freigesetzt und verteilt werden. Besonderes Augenmerk gilt dabei folgenden Problemstoffen:

- Asbest: die mineralische Feinfaser kann sich in zementgebundenen Fassaden- und Dachplatten sowie -schindeln, in Fliesenklebern, Brandschutzinstallationen, Bodenbelägen und -klebern, aber auch in Bodenaufbauten und Verputzen befinden.
- Polyzyklische aromatische Kohlenwasserstoffe (PAK): Bitumen und Teere wurden häufig in Innenräumen als Kleber und Abdichtungsmassen sowie auch in Bodenbelägen eingesetzt.
- Polychlorierte Biphenyle (PCB): Elastische Fugenmassen, Isolatoren, Hydraulikflüssigkeiten und Anstriche können krebsauslösendes und hormonveränderndes PCB enthalten, das als ein höchst problematisches Umweltgift gilt.
- Chemische Holzschutzmittel: Oft unnötig wurden nervengiftartige chemische Holzschutzmittel, wie z. B. Pentachlorphenol (PCP) auch in Innenräumen eingesetzt. Beim Schleifen und Bearbeiten kontaminierter Hölzer kann dieses in hohen Konzentrationen freigesetzt werden.

Abb. 9: Schadstoffvorkommen (asbesthaltige Fassadenverkleidung)

Während die unerkannte Bearbeitung und Freisetzung solcher Schadstoffe im Gebäude ein hohes gesundheitliches Risiko für die Arbeiter und Bewohner darstellt, kann der ordnungsgemäße Rückbau schadstoffhaltiger Bauteile zu unerwartet hohen Kosten in der Sanierung führen. Allerdings wurden viele Schadstoffemissionen in alten Häusern aufgrund der undichten Gebäudehüllen über Jahre gut abgelüftet und stauen sich unter Umständen erst nach einer (energetischen) Sanierung im Innenraum. Es ist daher weder sinnvoll noch ratsam, die Thematik aus Angst vor den Folgekosten zu vernachlässigen oder zu ignorieren.

6 Heute schon an morgen denken

Gleichzeitig sollten Bauschaffende nicht die gleichen Fehler der Vergangenheit wiederholen, indem sie erneut problematische Baustoffe beim Umbau einsetzen. Da auch heute noch keine gesundheitlichen Vorgaben oder Prüfungen für Bauprodukte üblich sind, bleibt es in der Verantwortung von Planern, Bauhandwerkern und Bauherren, ein eventuell schädigendes Potenzial von eingesetzten Materialien zu erkennen und das Produkt somit auszuschließen. Infolge des zunehmenden Gesundheitsbewusstseins, bei dem die Inhaltsstoffe von Nahrungsmitteln deklariert werden, denken viele Konsumenten irrtümlicherweise, dass es auch gesundheitliche Deklarationspflichten für Baustoffe geben würde. Allerdings müssen Baustoffe lediglich in der Zulassungsprüfung nachweisen, dass sie die selbstdeklarierten technischen Eigenschaften, wie z. B. Wärmeschutz, Brandschutz, Feuchtebeständigkeit, Haltbarkeit oder anderes erfüllen. Daher sind auch heute noch und wieder einige Baustoffe oder -zusätze im Einsatz, über deren langfristiges Schädigungspotenzial nur geringe Informationen vorliegen:

- Flüchtige organische Verbindungen (VOC): Aus Farben, Lacken und Klebern können problematische petrochemische Ausdünstungen austreten, die gerade in den ersten Monaten und Jahren nach Baufertigstellung das Innenraumklima und die Bewohner belasten.
- Nanoverbindungen: Als Biozide zur Bekämpfung von Schimmelpilzen und Algen werden inzwischen häufig Nano-Silber-Verbindungen in Farben eingemischt. Gerade an der Fassade können diese ausgewaschen werden und in den Gewässerkreislauf gelangen, sodass sie früher oder später in der gesamten Umwelt verteilt werden und über die Nahrungskette wieder zum Menschen zurückkommen.

- Schimmelpilze sind starke Allergene, die das Immunsystem von Mensch und Tier schwächen. Zum Wachstum von Schimmelpilzen sind hohe Feuchtigkeiten sowie ein gutes Nähstoffangebot erforderlich. Gute Nährstoffe sind alle organische Verbindungen, somit also besonders auch kunststoffhaltige Farben und Putze. Zur Vermeidung von Schimmelpilzen sollte daher stets der Nährstoff entzogen werden, indem Wandoberflächen z. B. mit Kalk oder rein mineralischen Materialien bearbeitet werden.
- Künstliche Mineralfaser (KMF): Glaswolle, Steinwolle, Mineralwolle, die vor 1995 produziert und verarbeitet wurde, muss inzwischen als krebsverdächtig eingestuft werden. Neuere KMF ist immer noch ein feinfaseriges abstaubendes synthetisches Material, das jedoch gemäß Herstellerangaben nach spätestens zehn Jahren im Körper aufgelöst wird. Dadurch wird ein späterer Zusammenhangsnachweis zwischen einer KMF-Belastung und einem eventuell auftretenden Lungenkrebs zwar verunmöglicht, jedoch in der Realität nicht weniger wahrscheinlich.

Es gilt daher, dass im Materialeinsatz vor allem Materialien mit langjähriger (unschädlicher) Erprobung im Vorteil sind, sowie Materialien, die möglichst wenig synthetisch verändert wurden. Gerade im Altbau sollte der Einsatz zementöser Materialien (zur Schonung vorhandener Hölzer) gering gehalten sowie der Einsatz kunststoffhaltiger, petrochemisch basierter Produkte auf ein unvermeidliches Minimum beschränkt werden.

7 Flexibilität und Variabilität

Der Wert eines Altbaus misst sich im Wesentlichen an seiner Flexibilität, Umbau- und Umnutzungsfähigkeit. Je einseitiger ein Gebäude entwickelt wurde, je weniger Spielraum und „Gutmütigkeit“ die Konstruktion bietet, umso schwieriger ist es, ein heutiges angepasstes Nutzungskonzept umzusetzen. Der Aufwand zur Gebäudesicherung steigt und bei einer Schadstoffbelastung kann der Sanierungsbedarf zu unverhältnismäßigen Kosten führen.

Abb. 10: Alte Baustrukturen weisen oft eine hohe Flexibilität und Umbaufähigkeit auf.

Im Rahmen von Umbauten sollen meist großzügigere Räume und neue und größere Fassadenöffnungen (zur Belichtung und für solare Wärmegewinne) geschaffen werden. Eine weitere wichtige Rolle spielt die Erschließung des Hauses von Parkmöglichkeiten über den Zugang und das vertikale Treppenhaus bis hin zu Türschwellen und Absätzen zwischen verschiedenen Räumen. Für barrierefreie Konzepte sollen nachträglich Liftanlagen ergänzt werden und für bessere Gebäudeausnutzungen werden häufig zusätzliche Wohnungen, Büros oder Nutzflächen in bestehenden Gebäuden ergänzt.

Viele Altbauten weisen eine sehr hohe Flexibilität und Variabilität auf und können somit als außerordentlich nachhaltig bezeichnet werden. Doch oft genug wird im Umplanungsprozess vergessen, genau diese Flexibilität auch für einen zukünftigen Umbau zu erhalten und erneut möglich zu machen. Die Bauherren und Bauplaner stehen oft ihren heutigen Umbauwünschen so nahe, dass es außerhalb ihres Vorstellungsvermögens liegt, dass auch ein heute saniertes, modernisiertes oder umstrukturiertes Gebäude zukünftig erneut einer anderen Zweckbestimmung zugeführt werden könnte.

8 Denken in Lebenszyklen

Ein Gebäude wird nicht nur erdacht und errichtet, sondern anschließend genutzt und eines Tages nicht mehr benötigt. Erst dann entscheidet sich, ob das Gebäude sinnvoll und nachhaltig konzipiert war: Muss das Gebäude aufwändig und teuer abgebrochen und deponiert werden oder kann es erneut für zeitgemäße Nutzungen umgebaut und umgenutzt werden?

Das Denken und Planen in Lebenszyklen erfordert den Blick über die heutigen Bedürfnisse und Möglichkeiten hinaus, indem auch zukünftige Veränderungen offengelassen werden. Nur so besteht für Neubauten und umgebaute Altbauten die Möglichkeit, dass die bestehenden Ressourcen auch weiterhin

Abb. 11: Durch den Abbruch von Altbauten werden Deponien belastet.

genutzt werden können. Bereits verarbeitete Materialien und Konstruktionen sollten möglichst lange weiterverwendbar und gesundheitlich verträglich sein. Im Umbau spielt auch der erforderliche Energieeinsatz eine Rolle, ebenso wie der Anteil an „Grauen Energien“, den die Materialherstellung erfordert hat. Es ist also unter Umständen nicht energetisch nachhaltig, ein Gebäude aufgrund seiner schlechten energetischen Werte (im Betrieb) abzubrechen, um mit hohem Energieaufwand ein energieeffizientes Gebäude zu erstellen.

9 Den Altbau weiterdenken

In Konstruktion, Gebäudesystem und Materialwahl sollten Altbauten am sinnvollsten weiterentwickelt und „weitergebaut“ werden. Wenn das Gebäude aus mineralischen Kalkputzen besteht, können diese gut erneuert, repariert und ergänzt werden. Ebenso können bestehende Tragwerke auch mit ihren spezifischen Eigenheiten ergänzt und umkonstruiert werden. In das Innere eines Fachwerkhauses gehören keine Betondecken oder Betonwände, da sich Altbau- und Umbaukonstruktionen dann nicht vertragen würden. Einerseits wird der Beton aufgrund seiner Feuchteaufnahme das Holzwerk schädigen und andererseits wird das Innere zu steif für das bewegliche und „weiche“ Kleid.

Abb. 12: Altbauten können für heutige Bedürfnisse „weitergebaut“ werden.

Abb. 13: Anbauten schaffen neue Raumangebote (Altersgerechter Um- und Ausbau einer Scheune in Frankreich).

Aber auch in seiner Gesamterscheinung kann ein Altbau weiterentwickelt werden. Hierfür gibt es zahlreiche architektonische und raumplanerische Möglichkeiten:

- Anbau: Zur Vergrößerung der Räume, aber auch zur Schaffung großzügigerer Ergänzungsräume sind neue Anbauten sinnvolle Ergänzungen von Bestandsbauten. Der neue Anbau bietet Qualitäten, die der Altbau nicht hat, geht aber dennoch einen Dialog ein und wertet den Altbau in Nutzung, Gestaltung und Komfort auf.

- Aufstockung: Eine wesentliche Diskussionsgrundlage der Nachhaltigkeit auf dem Planeten Erde ist nicht nur die Begrenztheit der materiellen Ressourcen (Baumaterialien, Energieversorgung, etc.), sondern auch die Begrenztheit produktiver und nutzbarer Flächen. Die Zersiedelung der Landschaft mit kleinen Gebäuden (vor allem mit Einfamilienhäusern) gilt daher als wenig nachhaltig, zumal diese Siedlungskonzepte einen hohen Infrastrukturaufwand bei der Ver- und Entsorgung (Wasser, Abwasser, Straßenerschließung etc.) erfordern. Gerade in den Zentren sind daher auch Aufstockungen auf bestehenden Bauten eine gute Möglichkeit, um alte Gebäude aufzuwerten und einer effizienteren Nutzung zuzuführen.

Aus ökonomischer Sicht ist es im Zuge von Sanierungs-, Modernisierungs- oder Umbaukonzepten immer zentral, ob auch neue und hochwertige Nutzfläche

Abb. 14: Aufstockungen ermöglichen eine Nachverdichtung im städtischen Kontext (Modernisierung in Wetzikon/ Schweiz).

gewonnen werden kann, die zu einer realen Aufwertung des Gebäudes führt. Dies kann z. B. durch Balkone, Terrassen oder auch durch den Ausbau zuvor leer stehender Dachräume erfolgen. In jedem Fall werden viele Umbauten erst durch einen Flächengewinn amortisierbar. Gerade energetische Modernisierungen lassen sich nie allein durch die spätere Einsparung von Energiekosten finanzieren. Erst wenn mit der energetischen Verbesserung auch nutzungsbezogene Gebäudeverbesserungen verbunden sind, wird eine solche Umbaumaßnahme wirtschaftlich.

10 Alte Form und neuer Inhalt

Es ist also die Kunst des Bauplaners, die neuen Bedürfnisse und Inhalte in die bestehende alte Form zu integrieren. Das richtige Maß an Wertschätzung gegenüber dem Bestand sowie die intelligente Nutzung der bestehenden Gebäudeeigenschaften für das heutige Interesse sind die wichtigsten Bedingungen für ein gutes Ergebnis. Dabei sollten Bauherren und Planer stets im Blick haben, dass der heutige Neu- und Umbau auch morgen wieder zum „Altbau" werden

Abb. 15: Bestehende Baustrukturen können schonend instandgesetzt und weitergenutzt werden (Umnutzung Scheune als Büroräumlichkeiten).

wird. Und auch dann soll und muss es eine Möglichkeit geben, diesen erneut zu transformieren, ohne auf eventuell eingebaute Problembaustoffe zu stoßen oder aufwändige Konstruktionen sichern oder integrieren zu müssen.

Der geeignete Standpunkt sollte daher der eines „Vermittlers" sein, der (Altbau-) Qualitäten erkennt und stärkt, ohne vorab Festlegungen zu treffen, die später irreversibel sind.

11 Wertschätzung und Denkmalpflege

Zu oft wird auf den behördlichen Altbauschutz geschaut, wenn es darum geht, die Qualität von Bestandsbauten einzuschätzen. Dabei kann die institutionalisierte Denkmalpflege dieser immensen Aufgabe kaum gerecht werden, wenn sie alleine für den Erhalt und die Pflege des kulturellen Bauerbes zuständig sein muss. Hierfür sind der wertschätzende Planer und Bauherr vor Ort unverzichtbar, da diese oft als Einzige über den Erhalt oder die Entfernung von Altbauten entscheiden.

Altbauten bieten Identität und Identifikation. Sie schaffen eine Verbundenheit der Menschen mit ihrer Region, mit ihren Dörfern und Städten, und sind bereits zum Teil der kollektiven Erinnerung geworden. Es kann nicht sein, dass diese wichtige identitätsstiftende Aufgabe von Altbauten im Zuge der Gebäudeeinschätzung fast vollständig zugunsten einer technokratisch-ökonomischen Sicht ausgeblendet wird. Ein Haus ist eben mehr als nur ein Aufbewahrungsort oder eine gesichtslose Hülle. Hinzu kommt, dass Neubauten weder gestalterisch noch handwerklich einen vorherigen Altbau wiederherstellen oder ersetzen können. Jeder Altbau, der abgebrochen wird, ist unwiederbringlich verloren und nur noch auf historischen Fotos oder Bildern nachvollziehbar.

Abb. 16: Handwerkliche Details alter Häuser können heute nicht mehr gleichwertig hergestellt werden (Fassadendetails in Tours/Frankreich).

12 Der integrale Blick

Altbauten befinden sich also mit unseren Bedürfnissen in einem äußerst komplexen Spannungsfeld. Bei heutigen Eingriffen in bestehende Gebäude werden Bauherren und Planer meist von ihren individuellen Partikularinteressen geleitet, die zudem stark vom Primat der Finanzierbarkeit beeinflusst werden können.

Der integrale Blick auf den Altbau und seine Erneuerungsmöglichkeiten kann dabei helfen, den Betrachtungshorizont zu erweitern und sowohl Gebäude als auch unsere Bedürfnisse in einem größeren Kontext zu begreifen. Dabei

Abb. 17: „Integraler Altbau"

sind wir gefordert, unsere heutigen Bedürfnisse selbstkritisch zu reflektieren, auch im Hinblick auf zukünftige Generationen. Wir sind aufgerufen, den Altbau als ein Gebäude mit einer Geschichte wahrzunehmen, die nicht nur in technischen Daten der Bausubstanz abgebildet wird, sondern durch Jahrhunderte oder Jahrzehnte identitätsstiftend für Bewohner, Nachbarn, Mitmenschen gewirkt hat. Diesem Bestand eine unvoreingenommene Wertschätzung entgegenzubringen ist der erste Schritt für ein angemessenes, zukunftsfähiges und nachhaltiges Umbau-, Modernisierungs- oder Erweiterungskonzept.

Bildnachweise

Abb. 01: Statistisches Bundesamt: Zensus 2011 – Gebäude- und Wohnungszählung
Abb. 02, 03, 07, 08, 09, 10, 11, 12, 13, 14_1, 14_2, 14_3, 15_1, 15_2, 16, 17: Christian Kaiser

Stefan Kessler

Integrale Ökonomie und die Immobilienwirtschaft

Ökonomische Grundlagen unseres Wohnens

„Was richtig ist, das ist einfach das, worauf einzelne oder gar ganze Kulturen sich zu einem bestimmten Zeitpunkt geeinigt haben. Es gibt keine Alleingültigkeitsansprüche für Wissen und Wahrheit. Jeder Person steht es frei, ihre eigenen Werte zu finden, die für niemand anderen bindend sind."

Ken Wilber

„Die Wahrheit war immer nur eine Tochter der Zeit."

Leonardo Da Vinci

1 Die wirtschaftliche Bedeutung der Immobilienbranche

Die Immobilienwirtschaft ist kein scharf abgegrenzter Branchenblock und sehr heterogen. Man kann die Akteure in Rollen, Branchen, Berufsgruppen oder Organisationen unterteilen. So gibt es zum Beispiel folgende Berufe:

Architekten, Ingenieure	Facility-Manager
Fachplaner	Finanzierer
Vermarkter/Vermittler	Handwerker
Bewirtschafter	Zulieferer
Bewerter	usw.
Projektentwickler	

Tabelle 1: Berufe in der Immobilien-Branche

Die gesamtwirtschaftliche Bedeutung mögen die Zahlen einer Studie[1] aus der Schweiz illustrieren. Sie sind sicher auch in Deutschland und Österreich verhältnismäßig relevant.

Als Wirtschaftszweig ist die Branche einer der größten Wirtschaftsfaktoren geworden. Vom Architekten, Bauanwalt über die Raumpflegerin und den Bauarbeiter bis zur Immobilien-Verwalterin arbeiten 533.500 Menschen in der Immobilien-Branche. Dies entspricht 14 Prozent der gesamten Beschäftigung in der Schweiz. 2,5 Millionen Gebäude im Gesamtwert von 2.500 Milliarden Franken stehen in der Schweiz.

1 Studie vom HEV Schweiz (Hrsg.): Die volkswirtschaftliche Bedeutung der Immobilienwirtschaft der Schweiz von Dr. Peter Staub und Dr. Heinz Rütter, Zürich, Oktober 2014. Bekanntlich hängen Resultate von Studien häufig davon ab, welche Absicht die Auftraggeber, hier der Schweiz. Hauseigentümerverband, verfolgen.

Die Studie betrachtet den Gesamtlebenszyklus eines Gebäudes: vom Planen, Bauen, Verwalten und Renovieren bis zum Abbruch:

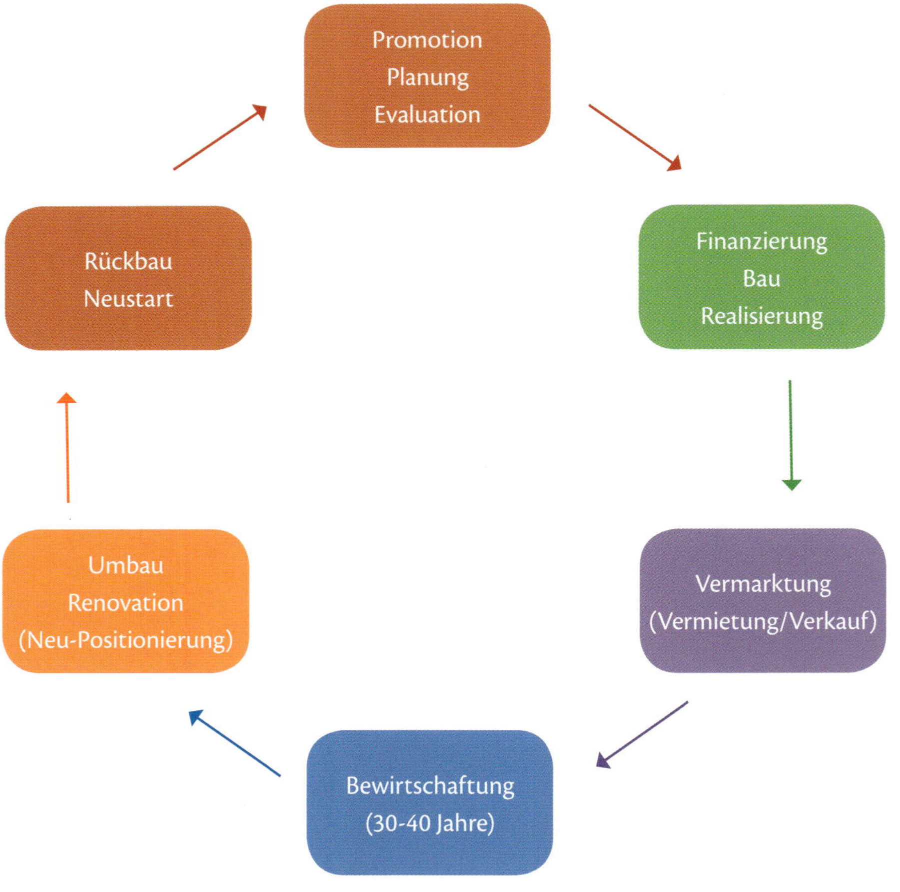

Grafik 1: Produkte-Lebenszyklus einer Immobilien, etwa 120 Jahre (Stefan Kessler)

Sogar auf 18 Prozent, d. h. knapp ein Fünftel des BIP (Wertschöpfung 99 Mrd. CHF) kommt die Studie, wenn noch die gesamten Mietkosten und Eigenmietwerte dazugerechnet werden. Hohe Zahlen, die die große Bedeutung des Sektors belegen.

Anteil der Wertschöpfung, gemäß dem Beispiel aus der Schweiz:

Miete und Eigenmietwert	38 %
Bauwirtschaft	24 %
Baumaterial	18 %
Verwaltung	6 %
Andere (Unterhalt, Architekten)	13 %

Tabelle 2: Anteil der Wertschöpfung; Quelle: Studie vom HEV Schweiz (Hrsg.): Die volkswirtschaftliche Bedeutung der Immobilienwirtschaft der Schweiz, von Dr. Peter Staub und Dr. Heinz Rütter, Zürich, Oktober 2014.

Die Botschaft der Auftraggeberin der Studie („Parteigutachten") war klar: Politische Entscheide müssen gewissenhaft getroffen und der Branche muss unbedingt Sorge getragen werden (Verlust von Arbeitsplätzen, ein Argument, das bei jeder Gelegenheit eingeworfen wird).

Auch wenn man die Studie und das Zahlenmaterial hinterfragen kann, zeigt sie doch eines deutlich, dass die Immobilienwirtschaft eine gewichtige Bedeutung hat.

Wie erwähnt: „Da der Immobiliensektor branchenübergreifend ist, kann er [...] nicht klar abgegrenzt werden. Die exakte Messung der volkswirtschaftlichen Leistung dieses Sektors ist deshalb schwierig. Dennoch ist der Immobiliensektor in vielerlei Hinsicht für die Schweizer Volkswirtschaft von Bedeutung. Zusammengefasst machte der Immobiliensektor ungefähr acht Prozent des BIP aus. Der Immobiliensektor ist somit in etwa gleichbedeutend wie andere typische Branchen der Schweizer Wirtschaft, beispielsweise die Banken und Versicherungen (zehn Prozent BWS[2]) oder das Gesundheitswesen (fünf Prozent BWS). Auch auf dem Arbeitsmarkt ist die Bedeutung des Immobiliensektors messbar. Zusammengerechnet sind knapp zehn Prozent der Beschäftigten im Baugewerbe und dem Grundstücks- und Wohnungswesen tätig."[3]

2 Bruttowertschöpfung

3 Mailantwort: Philipp Wegmüller, Staatssekretariat für Wirtschaft SECO, Ressort Konjunktur

Hier noch die wichtigsten, offiziellen Kennzahlen des Bundesamtes für Statistik aus dem Bau- und Wohnungswesen, die dies noch weiter dokumentieren mögen (Beispiel der Schweiz):

Was	**Beispiel Schweiz**
Ständige Wohnbevölkerung (Ende 2015)	8.327.100
BIP pro Kopf (2015)	78.410
Gebäude mit Wohnnutzung (2015)	1.712.893
Gesamtwohnungsbestand (2015)	4.351.846
Neu erstellte Wohnungen (2014)	49.162
Leerwohnungsziffer (1.6.2016)	1.3 %
Bewohner pro Wohnung (Belegungsdichte, 2015)	2.3
Wohnfläche pro Person (2014)	45 m^2
Wohneigentumsquote (2014)	37,4 %
Durchschnittliche Mietbelastung (Anteil des Einkommens) (2014)	13,6 %

Tabelle 3: Wichtigste Kennzahlen; Quelle: Bundesamt für Statistik

All diese Zahlen sollen verdeutlichen, dass hier gewaltige Summen im Spiel sind und auch stark gegen schärfere Vorschriften lobbyiert wird.

Augenfällig sind zwei Zahlen:

a) Wohnfläche pro Person: 45 m^2
Dieser Flächenbedarf pro Person ist Ausdruck unseres Luxus. Er ist aber auch eine Folge der Versingelung der Gesellschaft. In Deutschland und Österreich liegt der Flächenverbrauch auf ähnlichem Niveau (DE: 46,5 m^2, A: 44,7 m^2 pro Person). Die Wohnbaugenossenschaften in der Schweiz wollen diesen Verbrauch mit Belegungsvorschriften reduzieren, um so einen Beitrag zum haushälterischen Umgang mit dem Boden zu leisten (Ziel: 35 m^2 pro Person). Der Flächenbedarf ist in den letzten 25 Jahren gewaltig gestiegen. Spitzenreiter ist die USA: Der Bedarf pro Person liegt bei etwa 75 m^2. Gigantismus auch in diesem Bereich.

b) Wohneigentumsquote: 37,4 Prozent
Es ist erstaunlich, dass das reichste Land[4] der Welt die niedrigste Eigentumsquote (37,4 Prozent) aufweist.

Die durchschnittliche Wohneigentumsquote in der Europäischen Union liegt bei 70,1 Prozent (2014), in Deutschland bei 52,4 Prozent und in Österreich bei 57 Prozent.

Die offizielle Begründung dazu liefert das Bundesamt für Wohnungswesen (2006):

- Hoher Ausländeranteil
- Relativ späte Einführung des Stockwerkeigentums (1965)
- Funktionierender, relativ liberaler Wohnungsmarkt
- Ungünstiges Verhältnis Kosten und Einkommen
- Qualitativ gute und preislich tragbare Mietwohnungen

Dies bedeutet, dass sehr viel Volksvermögen in den Immobilien steckt und die institutionellen Anleger (z. B. Pensionskassen) unter einem hohen Investitionsdruck stehen. Damit treiben sie die Immobilienpreise hoch und somit auch die Mieten. Die Folge davon ist, dass die Bürger immer höhere Mieten bezahlen müssen, obwohl die Häuser indirekt mit ihrem Geld bezahlt wurden. Wo ist da die Logik? Hier müssten neue Systeme entwickelt werden, bei denen zum Beispiel die Vorsorgegelder direkt in Wohnbaugenossenschaften fließen würden.

4 Durchschnittliches Nettovermögen pro Kopf.

Im Weiteren sollte die Wohnungsproduktion mit dem Bevölkerungswachstum einhergehen, wenn keine Überproduktion geschaffen werden soll, wie es etwa in Spanien der Fall war.

Da die wirtschaftliche Bedeutung dermaßen groß ist, müssen sich die integrale Architektur und Lebensraumentwicklung zwingend auch mit der ökonomischen Dimension auseinandersetzen.

2 Die Ökonomie und ihre Aufgabe in unserer Gesellschaft

Der Begriff „Ökonomie“ stammt aus dem altgriechischen „Oikonomia“ und bedeutet so viel wie „Hauswirtschaft“ und setzt sich aus oikos (Haus) und nomos (Gesetz, Regel) zusammen. Es geht also um die Gesetzmäßigkeiten des Wirtschaftshaushaltes. Oft wird das Wirtschaften als „der rationale Umgang mit knappen Gütern“ bezeichnet. Kein geringerer als der griechische Philosoph Aristoteles (384–322 v. Chr.) gab dieser Lehre den Namen.

Adam Smith (1723–1790) gilt als der Begründer der klassischen Nationalökonomie und freien Marktwirtschaft. Der schottische Moralphilosoph und Aufklärer ist der erste große Wirtschaftsdenker und etablierte die Ökonomie als eigenständige Disziplin. Sein bekanntes Buch „Wohlstand der Nationen“ (1776) markiert sozusagen die Geburtsstunde der Ökonomie.

Seine Themen waren die Arbeitsteilung, die Rolle des freien Marktes, Fragen der Verteilung, des Außenhandels und die Funktion des Staates. Er stellte das persönliche, individuelle Glück in den Mittelpunkt. Gemäß Smith reguliert sich der Markt selbst. Dafür benutzte er die Metapher von der „unsichtbaren Hand“. Dies mag seinerzeit wohl noch funktioniert haben, heute aber nicht mehr.

Heutzutage verstehen wir unter Wirtschaft den gesamtgesellschaftlichen Prozess, der die Gesellschaft mit Gütern und Dienstleistungen versorgt und diese somit auch sicherstellt. Es geht also um die Wohlfahrt der Gesellschaft. Sie bildet dadurch unsere Existenzgrundlage. Wirtschaft ist somit kein Selbstzweck, sondern erbringt eine Dienstleitung gegenüber der Gesellschaft. Wir als Konsumenten entscheiden jedoch letztlich, was produziert wird, in welcher

Qualität und zu welchen Bedingungen (vgl. Gröbly & Ruh, 2008). Wir sind uns dieser Macht nur zu wenig bewusst.

Allerdings hat sich die Marktwirtschaft immer mehr zu einem reinen Selbstzweck entwickelt. Ein wesentlicher Aspekt der heutigen Wirtschaft ist die Machtkonzentration durch das Kapital bzw. das Eigentumsrecht. Dies widerspricht dem demokratischen Grundprinzip der Chancengleichheit. Im Staat wird die Macht durch die Gewaltenteilung in Legislative, Judikative und Exekutive beschränkt. Ein ähnliches System sollte auch in der Wirtschaft angestrebt werden. Der Gemeinwohl-Aktivist Christan Felber spricht hier von der „Negativen Rückkopplung", ein Begriff aus der Systemtheorie. Dies kann durch Beschränkungssysteme erreicht werden (Einkommensungleichheit, Privatvermögen, Erbrecht usw.) (vgl. Felber, 2012).

Die Triebfeder aller Wirtschaftsdenker war die Suche nach den Gesetzen des menschlichen Zusammenlebens, nach denen Reichtum geschaffen und verteilt wird, mehr oder weniger sozial. Doch die heutige Realität zeigt ein ganz anderes Bild: Gemäß der Oxfam-Studie[5] (2016) nimmt die soziale Ungleichheit weltweit immer schneller zu. Die 62 reichsten Menschen besitzen so viel wie die ärmere Hälfte der Weltbevölkerung – und der Trend hält an. Anfang 2017 publizierte Oxfam die neuesten erschreckenden Zahlen: Demnach besitzen die acht reichsten Männer zusammen mehr Geld als die ärmere Hälfte der Weltbevölkerung. In der Schweiz besitzen zwei Prozent der Bevölkerung so viel die restlichen 98 Prozent. Dies sollte zu denken geben. Die Problematik besteht darin, dass das Geld einen sehr großen Einfluss auf Politik, Bildung, Gerichte, Medien usw. nimmt. Auf diese Weise werden Demokratie und Chancengleichheit untergraben. Somit betrifft das wirtschaftliche Geschehen jeden von uns und Fehlentwicklungen können sich für jeden einzelnen katastrophal auswirken, wie die Wirtschaftskrisen (z. B. die Banken- und Immobilienkrisen von 2007/2008) zeigen. Dazu kommen noch die ökologischen Auswirkungen.

Streng genommen ist die Wirtschaftswissenschaft keine Wissenschaft, obwohl sie sich wissenschaftlicher Methoden bedient. Gültige Aussagen und Prognosen können dennoch nicht gemacht werden (vgl. Linß, 2007).

5 Internationaler Verbund von verschiedenen Hilfs- und Entwicklungsorganisationen. Sitz ist in Oxford, England. Gründungsjahr: 1942; vgl. www.oxfam.de.

3 Der Begriff des Integralen im Kontext der Ökonomie

In den übrigen Beiträgen und insbesondere in der Einführung von Andrea Hoffnung in die integrale Theorie haben wir schon einige Definitionen des Begriffs „integral" gelesen. Der integrale Ansatz bemüht sich, die ganze Wirklichkeit zu erfassen. Scheinbar gegensätzliche Erkenntnisweisen werden zu vereinen versucht – wie etwa Spiritualität und Wissenschaft oder das östliche und das westliche Wissen. Was hat die (egoistische) Ökonomie mit der (egoauflösenden) Mystik zu tun? Holistisch betrachtet ist alles mit allem verbunden. Der Gründer der Integralen Theorie Ken Wilber erklärt aber noch, wie genau diese Verbundenheit aussieht (vgl. Wilber, 2008):

- Die integrale Philosophie ist eine Weltanschauung die versucht,
- eine umfassende Sicht des Menschen und der Welt zu entwickeln,
- prämoderne, moderne und postmoderne Weltsichten,
- östliche und westliche Weltsichten sowie
- spirituelle Einsichten und wissenschaftliches Denken zu vereinen.

Es geht also um die Vereinigung der drei Arten von wissenschaftlichem Wissen, nämlich

- der Natur- und Systemwissenschaften,
- der Geisteswissenschaften (z. B. Philosophie) und
- der spirituellen „Wissenschaften".

Mit den spirituellen Wissenschaften sind die spirituellen und mystischen Traditionen gemeint. Dieses Spektrum ist tatsächlich sehr groß, umfasst es doch die westlichen (jüdische Kabbala, christliche Mystik usw.) und östlichen Systeme (islamischer Sufismus, Buddhismus, Hinduismus usw.). Die Spiritualität setzt in allen Traditionen voraus, dass die Existenz aus verschiedenen Ebenen zusammengesetzt ist: Körper/Materie, Geist, Seele und GEIST (Spirit).

Der Begriff „Spiritualität" ist vielschichtig und lässt unterschiedliche Interpretationen zu. Er bezieht sich meines Erachtens auf eine persönliche Erfahrung und eine Beziehung zum Numinosen bzw. zum Göttlichen.

In der heutigen Ethik spielt Spiritualität leider praktisch keine Rolle, weil die Ethiker eine große Skepsis gegenüber der Spiritualität haben. Warum? Die Ethiker sind der Auffassung, dass moralisches Handeln und Urteilen eine Frage von rationalen Gründen und Argumenten sei. Spiritualität hingegen gehöre eher in den Bereich des Irrationalen!

Aus einer spirituellen Lebenshaltung heraus erwächst jedoch eine umfassende Liebe und Achtung. Wer liebt, hat zwangsläufig eine andere Beziehung zu seiner Mitwelt, sei es zum Mitmenschen, zur Tierwelt, zur Flora, zur Natur und zum Leben generell. Er bekommt eine Achtung vor dem Leben und somit auch ein Verantwortungsgefühl. Gerade in der Integralen Philosophie spielt die Spiritualität eine wichtige Rolle. Es geht hier nicht um Moral, sondern um Bewusstheit.

Gemäß dem Duden bedeutet „integral" (lat. integrare = wiederherstellen, ergänzen, zu:integer): „zu einem Ganzen dazugehörend und es erst zu dem machend, was es ist" (Duden online, 2017).

Wilber entwickelte ein integrales Modell, eine Matrix, das AQUAL („all quadrants, all levels)", das folgende Komponenten enthält:

- Quadranten (individuell, kollektiv, subjektiv und objektiv),
- Ebenen (Strukturstufen, Entwicklungen des Seins),
- Entwicklungslinien (Kompetenzen: kognitiv, emotional usw.),
- Zustände (Bewusstseinszustände) sowie
- Typen (Typologien).

Wilbers Quadrantenschema ist ein hervorragendes Analyseinstrument, weil es eine mehrperspektivische Betrachtung eines jeden Sachverhaltes ermöglicht. Auf die Wirtschaft bezogen können die Quadranten wie folgt definiert werden:

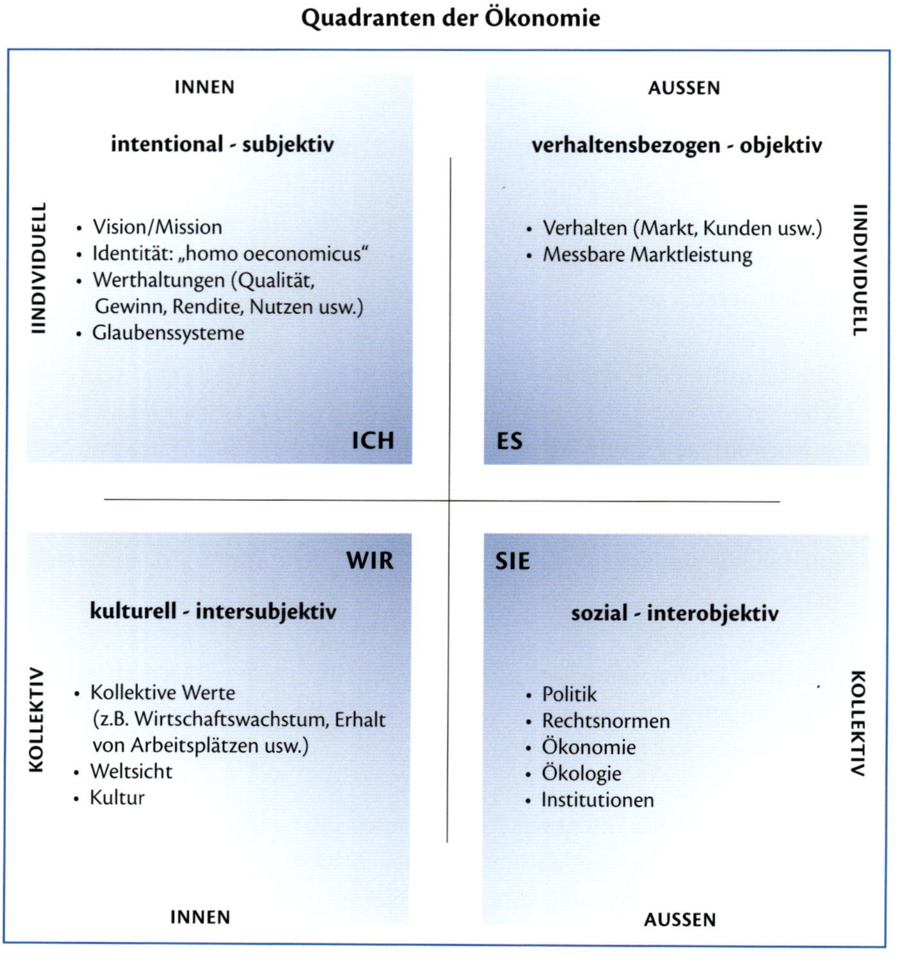

Grafik 2: Die vier Quadranten der integralen Ökonomie (Stefan Kessler)

Die vier Quadranten sind immer gleich aufgebaut:

- links = innen, nicht sichtbar bzw. beobachtbar
- rechts = außen, sichtbar
- oben = individuell
- unten = kollektiv

Der obere linke Quadrant steht für das individuell Innere, Nicht-Sichtbare bzw. -Beobachtbare. Hier geht es um die Vision, die Mission eines einzelnen Individuums, um seinen persönlichen Bezug hinsichtlich wirtschaftlicher Wertvorstellungen (Qualität, Gewinn, Rendite usw.).

Der linke untere Quadrant beschreibt wirtschaftliche Werte eines Kollektivs oder einer Gesellschaft, die sich entsprechend der Weltsicht oder kultureller Vorstellungen herausgebildet haben. Diese sind auch stets einem Wandel unterworfen. Waren früher die Managerlöhne und -boni in der breiten Öffentlichkeit noch kein Thema, so werden sie heute heftig diskutiert.

Der obere rechte Quadrant steht für das sichtbare Verhalten eines Individuums, einer Organisation oder Firma. Wie gehen sie mit ihren Transaktionspartnern, Arbeitnehmern, Kapitalgebern usw. um? Wie sind ihre Produktive bezüglich des Preis/Leistung-Verhältnisses?

Der rechte untere Quadrant stellt die Rahmenbedingungen dar, die das Kollektiv geschaffen hat. Die Legislative (Politik) schafft die Gesetze, die sodann die Judikative durchsetzen muss. Hier stehen in unserem Kontext vor allem das Bau- und Planungsrecht, die Raumplanung, Umweltschutzgesetze, aber auch das Handelsrecht im Vordergrund. Das ist auch ein Thema der Architekturpolitik: Inwieweit lenkt der Staat mit gesetzlichen und politischen Rahmenbedingungen die nationale Baukultur? Aber auch Branchenverbände haben ihre Normen und Kodexe.

Bevor etwas im Äußeren (rechts) sichtbar wird, entwickelt es sich im Inneren. Typisch zeigt sich dies im gesellschaftlichen Wertewandel. Die gesetzlichen Anpassungen an die neuen Werte dauern meistens zwei, drei Jahrzehnte.

Als Konsequenz ergibt sich daraus für die integrale Architektur: Sämtliches Wissen, das uns heute zur Verfügung steht, wissenschaftliches und spirituelles, östliches und westliches, soll auf eine Bauaufgabe angewendet werden, um so alle Aspekte auszuleuchten und zu berücksichtigen. Dies als idealistisches Ziel zu verfolgen ist erstrebenswert, aber in der Praxis kaum realisierbar. Der integrale Bauberater muss zwangsläufig Prioritäten setzen, die auf den Bedürfnissen der Bauherrschaft und der Bauaufgabe beruhen.

Nachfolgend werden nun verschiedene Themenbereiche der Immobilienwirtschaft integral beleuchtet. Zum Teil sind es vielleicht etwas provokative Überlegungen. Dies ist jedoch beabsichtigt, um einen Perspektivenwechsel (out-of-the-box) zu bewirken.

4 Das Nonduale – die Aufhebung der Polarität

„Wenn auf Erden alle das Schöne als schön erkennen,
so ist dadurch schon das Hässliche gesetzt.
Wenn auf Erden alle das Gute als gut erkennen,
so ist dadurch schon das Nichtgute gesetzt.
Denn Sein und Nichtsein erzeugen einander.
Schwer und Leicht vollenden einander.
Lang und Kurz gestalten einander.
Hoch und Tief verkehren einander.
Stimme und Ton sich vermählen einander.
Vorher und Nachher folgen einander.

Also auch der Berufene:
Er verweilt im Wirken ohne Handeln."

Laotse (im 6. Jh. v. Chr.), legendärer chinesischer Philosoph;
Tao te King, Vers 2, Übersetzung Richard Wilhelm, 1921

Im Universum ist alles harmonisch vereint. Jedoch durchläuft alles, was auf der Erde existiert, die Polarität. Aus der Einheit, dem „Wu Chi", ergießt sich das „Tai Chi" (die großen Gegensätze), das sich aus dem Zusammenspiel von Yin und Yang ergibt. Yin und Yang sind also als Ur-Polaritäten zu verstehen, bzw. das „Tai Chi" als das Prinzip der Polarität in der chinesischen Philosophie.

Diese kosmische Einheit wird in der jüdisch-christlichen Schöpfungsgeschichte mit dem Paradies verglichen. Die Vertreibung aus dem Paradies ist der Fall aus der Einheit, damit ein Erkenntnisprozess stattfinden kann. Wie können wir den Tag erkennen, wenn wir die Nacht nicht erlebt haben? Wie können wir die Freizeit genießen, wenn wir nie arbeiten?

Bereits der altpersische Priester Zarathustra (griech. Zoroaster, etwa 1768 v. Chr.) vertrat eine stark dualistische Philosophie: Gut und Böse. Dieses Konzept hielt auch im christlichen Denken Einzug, insbesondere bei der gnostischen Weltreligion der Manichäer. Gründer war der Perser Mani (216–

276). Mani lehrte einen äußerst radikalen Dualismus (Licht und Finsternis, Gott und Teufel, Geist und Materie). Man sah in allem den Kampf zwischen den großen Mächten des Lichts (Lichtreich Gottes) und der Finsternis. Das Böse will ausgerottet werden, damit das Gute siegt. Nur so kann dieses Problem gelöst werden.

Je mehr man jedoch etwas bekämpft, desto mehr wächst es! Schon Heraklit wies darauf hin, dass eine extreme Haltung nicht zur Aufhebung der Gegensatzpaare, sondern zur Stärkung des Gegenteils führt. Auch der Schweizer Tiefenpsychologe Carl Gustav Jung meint: „Jedes psychologische Extrem enthält im Geheimen seinen Gegensatz oder steht sonst wie mit diesem in nächster und wesentlicher Beziehung“ (Jung, zit. nach Watzlawik, 2001, S. 171).

Oder mit den Worten von Johann Wolfgang von Goethe im Faust I, Mephistopheles: „[Ich bin] ein Teil von jener Kraft, die stets das Böse will und stets das Gute schafft.“

Diese Thematik hat Paul Watzlawick in seinem Buch „Vom Schlechten des Guten oder Hekates Lösungen“ sehr eindrücklich dargestellt.

Darin genau besteht der große Unterschied zwischen Ost und West: Der Taoist sieht in der Polarität eine Einheit und nicht einen Konflikt. Das eine bedingt das andere. Elektrizität entsteht aus beiden Polen: dem negativen und positiven. Es geht nicht darum, die Dinge zu bewerten oder um ein Entweder-Oder, sondern um eine friedliche Koexistenz. Es sind einfach verschiedene Aspekte des Ganzen. Diese Ganzheit stellt eindrücklich das Tai Chi-Symbol dar:

Das Tai Chi, „Die großen Gegensätze“, bezeichnet das höchste Prinzip des Kosmos. Das Tai Chi-Diagramm stammt vom Philosophen Chou Tun-I (Zhou Dunyi) (1017–1073).

Hermann Hesse bemerkt es richtig, wenn er sagt: „Unsere Bestimmung ist, die Gegensätze richtig zu erkennen, erstens, nämlich als Gegensätze, dann aber als Pole einer Einheit“ (Hesse, 1977, S. 84).

Platon drückt es in seinem Dialog „Theaitet" treffend aus: „Sokrates: Das Böse, Theodoros, kann weder ausgerottet werden, denn es muss immer etwas dem Guten Entgegengesetztes geben, noch auch bei den Göttern seinen Sitz haben. Die sterbliche Natur aber und dieser Ort ist es, wo es sich notwendigerweise umhertreibt" (Platon, Hauptwerke, 1973, S. 260).

„Solve et coagula! – Löse und verbinde!" heißt eine alchemistische Formel, d. h. von der Analyse hin zur Synthese, zum Ganzen.

Die Trennung bzw. Polarität lässt sich auch in folgenden Gegenüberstellungen erkennen:

Arbeitgeber	Arbeitnehmer
Produzent	Konsument
Vermieter	Mieter
Verkäufer	Käufer
Kreditgeber	Kreditnehmer
Produktionsort	Verbraucherort
Arbeitsort	Wohnort
Kommunismus, Sozialismus	Kapitalismus
Linke Parteien	Rechte Parteien
Reichtum	Armut
Bottom-up	Top-down

Tabelle 4: Beispiele von Polaritäten

Integral bedeutet ganz im taoistischen Sinne, beide Pole zu sehen, nämlich als Einheit. Was wir heute jedoch erleben ist, dass sich die Extrempositionen in vielen Bereichen zugespitzt haben.

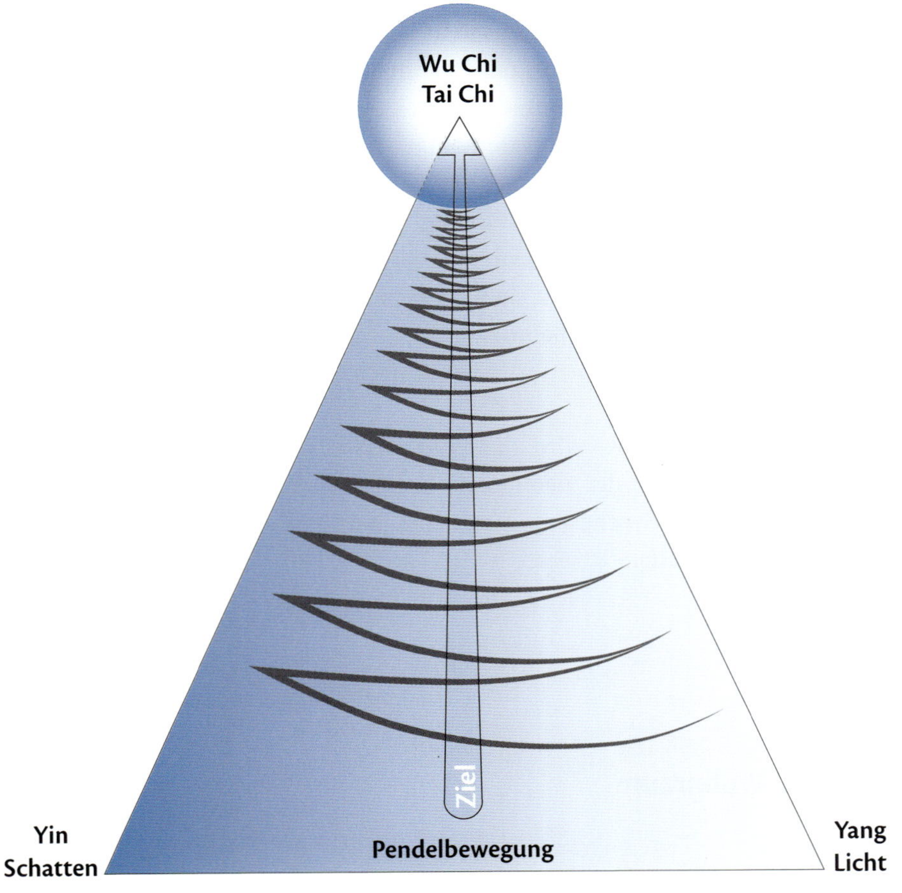

Grafik 4: Die Polaritäten: Der Fortschritt, die Entwicklung, ergibt sich aus der Pendelbewegung. Allerdings sind Extrempositionen zu vermeiden, denn sie provozieren den Gegenpol. (Stefan Kessler)

Leben bedeutet Bewegung. Was sich nicht bewegt, wächst nicht, ist tot. Somit braucht es eine gewisse Pendelbewegung, um emporzuschwingen. In der Mitte zu verharren würde keine Entwicklung bedeuten, sondern Stillstand. Extrempositionen provozieren unweigerlich den Gegenpol.

So kippt alles Positive einmal ins Negative, wenn die Entwicklung nicht hin zu einer nächsthöheren Stufe erfolgt. Das Auto brachte uns sehr viele Vorteile und Annehmlichkeiten. Die negativen Auswirkungen sind jetzt sichtbar geworden. Der deutsche Physiker Hans-Peter Dürr brachte es auf den Punkt: „Anstatt das Automobil immer weiter zu entwickeln, sollten wir uns überlegen, wie wir Mobilität in Zukunft anders gestalten“ (Dürr & Österreicher, 2007).

Wie wir sehen werden, geht es nach integraler Auffassung darum, eine möglichst große Annäherung der beiden Pole zu erwirken: Arbeitgeber und Arbeitnehmer, Produzent und Konsument, Arbeits- und Wohnort usw. „Die schönste Harmonie entsteht durch Zusammenbringen der Gegensätze", meinte schon Heraklit von Ephesos (520 v. Chr.–460 v. Chr.) (Wikiquote.org: Fragmente. B 8).

Eine integrale Entscheidungsfindung geht immer von einem integralen Zukunftsbild aus, von einer Vision: Wie sieht eine integrale Gesellschaft aus? Welche Wertvorstellungen hat sie bezüglich des Umgangs mit ihrer Mitwelt? Wie will sie wohnen? Was beinhalten integrale Überbauungen, Städte? Das Gemeinwohl steht im Zentrum. Aber je nach politischer Couleur wird dies anders definiert.

Aus dieser Perspektive wird auch klar, dass aus integraler Sicht weder der Kommunismus, noch der neoliberale Kapitalismus bevorzugt, sondern die „goldene Mitte", die Synthese, gesucht wird, ganz im Sinne der Taoisten. Extreme Positionen schaffen Wirren.

5 Das Recht auf Wohnraum

Wohnen ist ein Grundbedürfnis. Es bedeutet Geborgenheit, Schutz gegen Witterung und Emissionen, Sicherheit (Gewalt, Diebstahl), Rückzugsmöglichkeit, Ortsidentität und bietet die Möglichkeit, seine eigene Symbolwelt zu kreieren. Nicht von ungefähr wird von der „dritten Haut" gesprochen. Auf das Wohnen kann nicht verzichtet werden!

Das *Recht auf Wohnen* ist ein *Menschenrecht*. Dies kann nicht genug betont werden. Es wird in verschiedenen Konventionen festgelegt, wie nachfolgend aufgeführte Artikel zeigen:

Art. 25 der Menschenrechtskonvention von 1948:
„Jeder hat das Recht auf einen Lebensstandard, der seine und seiner Familie Gesundheit und Wohl, einschließlich Nahrung, Kleidung, Wohnung, ärztliche Versorgung und notwendige soziale Leistungen gewährleistet sowie das Recht auf Sicherheit im Falle von Arbeitslosigkeit, Krankheit, Invalidität oder Verwit-

wung, im Alter sowie bei anderweitigem Verlust seiner Unterhaltsmittel durch unverschuldete Umstände"[6] (Vereinte Nationen, 1948).

Art. 11 des UNO Menschenrechtsabkommen, Pakt I (Sozialrechte) von 1966:
„Die Vertragsstaaten erkennen das Recht eines jeden auf einen angemessenen Lebensstandard für sich und seine Familie an, einschließlich ausreichender Ernährung, Bekleidung und Unterbringung, sowie auf eine stetige Verbesserung der Lebensbedingungen. Die Vertragsstaaten unternehmen geeignete Schritte, um die Verwirklichung dieses Rechts zu gewährleisten, und erkennen zu diesem Zweck die entscheidende Bedeutung einer internationalen, auf freier Zustimmung beruhenden Zusammenarbeit an."[7]

Art. 16 der Europäischen Sozialcharta von 1996:
„Um die erforderlichen Voraussetzungen für die Entfaltung der Familie als einer Grundeinheit der Gesellschaft zu schaffen, verpflichten sich die Vertragsparteien, den wirtschaftlichen, gesetzlichen und sozialen Schutz des Familienlebens zu fördern, insbesondere durch Sozial- und Familienleistungen, steuerliche Maßnahmen, Förderung des Baus familiengerechter Wohnungen, Hilfen für junge Eheleute und andere geeignete Mittel jeglicher Art."[8]

Art. 31 der Europäischen Sozialcharta von 1996:
„Um die wirksame Ausübung des Rechts auf Wohnung zu gewährleisten, verpflichten sich die Vertragsparteien, Maßnahmen zu ergreifen, die darauf gerichtet sind:

1. den Zugang zu Wohnraum mit ausreichendem Standard zu fördern;
2. der Obdachlosigkeit vorzubeugen und sie mit dem Ziel der schrittweisen Beseitigung abzubauen;
3. die Wohnkosten für Personen, die nicht über ausreichende Mittel verfügen, so zu gestalten, dass sie tragbar sind."[9]

6 Allgemeine Erklärung der Menschenrechte, Art. 25; Verabschiedung am 10. Dezember 1948 per Resolution 217 A (III) durch die Vollversammlung der Vereinten Nationen.
7 UNO Menschenrechtsabkommen „Internationaler Pakt über wirtschaftliche, soziale und kulturelle Rechte", Pakt I (Sozialrechte), Art. 11, abgeschlossen am 16. Dezember 1966 in New York
8 Europäische Sozialcharta (revidiert), Art. 16, Strassburg, 3. Mai 1996 (revidiert)
9 Europäische Sozialcharta (revidiert), Art. 31 (Das Recht auf Wohnung), Strassburg, 3. Mai 1996 (revidiert)

Die Allgemeine Erklärung der Menschenrechte von 1948 enthält leider nur unverbindliche Empfehlungen. Der UN-Sozialpakt von 1966 ist jedoch für die Staaten verbindlich, die ihn ratifiziert bzw. rechtskräftig gemacht haben (z. B. durch eine Volksabstimmung). Deutschland (1973), Österreich (1978) und die Schweiz (1992) haben ihn ratifiziert. Auch die Europäische Sozialcharta ist ein verbindliches Abkommen, das wiederum von Deutschland (1965/2007), Österreich (1969/2011) und der Schweiz (1996) ratifiziert wurde.

Viele Staaten ließen diese Abkommen in ihre Verfassungen einfließen, so zum Beispiel die Schweiz in die Bundesverfassung (Art. 13, 41e, 108 und 109), im Mietrecht oder im Wohnbauförderungsgesetz.

Im Weiteren ist Wohnen ist ein meritorisches Gut, ein Gut also, das der Mensch unabhängig von seiner individuellen Leistung verdient (z. B. Bildung, Gesundheitswesen, Kultur usw.) und deshalb teilweise durch den Staat zur Verfügung gestellt wird. Aus dieser Perspektive ist es wünschenswert, wenn der Staat mehr kostengünstigen Wohnraum zur Verfügung stellt oder über entsprechende Wohnbaugenossenschaften fördert.

Ziel einer integralen Wirtschaftsordnung ist das Gemeinwohl, nicht die Gewinnmaximierung. Gier ist ein Ergebnis von innerer Leere, erklärte Erich Fromm. Dies bezieht sich auch auf die Immobilienwirtschaft, wo Renditeoptimierung und Spekulation günstigen Wohnraum verhindert und die Bedürfnisse der Bewohner unberücksichtigt bleiben.

Das integrale Zukunftsbild einer integrativen, zukunftsfähigen Lebensraumgestaltung sieht Quartiere vor, die von verschiedenen Bevölkerungsschichten durchmischt sind (Ablehnung von Ghettoisierung und Gentrifizierung) und wo Arbeits- und Lebensraum wieder eng beisammen sind (Nähe von Wohn- und Arbeitsplatz). Dabei spielt die Rückbesinnung auf lokale und regionale Wirtschaftskreisläufe eine entscheidende Rolle (regionale Versorgung). Zudem sind die Ansprüche von sozial schwächeren Menschen zu sichern.

Aus integraler Sicht muss deshalb qualitativer Wohnraum allen zugänglich und frei wähl- und zahlbar sein.

6 Die Frage nach dem Grundeigentum

In den meisten europäischen Ländern ist das Grundeigentum (Grundbesitz) garantiert. In der Schweiz ist dies in der Bundesverfassung der Schweizerischen Eidgenossenschaft verankert (Art. 26). Das Grundeigentum wird in der Regel durch einen entsprechenden Eintrag im Grundbuch dokumentiert.

Aus integraler Sicht bilden Boden, Wasser und Luft unsere Lebensgrundlage und sind Gemeingüter. Dies ist nicht als Frontalangriff auf das Grundeigentum zu verstehen, sondern als Hinterfragung des Gewohnten und Beginn einer Grundsatzdiskussion. Das Ziel könnte eine Art „Volkskapitalismus" sein.

Es braucht heute ein neues Verhältnis zum Eigentum und Umgang damit. Ein möglicher Ansatz wäre, dass die Kommunen (Gemeinden) vermehrt als Grundeigentümer auftreten und die Grundstücke im Baurecht zum Beispiel an Wohnbaugenossenschaften abgeben (öffentliches Gemeinschaftseigentum). Felber spricht hier von der „modernen Allmende" oder Commons (vgl. Felber, 2012).

7 Finanzierung: Woher stammt das Geld?

„Trotz des heiligen Versprechens der Völker, den Krieg für alle Zeiten zu ächten, trotz der Rufe der Millionen: ‚Nie wieder Krieg!', entgegen all den Hoffnungen auf eine schöne Zukunft, muss ich sagen: wenn das heutige Geldsystem, die Zinswirtschaft, beibehalten wird, so wage ich es heute zu behaupten, dass es keine 25 Jahre dauern wird, bis wir vor einem neuen, noch furchtbareren Krieg stehen!"

Johann Silvio Gesell (1862-1930)
deutscher Kaufmann, Finanztheoretiker,
Sozialreformer und Begründer der Freiwirtschaftslehre

Die Banken haben die Aufgabe, die Wirtschaft mit Geld zu versorgen. Dies war zumindest die ursprüngliche Idee. Heute ist es nicht mehr so, denn viel Kapital fließt in die Finanzmärkte (Finanzderivate, Aktien, Immobilien) und ist somit kein produktives Kapital mehr, das der Realwirtschaft für Investitionen zur Verfügung steht.

Seit 2009 sind die Kredite so billig wie noch nie und die Wirtschaft wird mit Geld überflutet. Wohin fließt aber das viele Geld? Reiche nehmen billige Kredite auf, um Firmen zu übernehmen und Immobilien zu kaufen. Durch die große Nachfrage steigen auch die Immobilienpreise und somit auch die Mieten.

Manche sprechen sogar von einer Erkrankung des globalen Finanzsystems, das einer Umverteilungsmaschine gleichkommt – die Reichen werden immer reicher, wie wir bereits gesehen haben.

Prof. Bernd Senf sieht im Zusammenhang mit Geld zwei Problemkreise:

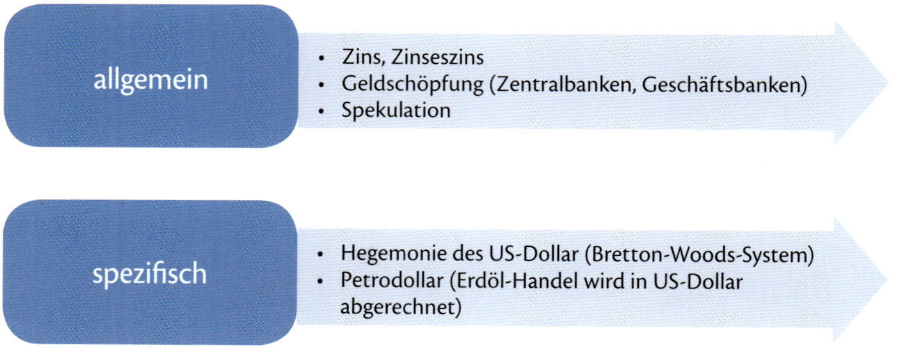

Grafik 6: Die Problemkreise des Geldes (Stefan Kessler)

Auf die spezifischen Probleme (US-Dollar) kann hier nicht eingegangen werden.

Woher kommt aber eigentlich das Geld? Über den Geldschöpfungsprozess (Fiat Money) herrscht in der breiten Öffentlichkeit sowie leider auch in den Wirtschaftswissenschaften große Unklarheit.

Grafik 7: Die Bank als Finanzintermediäre bzw. Kreditvermittler (in Anlehnung einer Chart von Prof. Mathias Binswanger, Vortrag vom 3. März 2017 in St. Gallen)

Die landläufige Meinung ist, dass Banken Geld ausleihen, das vorher jemand bei ihnen gespart bzw. bei der Bank deponiert hat. Diese Form der Kreditvergabe trifft aber schon längst nicht mehr zu, denn Sparen bedeutet ja Konsumverzicht und somit würde ja das System nicht mehr funktionieren. Mehr Ersparnisse bedeutet weniger Konsum und weniger Ersparnis hat zur Folge, dass es weniger Kredite bzw. Investitionen gibt. Damit aber Wirtschaftswachstum geschieht, muss konsumiert werden. Ergo: Geld muss auf eine andere Art geschöpft werden.

In der Realität funktioniert die Geldschöpfung so:

Grafik 8: Banken als Geldproduzenten (in Anlehnung einer Chart von Prof. Mathias Binswanger, Vortrag vom 3. März 2017 in St. Gallen)

Das Geld wird auf Knopfdruck produziert – aus dem Nichts geschöpft – und die Bank schreibt es dem Konto des Kreditnehmers gut, der es dann verzinsen und zurückbezahlen muss – Geld, das zuvor nie existierte.

Die Bank muss lediglich ein bis drei Prozent bei der Zentralbank hinterlegen. Bei angenommenen € 10.000 wären dies nur gerade mal € 100 bzw. 300.

Ist dies sinnvoll? Rund 90 Prozent sämtlichen Geldes wird nur noch von den Banken produziert. Soll dieses Privileg den Privatbanken genommen werden? Darf das Geld künftig nur noch von der Nationalbank geschöpft werden? Die Zinsgewinne der Geldschöpfung kassieren die Geschäftsbanken. Die Kritik am Bankensystem wächst zurecht zunehmend.

Abb. 1: Überbauung „Mehr als Wohnen" in Zürich (Hunziker-Areal) gilt als Leuchtturmprojekt: 13 Gebäude bieten Wohn- und Lebensraum. 1.200 Bewohnende erproben zukunftstaugliches Wohnen. Grundstücksfläche: 40.200 m², verbautes Volumen: 242.200 m³; Flächenverbrauch pro Person 34 m².

Projektfinanzierungen: Auch Bauherren sollten sich im Klaren sein woher die Finanzierung stammt. Organisationen, die sich über Spenden finanzieren, haben schon längst eine klar definierte Fundraising-Ethik. Somit werden auch keine Gelder mit bestimmten Auflagen angenommen.

Erfüllen die finanzierenden Banken die ethischen Wertvorstellungen der integralen Philosophie? Welche Banken entsprechenden diesen Kriterien? Oder wird das Projekt indirekt mit unethischem (Flucht-, Blut-, Drogen-Geld) finanziert?

„Wie Wasser ist Geld eine Trägersubstanz. Es kann segensreiche Energie, Möglichkeiten und Absichten, kann aber auch Kontrolle, Herrschaft und Schuld tragen. Es kann ein Liebesstrom sein – Hingabe weiterleiten – kann aber auch Verletzung und Übles tragen. Wir können von Geld überschwemmt werden und in seinem Überfluss ertrinken. Wenn wir sein Fließen unnötig eindämmen, hindern wir seine Zirkulation zum Schaden anderer."[10]

10 Lynne Twist (*1945), amerikanische Fundraiserin und Sozialaktivistin, anerkannte globale Visionärin, Rednerin, Beraterin und Autorin, setzt sich seit über 40 Jahren zur Linderung von Armut und Hunger sowie soziale Gerechtigkeit ein und unterstützt ökologische Nachhaltigkeit.

Es gibt leider nur wenige Banken, die nach strengen ethischen Regeln handeln, z. B. die Alternative Bank Schweiz, die GLS, die Triodos oder die Freie Gemeinschaftsbank. In Österreich, wurde neu die „Bank für Gemeinwohl“ gegründet. Diese Banken investieren nur in Projekte, die ökologisch, ethisch und sozial vertretbar sind, also auch keine Spekulationen. Es gibt auch keine Gehaltspreizung (z. B. 1 : 5[11]). Diese Banken sollten auch Neugründungen finanzieren und fördern, deren Projekte einen hohen Sozialwert haben und dem Gemeinwohl dienen.

Deshalb müssen Immobilien-Großprojekte immer noch von klassischen Banken mitfinanziert werden, z. B. die große Überbauung „Mehr als Wohnen“ in Zürich (Baukosten CHF 195 Mio.).

8 Zins aus ethischer Sicht

Geld und Zins sind eine unzertrennbare Verflechtung. Zins ist das Entgelt für Konsumverzicht. Oder anders gesagt: Der Preis für die Überlassung von Geld oder Entgelt für die Nutzung einer überlassenen Sache.

Die Definition aus mietrechtlicher Sicht (Schweizer Recht) lautet:

Art. 257 OR
„1. Mietzins: Der Mietzins ist das Entgelt, das der Mieter dem Vermieter für die Überlassung der Sache schuldet.“

Die Höhe des Zinssatzes hängt von der Dauer, der Sicherheit bzw. der Risikobeurteilung und der Nachfrage ab (Nachfrage und Angebot). Bei einem Bauwerk bildet die Verzinsung einen nicht unwesentlichen Kostenanteil. Die Finanzierungslösung ist somit für die Mietpreisbildung relevant. Den wenigsten ist jedoch bewusst, dass bei jedem Produkt der Zinsanteil des Preises rund

11 In der Schweiz gab es eine eidg. Volksinitiative „1 : 12 - Für gerechte Löhne“. Zur Abstimmung kam die Initiative am 24. November 2013. Das Volksbegehren wurde mit 65,3 Prozent der Stimmen abgelehnt. Alle bürgerlichen Parteien waren dagegen.

33 Prozent bis 40 Prozent[12] ausmacht. Und dies sollte uns zu denken geben.

Aus historischer Sicht war es aber nicht immer so, dass ein Darlehen verzinst wurde. Noch heute gilt im islamischen Bankwesen, das die Ethikvorstellungen des Islams umzusetzen versucht das Zinsverbot, ein Verbot der Spekulation sowie ein Verbot des Glückspiels.

Das Zinsverbot ist nicht nur im Koran verankert, sondern auch in der Bibel und galt lange Zeit auch im Christentum (vgl. Schlachter, 1951): „Wenn du meinem Volk Geld leihst, einem Armen, der bei dir wohnt, so sollst du ihn nicht wie ein Wucherer behandeln, du sollst ihm keinen Zins auferlegen" (2 Mo 22,25, Schlachter, 1951). Oder: „Du sollst ihm dein Geld nicht auf Zins, noch deine Speise um Wucherpreise geben" (3 Mo 25,37, Schlachter, 1951). Es wurde jedoch später abgeschwächt und schließlich ganz aufgehoben.

Aus integraler Sicht geht es nicht so sehr um die Frage „Zins oder kein Zins", sondern um die Höhe der Zinsen. Entscheidend ist, dass der in der Schweiz gesetzlich festgelegte Verzugszins heute immer noch fünf Prozent (OR 104) beträgt und der Höchstzinssatz für Konsumkredite immer noch zehn Prozent beträgt (Verordnung zum Konsumkreditgesetz, Art. 1).

In der Gemeinwohl-Ökonomie nach Christian Felber würden diejenigen Unternehmen oder Projekte den tiefsten Zinssatz oder gar zinslosen Kredit erhalten, die am meisten dem Gemeinwohl dienen (sozialer und ökologischer Mehrwert). Unternehmen oder Projekte, die nur wenig dem Gemeinwohl einen Nutzen bringen, zahlten den höchsten Zinssatz (Waffen, Atomkraftwerke usw.).

Bernd Senf sieht eine destruktive Dynamik im Zinssystem, die eine wesentliche Ursache folgender fünf Krisen oder zumindest ein großer Verstärker ist, wobei der Zins nicht die einzige Ursache sein muss (vgl. Senf, 2014):

- Wirtschaft (Wachstumszwang, Zinseszins)
- Umwelt (Ökologie)
- Gesellschaft (Polarisierung, Kluft)
- Staat / Staathaushalt (Staatsbankrott)
- Dritte Welt (Auslandverschuldung, Schuldenkrise)

Bereits Johann Silvio Gesell, der Begründer der Freiwirtschaftslehre, übte Zinskritik und war damit seiner Zeit weit voraus.

12 Vgl.: www.humane-wirschaft.de; Helmut Creutz: der Zinsanteil in den Preisen.

9 Preisbildung

Auf welche Arten kann ein Preis gebildet werden? Hier stehen uns vor allem zwei praxisbezogene Orientierungsmöglichkeiten zur Verfügung:

9.1 Die progressive Kalkulation (kostenorientierte Methode)

Bei dieser Methode werden die Kosten zur Preisbildung (Kostenprinzip) herangezogen: Landpreis, Baukosten und eine Bruttomarge (Trading Profit).

Die kostenorientierte, progressive Kalkulation steht bei vielen wirtschaftlichen Laien im Vordergrund und ist weit verbreitet. Kosten sind gleichbedeutend mit Preis. Dies ist aber aus Marketingsicht eine völlig falsche Auffassung. Der Preis hat grundsätzlich nichts mit den Kosten zu tun, obwohl ältere Ökonomen (vor allem Karl Marx) diese Ansicht noch vertraten. Kosten bestimmen weder Wert noch Preis. Ein Bewertungspraktiker wird dies bestätigen.

9.2 Die retrograde Kalkulation (Marktpreiskalkulation)

Diese Methode orientiert sich einerseits an der Nachfrage (Nachfrageintensität, nachfrageorientiert), andererseits an der Konkurrenz (konkurrenzorientiert). Der Marktpreiskalkulation liegt die Idee zugrunde, dass der Preis für ein Produkt nicht errechnet werden kann, sondern sich aus den Marktverhältnissen ergibt bzw. abgeleitet wird.

Im Mietrecht spiegelt sich die „Marktpreiskalkulation" im Rahmen der orts- und quartierüblichen Mietzinsen. Hier geht es nicht um die Berechnung des Mietzinses, sondern um eine vergleichende Bewertung (konkurrenzorientierte Preisbildung). Der orts- und quartierübliche Mietzins stellt das Prinzip der Marktmiete dar.

Heute stellen vor allem die Mieterverbände die Forderung, dass ausschliesslich das Kostenelement für die Bildung der Mietpreise herangezogen werden soll. Der Grund liegt darin, dass bei Gütern des Grundbedarfs eine unelastische Nachfrage besteht. Das heißt, wenn die Wohnungen teurer werden, kann auf das Wohnen trotzdem nicht verzichtet werden, was z. B. bei Luxusgütern (Sekt, Wein, teure Kosmetika usw.) anders ist.

Wohnbaugenossenschaften gehen ausschließlich von einer Kostenmiete aus und nicht von den Marktgegebenheiten, was mehr dem integralen Denken entspricht, zumal Wohnen ein Grundbedürfnis und Menschenrecht ist, wie wir inzwischen wissen.

10 Arbeit

Was ist Arbeit? Mühsal, Strapaze oder Sicherung unseres Lebensunterhaltes? Wie heißt es doch in der Bibel: „Im Schweiße deines Angesichtes sollst du dein Brot essen, bis dass du wieder zur Erde kehrst, von der du genommen bist; denn du bist Staub und kehrst wieder zum Staub zurück" (1 Mo 3, 19, Schlachter, 1951)!

Oder geht es um das „Tun oder Bewirken" im Sinne des Aristoteles, also der Selbstwirksamkeit? Karl Marx und Friedrich Engels analysierten die Arbeit unter philosophischen, entwicklungsgeschichtlichen, ökonomischen und sozialen Aspekten.

Arbeit ist auch ein Menschenrecht: „Jeder hat das Recht auf Arbeit, auf freie Berufswahl, auf gerechte und befriedigende Arbeitsbedingungen sowie Schutz vor Arbeitslosigkeit" (Art. 23, Abs. 1, Amer, 1948). Gemäß Erich Fromm hat jeder Mensch die angeborene Neigung, sich zu betätigen.

Bei der Arbeit geht es also um viel mehr als nur um einen Erwerb, sondern um Sinnhaftigkeit und letztlich auch Selbstwert. Und in einem gewissen Sinne geht es auch um Selbsterfahrung und -entwicklung. Unsere Gesellschaft anerkennt aber mehrheitlich nur Arbeit, wenn es sich um eine bezahlte Tätigkeit handelt, obwohl es sehr viele Beschäftigungen gibt, die einen sehr hohen Sozialwert aufweisen, aber nicht bezahlt werden. Hier muss die Gesellschaft umdenken.

In der Wirtschaft zählt primär die Produktivitätssteigerung. Deshalb wird die menschliche Arbeit vermehrt durch das Kapital ersetzt (dritte industrielle Revolution) – eine eindimensionale Profitlogik. Dazu Erich Fromm (1900–1980): „Wenn der Mensch zur Sache wird, ist er tot, auch wenn er – physiologisch gesehen – noch lebt. Und wenn der Mensch seelisch tot ist und physiologisch lebt, dann ist er verfallen und er ist gefährlich, gefährlich für sich und gefährlich für andere."[13]

Gegenwärtig kommt aber noch die vierte industrielle Revolution hinzu: Roboter, künstliche Intelligenz und Digitalisierung könnten 50 Prozent aller Jobs bedrohen und somit auch den Mittelstand, so sagen Studien. Auch bei dem World Economic Forum 2016 in Davos war dies Thema, und wegen der wegfallenden Erwerbsarbeit wurde sogar das bedingungslose Grundeinkommen von einer hochkarätigen Runde befürwortet (darunter Prof. Christopher Pissarides). In der Schweiz wurde darüber im Jahre 2016 abgestimmt. Dafür stimmten aber nur gerade 23,1 Prozent.

Zu dieser Problematik kommt die fortlaufende demographische Verschiebung, die Überalterung, hinzu: Im Jahre 2060 werden in der Schweiz von den rund neun Millionen Einwohnern rund 53 Prozent über 65 Jahre alt sein!

Schon heute finden Arbeitslose der Gruppe 50plus schwerlich wieder einen Job und verschwinden nach zwei Jahren auch aus den Arbeitslosenstatistiken.

Wäre es nicht vorausschauend, wenn wir uns heute schon Gedanken über ein neues Sozialsystem machten oder es gar aufbauen würden? In 30 Jahren wird es definitiv zu spät sein.

Wie sagte doch Albert Einstein: „Probleme kann man niemals mit derselben Denkweise lösen, durch die sie entstanden sind."

Aus integraler Sicht sind das Handwerk und sinnerfüllte Arbeit zu fördern. Wenn man gewissen Studien Glauben schenken darf, sind mindestens ein Drittel aller Jobs sinnlos und überflüssig. Immer mehr Arbeitnehmer aber suchen mehr Sinnhaftigkeit in ihrer Arbeit!

13 Vortrag 1961 „Zur Ökonomisierung des Menschen", Youtube

11 Regionale Wirtschaftskreisläufe in der Bauwirtschaft

Aus integraler Sicht sind die regionalen Wirtschaftskreisläufe zu fördern, um keine Geldabflüsse zu verursachen. Zudem werden dadurch die Transportwege verringert.

Sinnvollerweise werden in der Bauwirtschaft Materialen verwendet, die aus der Region stammen (Holz, Steine usw.). Die Rückverfolgbarkeit der Materialien ist in dieser Branche genauso wichtig.

Aus dieser Perspektive sind die Submissionsverfahren, insbesondere die öffentlichen, in denen ab einem gewissen Bauvolumen auch auswärtige Bewerber einzuladen sind, zu hinterfragen.

12 Demokratisierung der Architektur

Heute werden immer noch Renditeobjekte hochgezogen ohne klare Vorstellungen zu haben, wer die Häuser bewohnen wird. Oft wird an den sich schnell ändernden sozialen und demografischen Bedürfnissen vorbei geplant und gebaut.

Immer wieder scheiternde Großprojekte veranlassen die Branche vermehrt zur Bevölkerungsbeteiligung (vgl. Stuttgart 21, Hardtumstadion usw.). Im Marketing spricht man von der „Lead-User-Methode". Der Begriff wurde von Eric von Hippel eingeführt. Diese Methode ist ein Prozess, bei dem ein Anbieter versucht seine trendführenden Kunden in die Produktentwicklung bedürfnisorientiert einzubeziehen. Hier stehen oft einfach die Absatz- und somit die Gewinnchancen im Vordergrund. Zudem können auch rechtliche Probleme auftreten (Eigentumsrechte).

Die Partizipation, d. h. die Beteiligung und Einflussnahme an der Projektentwicklung ist ein wünschenswerter Mitwirkungsprozess. Es geht um eine nachhaltige, partizipative Planungskultur, die jedoch von den Architekten einiges mehr verlangt. Mögliche Beteiligte eines solchen Prozesses sind: künf-

Abb. 2: Überbauung Kalkbreite in Zürich (Wohnbaugenossenschaft) mit 89 Wohnungen, Läden, Büros Kultur und Gastronomie (Bezug August 2014). Die Vision wurde von QuartierbewohnerInnen und Fachleuten entwickelt.

tige Nutzer, Nachbarschaft, Quartiervereine, Interessierte, Interessensvertreter usw. – je nach Projektgröße.

Die Grobstufen eines solchen Prozesses sind: Information, Mitwirkung und Mitbestimmung. Wohnbaugenossenschaften praktizieren diese Mitbeteiligung schon seit längerer Zeit!

Wir verabschieden uns langsam aber sicher aus einer Welt von Einzelkämpfern, denn das Zeitalter der Kooperation und der Gruppe ist angebrochen.

13 Gemeinwohl-Ökonomie

Eine andere Ökonomie ist also gefragt! Kann man etwas ändern? Ja, denn unsere Systeme sind ja von den Menschen geschaffen. Ergo können sie auch wieder geändert werden. Ziel der integralen Wirtschaftsordnung ist das Gemeinwohl, nicht die Gewinnmaximierung. Dies bezieht sich auch auf die Immobilienwirtschaft, wo gerade Renditeoptimierung und Spekulation günstigen Wohnraum verhindern und die Bedürfnisse der Bewohner unberücksichtigt bleiben.

Ein alternatives Wirtschaftssystem unter dem Motte einer Gemeinwohl-Ökonomie wurde maßgeblich von Christan Felber (*1972) entwickelt. Es entspricht auch der integralen Theorie. Die Gemeinwohl-Ökonomie ist inzwischen eine weltweite Wirtschaftsbewegung. In 22 Staaten und über 100 Regionalgruppen entwickeln derzeit engagierte Menschen die Idee der Gemeinwohl-Ökonomie (GWÖ) weiter. Seit dem ersten Bilanzjahr 2011 haben über 1.600 Unternehmen und Gemeinden weltweit die Instrumente der GWÖ genutzt und fortgeführt. Und täglich werden es mehr. Die Gemeinwohl-Ökonomie Schweiz definiert das Modell so: „Gemeinwohl-Ökonomie bezeichnet ein alternatives Wirtschaftssystem, das auf Gemeinwohl-fördernden Werten aufgebaut ist. Gemeinwohl-Ökonomie ist ein Veränderungshebel auf wirtschaftlicher, politischer und gesellschaftlicher Ebene – eine Brücke von Altem zu Neuem.

Auf wirtschaftlicher Ebene ist sie eine lebbare, konkret umsetzbare Alternative für Unternehmen verschiedener Größen und Rechtsnormen. Der Zweck des Wirtschaftens und die Bewertung von Unternehmenserfolg werden anhand gemeinwohlorientierter Werte definiert.

Auf politischer Ebene will die Bewegung für eine Gemeinwohl-Ökonomie rechtliche Veränderung bewirken. Ziel des Engagements ist ein gutes Leben für alle Lebewesen und den Planeten, unterstützt durch ein gemeinwohlorientiertes Wirtschaftssystem. Menschenwürde, globale Fairness und Solidarität, ökologische Nachhaltigkeit, soziale Gerechtigkeit und demokratische Mitbestimmung sind dabei wesentliche Elemente. Auf gesellschaftlicher Ebene ist die Bewegung für eine Gemeinwohl-Ökonomie eine Initiative der Bewusstseinsbildung für Systemwandel, die auf dem gemeinsamen, wertschätzenden Tun möglichst vieler Menschen beruht. Die Bewegung gibt Hoffnung und Mut und sucht die Vernetzung und Befruchtung mit anderen alternativen Initiativen. Sie versteht sich als ergebnisoffener, partizipativer, lokal wachsender Prozess mit globaler Ausstrahlung“ (www.ecogood.org/de/vision).

WERT **Berührungs-gruppe**	**Menschen-würde**	**Solidarität**	**Ökologische Nachhaltig-keit**	**Soziale Gerechtig-keit**	**Demokratische Mitbestimmung Transparenz**
A) Lieferanten	A1: Ethisches Beschaffungsmanagement				
B) Geldgeber	B1: Ethisches Finanzmanagement				
C) Mitarbeiter & Eigentümer	C1: Arbeits-platzqua-lität und Gleich-stellung	C2: Gerechte Verteilung der Erwerbs-arbeit	C3: Förderung ökologisches Verhaltens	C4: Gerechte Verteilung des Einkom-mens	C5: Innerbetriebliche Demokratie und Transparenz
D) Kunden, Produkte, Dienstleistun-gen, Mitunter-nehmer	D1: Ethische Kundenbe-ziehungen	D2: Solidarität mit Mitunter-nehmern	D3: Ökologische Gestaltung der Produkte und DL	D4: Soziale Gestaltung der Produk-te und DL	D5: Erhöhung der sozialen und ökolo-gischen Branchen-standards
E) Gesellschaftli-ches Umfeld	E1: Sinn und gesell-schaftliche Wirkung der Produk-te/DL	E2: Beitrag zum Gemein-wesen	E3: Reduktion ökologischer Auswirkungen	E4: Minimie-rung der Gewinnaus-schüttung an Externe	E5: Gesellschaftliche Transparenz und Mitbestimmung

Tabelle 5: Gemeinwohl-Matrix 4.1 (www.ecogood.org/de/gemeinwohl-bilanz/gemeinwohl-matrix)

Die Gemeinwohl-Matrix 4.1

Die Gemeinwohl-Matrix bietet eine Übersicht über die 17 Bilanz-Indikatoren (A1 bis E5) auf einer Seite. Die Matrix basiert auf den fünf Grundwerten: Menschenwürde, Solidarität, ökologische Nachhaltigkeit und Demokratie (in der Matrix horizontal). Gemessen werden diese Werte gegenüber den Stakeholder (Berührungsgruppen), die in der Matrix vertikal dargestellt werden.

Aufgrund dieser Matrix kann eine Gemeinwohl-Bilanzierung vorgenommen werden, die nicht bloß auf Zahlen, d.h. Gewinn und Rentabilität beruht.

Ein integrales Unternehmen wird nach ethischen, sozialen und auch nachhaltigen Grundsätzen ökonomisch geführt. In diesem Zusammenhang ermöglicht eine Gemeinwohl-Matrix eine umfassende und systematische Betrachtung wirtschaftlicher Aktivitäten eines Unternehmens, einer Organisation oder einer Institution in Hinblick auf das Gemeinwohl.

14 Schlussbemerkung

Mit meinem Beitrag wollte ich eine kurze Übersicht über die aktuellen Themen geben, die eine integrale Lösung verlangen. Der Veränderungswille liegt in der Luft. Durch das Initiativrecht, das wir in der Schweiz haben, konnten bereits einige wichtige Anliegen in der breiten Öffentlichkeit diskutiert werden, auch wenn diese Vorlagen abgelehnt wurden:

- Eidgenössische Volksinitiative „Für ein bedingungsloses Grundeinkommen“ (05.06.2016)
- Eidgenössische Volksinitiative „Für den geordneten Ausstieg aus der Atomenergie (Atomausstiegsinitiative)“ (27.11.2016)
- Eidgenössische Volksinitiative „Für eine nachhaltige und ressourceneffiziente Wirtschaft (Grüne Wirtschaft)“ (25.09.2016)
- Eidgenössische Volksinitiative „1 : 12 – Für gerechte Löhne“ (24.11.2013)

Ein Phänomen ist jedoch, dass die Bürger meist gegen ihre eigenen Interessen abstimmen. Grund dafür ist, dass die politischen Gegner immer mit der Angst operieren: Verlust der Arbeitsplätze, Versorgungsknappheit usw. Der Diskurs geht aber weiter und wirkt sich auch auf das übrige Europa aus.

Im Jahr 2018 wird vermutlich die zustandegekommene Eidgenössische Volksinitiative „Für krisensicheres Geld: Geldschöpfung allein durch die Nationalbank! (Vollgeld-Initiative)“ zur Abstimmung gelangen.

Niko Paech erklärte einmal (anlässlich eines Vortrages am 6. März 2015 in Oberglatt/Schweiz), dass der Bewusstseinswandel aufgrund dreier Faktoren geschehen könne.

- Aktivitäten der vielen kleinen Wurzelbewegungen; wann ist die kritische Masse erreicht?

- Politik – wenig Hoffnung, da keine Partei das Thema Wirtschaftswachstum infrage stellt, außer die Integrale Politik in der Schweiz.
- Umweltkatastrophen und Wirtschaftskrisen – das wünschen wir uns alle nicht.

Die Zeit für den Wandel ist jetzt gekommen!

Literatur

Bundesamt für Statistik: Online: www.bfs.admin.ch/de/home/statistiken/bevoelkerung.html (14.04.2017)

Bundesamt für Wohnungswesen: Online: www.bwo.admin.ch/de/Wohnungsmarkt (15.04.2017)

Ducommun, G. (2005): Nach dem Kapitalismus. Wirtschaftsordnung einer integralen Gesellschaft. Verlag Via Nova, Petersberg.

Duden (2017): Online: http://www.duden.de/rechtschreibung/integral (15.04.2017).

Felber, Ch. (2012): Gemeinwohl-Ökonomie. Eine demokratische Alternative wächst. Deuticke im Paul Zsolnay Verlag, Wien.

Gröbly, T., Ruh, H. (2008): Die Zukunft ist ethisch – oder gar nicht. Wege zu einer gelingenden Gesellschaft. Waldgut Verlag, Frauenfeld.

Hesse, H. (1977): Das Glasperlenspiel. Suhrkamp Verlag, Frankfurt a. M.

Holmgren, D. (2016): Permakultur – Gestaltungsprinzipien für zukunftsfähige Lebensweisen. Drachen Verlag Gmbh, Klein Jasedow.

Integrale Politik Schweiz (2010): Positionspapier Integrale Wirtschaft vom 20. September 2010. Online: www.integrale-politik.ch (15.04.2017).

Kaiser, W. (2011): Integrale Politik – Neue Politik für eine neue Zeit. Books on Demand GmbH, Norderstedt.

Laaths, E. (Hrsg.) (1950): Goethe Gesammelte Werke, Band II, Faust, Eine Tragödie, erster und zweiter Teil, Urfaust. Schweizer Verlagshaus AG, Zürich.

Linß, V. (2007): Die wichtigsten Wirtschaftsdenker. Matrix Verlag GmbH, Wiesbaden.

McIntosh, S. (2009): Integrales Bewusstsein und die Zukunft der Evolution: Wie die Integrale Weltsicht Politik, Kultur und Spiritualität transformiert. Phänomen-Verlag, Hamburg.

OXFAM (Nothilfe-und Entwicklungshilfeorganisation), Januar 2017: Ein Wirtschaftssystem für alle – Auswege aus der Ungleichheitskrise. Online: www.oxfam.de (15.04.2017).

Paech, N. (2013): Befreiung vom Überfluss: Auf dem Weg in die Postwachstumsökonomie. Oekom Verlag, München.

Nestle, W. (1973): Platon, Hauptwerke. Alfred Kröner Verlag, Stuttgart.

Schlachter, F. E. (1951): Die Heilige Schrift des Alten und Neuen Testaments (Schlachter-Bibel), Genfer Bibelgesellschaft, Genf.

Senf, B. (2014a): Der Tanz um den Gewinn. Von der Besinnungslosigkeit zur Besinnung der Ökonomie. Metropolis-Verlag, Marburg.

Senf, B. (2014b): Die blinden Flecken der Ökonomie. Wirtschaftstheorien in der Krise. Metropolis-Verlag, Marburg.

Smith, A. (1996): Der Wohlstand der Nationen (1789). Deutscher Taschenbuch Verlag, München.

Vereinte Nationen (1948): Resolution der Generalversammlung. 217 A III Allgemeine Erklärung der Menschenrechte. Prämbel, S. 1–5. Online: http://www.un.org/Depts/german/menschenrechte/aemr.pdf (15.04.2017)

Watzlawick, P. (2001): Anleitung zum Unglücklichsein; Vom Schlechten des Guten oder Hekates Lösungen. Piper Verlag GmbH, München.

Wiesmann, M. (2014): Solidarwirtschaft. Verantwortung als ökonomisches Prinzip. Futurum Verlag, Basel.

Wilber, K. (2001): Ganzheitlich handeln – eine integrale Vision für Wirtschaft, Politik, Wissenschaft und Spiritualität. Arbor Verlag, Freiamt.

Wilber, K. (2006): Eros, Kosmos, Logos. Eine Jahrtausend-Vision, S. Fischer Verlag GmbH, Frankfurt am Main.

Wilber, K. (2008): Integrale Spiritualität. Spirituelle Intelligenz rettet die Welt. Kösel Verlag, München.

Wilhelm, R. (2008): Laotse Tao te King, Fischer Taschenbuch Verlag, Frankfurt a.M.

Websites

www.ecogood.org (Gemeinwohl-Ökonomie)

www.integrale-architektur.org

www.integrale-politik.ch

www.silvio-gesell.de

www.wikiquote.org

Bildnachweise

Abb. 1 und 2: Stefan Kessler

Uwe Breuer

Integrale Energetik

Heilige Geometrie und Lebensräume

1 Einleitung

Wir alle kennen das gute Gefühl, das eine möglichst natürliche Landschaft in uns hervorrufen kann. Schon nach einem kurzen Spaziergang fühlen wir uns häufig wieder gestärkt und erfrischt. Diese Empfindung ist uns vertraut und am Rande auch bewusst und doch denken wir eigentlich nicht weiter darüber nach. Tatsächlich deutet eine solche subjektive Wahrnehmung jedoch an, dass Mensch und Natur durch ein viel engeres Band miteinander verbunden sind, als es allgemein angenommen wird. Dieses Kapitel des Buches möchte dazu beitragen, die subjektiven Empfindungen durch reale Indizien dahingehend zu untermauern, dass diese Wahrnehmungen auf einen tatsächlichen Hintergrund hinweisen. Zusätzlich soll ein Ansatz aufgezeigt werden, dass sowohl die Landschaft, als auch die in ihr integrierten Bauwerke aller Art das Potenzial in sich tragen, auf das Bewusstsein des Menschen einzuwirken.

2 Die Raumqualitäten und -quantitäten

Der Begriff Raumqualitäten impliziert die Annahme, dass ein Raum Qualitäten tragen könnte. Da Qualitäten jedoch nicht aus dem Nichts entstehen, müssten diese aus einer Information heraus gebildet werden. An dieser Stelle taucht sofort die Frage auf: Gibt es denn Hinweise auf so etwas wie Raumqualitäten in einem Raum? Erwin Frohmann erwähnt in seiner Habilitation die Erhebung von Raumqualitäten im Zusammenhang mit der Wahrnehmung unterschiedlicher Dimensionen von Lebensräumen als Basis für raumgestalterische Maßnahmen.[1]

Als ein eher physikalisches Indiz aus der Klangtheorie können die chladnischen Klangfiguren betrachtet werden. Diese Klangfiguren sind benannt nach Ernst Florens Friedrich Chladni. In der Schrift von 1783 mit dem Titel „Entdeckungen über die Theorie des Klanges" veröffentlichte Chladni Dar-

1 Vgl. Frohmann (2000, 267).

stellungen der Klangfiguren und beschrieb, wie diese erzeugt werden können. Durch das Bestreichen der Kante einer dünnen Metallplatte mit einem Geigenbogen, die zuvor z. B. mit feinem Sand bestreut worden ist, bilden sich die nach ihm benannten Klangfiguren, die sich dem Betrachter als Sand-Muster präsentieren.[2,3] Die entstandenen Sand-Muster, die an Mandalas erinnern, werden von sogenannten stehenden Wellen gebildet. Stehende Wellen können wir uns als eine Art Schwingungsmuster vorstellen, das leicht zitternd ein relativ beständiges Klangbild zu erzeugen vermag[4], jedenfalls solange als die Frequenz der Schwingung sich nicht zu stark verändert.

Dieses Muster zeigt an den Knotenpunkten der sich jeweils bildenden Klangfigur ruhige Zonen, in denen in unserem Fall der Sand liegen bleibt. An den schwingenden Zwischensequenzen des Musters wird der Sand jedoch weggeschleudert.

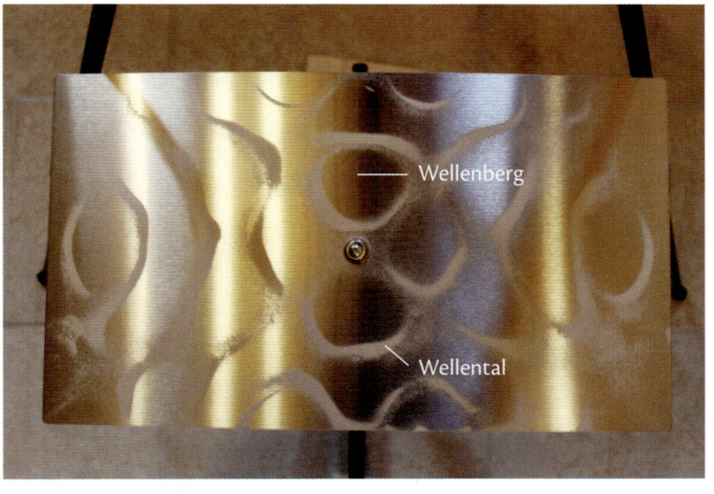

Abb. 1: Chladnisches Klangmuster. Eine Metallplatte, die mit Sand bestreut wurde und anschließend mit einem Geigenbogen angestrichen wurde. Die Stellen, an denen kein Sand mehr vorhanden ist, werden als Wellenberge, die Stellen an denen der Sand liegengeblieben ist, werden als Wellentäler bezeichnet. Wellenberge stellen demnach eine starke Schwingung dar. An Wellentälern hingegen herrscht mehr Ruhe und der Sand kann aus diesem Grund dort liegen bleiben.

Stehende Wellen bilden sich an begrenzten Flächen oder auch im umhüllten Raum aus – z. B. zwischen Mauern. In dem beschriebenen chladnischen Experiment wurde die begrenzte Form durch die Abmessung der Metallplatte bestimmt. Aber auch der umhüllte Raum, also z. B. ein gewöhnliches Haus mit

2 Vgl. https://de.wikipedia.org/wiki/Chladnische_Klangfigur (04.05.2016).
3 Vgl. http://vorsam.uni-ulm.de/ASP/OArchiv_Images.asp?OrdnungsNr=SW-011 (13.02.2016).
4 Vgl. Demtröder (2008).

Zimmern, stellt das Potenzial zur Verfügung, um im Innenbereich der Räume stehende Wellen auszubilden.

Die stehenden Klangmuster innerhalb von Räumen dürfen wir uns jedoch nicht so flach vorstellen wie die Sandmuster auf der Metallplatte. Denn wir können davon ausgehen, dass sich diese Wellenmuster dreidimensional im Raum ausdehnen.

Bei der beschriebenen Metallplatte hatte ein Geigenbogen diese in Schwingung versetzt. Aber welche Kraft liefert die nötige Energie, um stehende Wellen in Gebäuden zu erzeugen? Um diesem Phänomen näherzukommen sollte bedacht werden, dass die ganze Erde einen schwingenden Körper darstellt. Bekannt ist die elektromagnetische Eigenresonanzfrequenz der Erde von 7.83 Hz, welche von dem deutschen Physiker und Elektroingenieur Winfried Otto Schumann entdeckt wurde. Weitere Spitzen-Frequenzen sind 14,3; 20,8; 27,3 und 33,8 Hz, sie gehören in den Frequenzbereich, der international als ELF Wellen (Extremely Low Frequency) bezeichnet wird.[5]

Die Schumann-Resonanz-Frequenz, wie sie auch bezeichnet wird, errechnet sich aus der Größe der Erde und bildet entlang des Erdumfangs stehende Wellen aus. Diese sind mit sehr feinen Messgeräten messbar.

Es wird angenommen, dass die Erde durch ihre ausreichende Leitfähigkeit – bedingt durch das Salzwasser der Meere und die gut leitende Ionosphäre – einen Hohlraumresonator darstellt, der u. a. durch Blitze in Schwingung versetzt wird. Da die Erde jedoch kein isolierter Planet im Kosmos ist, muss stark davon ausgegangen werden, dass sie auch durch den Sonnenwind oder durch die kosmische Strahlung zusätzlich in Schwingung versetzt wird.

Nehmen wir also an, dass die oben erörterten Frequenzen ein Gebäude in eine sanfte Schwingung versetzen, dann würden die Frequenzen dadurch auch das Innere der Gebäude erreichen. Da ein Teil dieser Wellen zwischen den Wänden immer wieder hin und her reflektiert würde, könnten nun die oben beschriebenen stehenden Wellen Muster ausbilden. Je nach Frequenz, Intensität, Gebäudematerial und Gebäudegrundriss dürfte sich nun ein charakteristisches, einmaliges energetisches Frequenzmuster ergeben. Aus diesem Blickwinkel betrachtet könnte jedes Haus, ja jeder einzelne Raum darin das Potenzial in sich tragen, diese Frequenzen zu bündeln, ähnlich einem Brennglas, welches die Sonnenstrahlen fokussiert.

5 Vgl. https://de.wikipedia.org/wiki/Schumann-Resonanz (11.07.2016).

3 Die stehenden Wellen der Landschaft

Vieles deutet darauf hin, dass sich auch in der Landschaft das Phänomen der stehenden Wellen auszubilden vermag. Auf der Erde dürfte das Landschaftsprofil dafür Sorge tragen, dass sich z. B. in Tälern stehende Wellen zwischen Hügeln und Bergen ausbilden.

Damit aber nicht genug. Die Erde wird abgeschlossen von einer Erdkruste, die keine homogene Masse darstellt. Die Erdkruste ist vielmehr ein in sich gefaltetes und geschichtetes Material, durchzogen von Wasserläufen, Höhlen, Brüchen und vielem mehr. Deshalb müssen wir davon ausgehen, dass an den verschiedensten Übergängen im Erdmantelmaterial auch Reflexionsflächen entstehen, mit den uns schon bekannten Eigenschaften für die verschiedensten Frequenzen. Auch in diesem Fall wäre anzunehmen, dass sich wiederum stehende Wellenmuster ausbilden. Da diese Muster aber aus Wellenbergen und Wellentälern bestehen, sollte davon ausgegangen werden, dass die höheren Wellenberge an manchen Orten durchaus aus dem Landschaftsprofil herausragen. Diese Orte in der Landschaft hätten in der Folge eine höhere Energie als etwaige Nachbarorte. Wir dürfen deshalb an diesen Plätzen auch von einer eher belebenden Ortsqualität ausgehen. Wenn wir diesem Gedankengang weiter folgen, gelangen wir zu einem neuen Thema, der sogenannten Ortsqualität. Denn erinnern wir uns, dass stehende Wellen eines Frequenzmusters aus zwei Hauptzuständen bestehen: aus dem angeregten, stark schwingenden Teil und aus dem ruhigen Teil.

Abb. 2: Künstlerische Darstellung von stehenden Wellen in der Landschaft.

Auch wenn die Muster der stehenden Wellen als relativ ortsbeständig angesehen werden können, so müssen wir trotzdem bedenken, dass die Wellenberge der stehenden Wellen sich beständig in Schwingung befinden. Erinnern wir uns an die Metallplatte: Genau dort, wo sich die Wellenberge des Sandmusters befinden, wird der Sand fortlaufend weggeschleudert. Es herrscht hier also eine erhöhte Vibration durch Schwingung.

Gibt es Hinweise darauf, dass die Schwingung eines Ortes in Resonanz mit einem Menschen gehen kann? Durch die Elektroenzephalografie (EEG, von griechisch *encephalon*/Gehirn, und *gráphein*/schreiben) werden die Gehirnwellen gemessen. Die dadurch auffindbaren Gehirn-Frequenzen liegen in sehr ähnlichen Hertz-Bereichen wie die der Erde.[6]

Die EEG-Frequenzbänder des menschlichen Gehirns wurden nach griechischen Buchstaben benannt.[7] Diese teilen sich folgendermaßen auf:

Delta-Wellen
Frequenzen von 0,1 bis < 4 Hz, sind häufig im Tiefschlaf zu beobachten und treten meistens im traumlosen Zustand auf.

Theta-Wellen
Frequenzen von 4 bis < 8 Hz, treten vermehrt bei Schläfrigkeit und in den leichten Schlafphasen auf.

Alpha-Wellen
Frequenzbereich zwischen 8 und 13 Hz, häufig zu beobachten bei leichter Entspannung bzw. entspannter Wachheit und bei geschlossenen Augen.

Da Alpha-Wellen hauptsächlich bei geschlossenen Augen gemessen werden, ersetzt sich die Frequenz beim Öffnen der Augen durch Beta-Wellen. Dies ist als der sogenannte Berger-Effekt bekannt. Alpha-Wellen treten zusätzlich auf (wiederum bei geschlossenen Augen), wenn sich ein Mensch zu konzentrieren beginnt, um eine Rechenaufgabe im Kopf zu lösen oder ähnliches.

Beta-Wellen
Frequenzbereich zwischen > 13 und 30 Hz. Beta-Wellen treten bei verstärkter Konzentration oder konstanter Anspannung eines Muskels auf. Bei acht Pro-

6 Vgl. Borck (2008).
7 Vgl. https://de.wikipedia.org/wiki/Elektroenzephalografie (01.07.2016).

zent der Menschen treten Beta-Wellen spontan im normalen EEG-Mess-Zyklus auf. Beta-Wellen werden auch im REM-Schlaf gemessen.

Gamma-Wellen

Frequenzbereich über 30 Hz. Zu beobachten bei starker Konzentration, bei Lernprozessen oder bei Menschen mit langjähriger Meditationspraxis. Es wurde z. B. bei Mönchen mit starker Meditationspraxis eine 30-fach erhöhte Amplitude nachgewiesen. Auch bei Synchronisationsprozessen verschiedener Gehirnareale treten Gamma-Wellen vermehrt auf.

Dazu nun ein Gedankengang: Da der Mensch sich auf und mit der Erde entwickelt hat, ist in diesem Fall wohl nicht von reinen Zufallsprozessen auszugehen. Eher können wir davon ausgehen, dass das menschliche Gehirn sich kohärent, also in Resonanz mit den oben beschriebenen Erdfrequenzen ausgebildet hat, um dadurch sozusagen mit dem Erdkörper in Kontakt zu kommen und es auch beständig zu bleiben. Die über Resonanz stattfindende Anbindung an den Planeten ist für die Menschheit (und wahrscheinlich auch für alle anderen Lebewesen der Erde) ein nicht zu unterschätzender Faktor in ihrer Evolution. Hier könnten die manchmal rätselhaften Verhaltensweisen und Leistungen vieler Tierarten ihren Ursprung haben. Denken wir nur an die vielen bestätigten Berichte über Tiere, die sich vor einem Erdbeben, einem Tsunami oder anderen Erd-Katastrophen in Sicherheit gebracht haben.

Eine weitere sich nun aufdrängende Frage lautet: Gibt es Hinweise auf eine quantitative Beeinflussung von Orten? Denn, wie hier schon beschrieben, können wir bei den chladnischen Klangmustern eine höhere und eine tiefere Schwingungsfrequenz nachweisen. Wir erinnern uns: An einem Teil des Klangmusters blieb der Sand liegen, an einem anderen Teil wurde der Sand aufgrund von starken Schwingungen der Metallplatte weggeschleudert. Wir haben demnach an manchen Orten des Musters eine schnelle und damit hohe Frequenz, aber in einem anderen Abschnitt des Musters keine messbare Frequenz mehr.

Empirische Forschungen zur Erhebung der Geschwindigkeitsqualität einer Stadt sind noch rar gesät. Jedoch sei hier eine Studie des Amerikaners und Geographen Robert Levine von 1997 erwähnt.[8] Darin wurde ein erster Versuch unternommen, in 31 Großstädten der Erde die Geschwindigkeit zu ermit-

8 Vgl. Bachinger & Pechlaner (2010, 175).

teln und untereinander zu vergleichen. Um dies zu erreichen, ermittelte er die Schnelligkeit von Passanten, die durchschnittliche Bedienungszeit innerhalb der Post (als Indikator für die Arbeitsgeschwindigkeit) sowie die Genauigkeit von öffentlichen Uhren.

In den Schweizer Städten Zürich und Bern liefen die Passanten am schnellsten, in der Post ging es am zügigsten voran und die Schweizer-Uhren sind für ihre Genauigkeit bereits bestens bekannt. Diese beiden Orte in der Schweiz ließen dadurch in Sachen Geschwindigkeit die restlichen 29 Metropolen hinter sich, darunter Orte wie z. B. Dublin (2. Platz), Frankfurt (3. Platz), Tokio (4. Platz), Rom (5. Platz), London (6. Platz). Diese Studie kann wohl als ein erstes Indiz dafür angesehen werden, dass es so etwas wie eine Orts-Qualität bzw. auch Quantität geben könnte.

Gehen wir jetzt noch einen Schritt weiter, den Schritt in die Resonanz. Nach den bisher aufgeführten Indizien zeichnet sich ein größeres Bild ab, das uns den Geist öffnen soll für eine neue Betrachtungsweise unserer Landschaft und der in ihr lebenden Pflanzen, Tiere und Menschen. Vereinfacht könnten wir dieses Bild das Bild der Resonanz nennen. Wir erinnern uns, dass die gemessenen Gehirnwellen der Menschen mit den Erd-Frequenzen der Erde korrelieren. Es ist darum stark anzunehmen, dass die gesamte Landschaft, inklusive der Tier- und Pflanzenwelt, in Resonanz mit uns Menschen gehen kann und dadurch eine Art von Verbindung und „Vernetztheit" zwischen uns Menschen und der Mitwelt bestehen dürfte.

Es zeichnet sich aber noch ein weiterer revolutionärer Punkt ab. Es ist der Faktor der unterschiedlichen Bewusstseinszustände, die durch die Delta-, Theta-, Alpha-, Beta- und Gamma-Wellen ausgelöst werden können. Es sollte demnach durchaus möglich sein, dass ein Ort den Bewusstseinszustand eines Menschen beeinflussen kann.

Hier stellen sich einige Fragen: Wer hat nicht schon an bestimmten Orten ein Hochgefühl verspürt oder an einem anderen Ort genau das Gegenteil empfunden? Gehen wir einfach „nur so" in die Berge, ans Meer, an einen See, in den Wald, oder tun wir das, weil es uns innerlich aufbaut, ja, nach neuesten Studien sogar gesundheitlich zuträglich ist? Warum aber fühlen wir uns in solchen Momenten mit der Frische und der Kraft der Landschaft verbunden, warum können wir diese Energie geradezu in uns aufsaugen und dadurch regelrecht auftanken?

Wer kennt nicht das erhabene Gefühl der Weite und Tiefe einer Landschaft, um dann einen tiefen Seufzer auszustoßen, vielleicht gefolgt von den Worten: Ach ist das schön hier!

Wieso ist es möglich, derart die gesamte Landschaft und damit Ortsqualität in uns wahrzunehmen, was ist dafür verantwortlich?

Wäre es nicht eher nachvollziehbar, wenn nur der genaue Ort, an dem wir uns unmittelbar befinden, eine Wirkung auf uns ausüben würde? Warum aber beeinflusst und erreicht uns eine komplette Landschaft von zig Quadratkilometern Ausdehnung in einem einzigen Moment und dies tief in unserem Empfinden?

Wenn wir die oben aufgeführten Indizien betrachten, könnten wir diese Fragen sehr viel einfacher beantworten und die starke Verbundenheit der Menschen mit der Landschaft um einiges deutlicher erklären. Der Mensch wäre demnach durch seine Gehirnfrequenzen in der Lage, mit den natürlichen Frequenzen der Erde in Resonanz zu gehen. Seine in der heutigen Zeit zivilisatorisch gestressten Gehirnwellen hätten dadurch die Möglichkeit einer Re-Kalibrierung und damit einer Angleichung an die natürlichen Wellenmuster der Erde.

Ist es unter diesem Gesichtspunkt nicht erklärbar, dass ein Mensch den Charakter der Landschaft annimmt, dass z. B. ein Norddeutscher von der Nordseeküste ein anderer Menschen-Typ ist als ein Bayer, der in einem Bergtal wohnt? Und ist nicht auch zu beobachten, dass ein Mensch, der an einen andern Ort zieht und länger an diesem Ort verweilt, auch dessen „Charakterzüge" annimmt? Wir sollten einfach nicht vergessen, dass der Mensch ein Teil der Natur ist, denn er hat sich dort entwickelt und es ist darum folgerichtig anzunehmen, dass er noch immer von dieser Natur beeinflusst wird.

Der Genius Loci

An diesem Punkt, eröffnet sich aber noch eine andere Perspektive, die Annahme eines „Genius Loci". Der lateinische Begriff „Genius Loci" bedeutet wörtlich übersetzt „der Geist des Ortes". Bekannt wurde die Bezeichnung „Genius Loci" durch die römische Mythologie. Hier verstand man unter dem „Genius Loci" beispielsweise einen Orts-Schutzgeist, er wurde aber auch für religiöse

Orte wie Tempel und Kultplätze verwendet.[9] Tatsächlich bezog sich der „Genius Loci“ aber auch auf die ganz normalen Örtlichkeiten, wie z. B. einzelne Räume, Bauwerke, Plätze, Städte, ja auf ganze Provinzen. Wir sehen hier schon recht gut, dass der Begriff „Genius Loci“ wohl eher als der Geist oder der Charakter einer Örtlichkeit verstanden wurde.

Der Begriff ist auch in der christlichen Tradition bekannt. Hier wird „Geist“ jedoch anders definiert – eher als eine nicht genau zu bestimmende spirituelle Qualität. Darum verstand man im christlichen Kontext unter „Genius Loci“ eher die geistige Atmosphäre eines Ortes, der durch die momentan dort lebenden Menschen, aber auch all jene, die dort schon gelebt haben, beeinflusst wurde und wird.

In der Architektur bezeichnet der Begriff sowohl die Merkmale eines Ortes als auch etwaige bauliche Vorgaben, die maßgeblich zum Entwurf-Prozess eines Ortes beitragen.[10] Der „Genius Loci“ in der Architektur setzt sich jedoch nicht nur aus den ersichtlichen Planungsvorgaben zusammen, sondern es wird damit viel eher die Atmosphäre und Aura eines Ortes umschrieben. Deshalb wird „Genius Loci“ auch in der heutigen Architektur wiederum als etwas eher Unstoffliches angesehen, welches selbst in der jetzigen Zeit nur durch Wahrnehmung, Deutung und der daraus resultierenden Interpretation zugänglich wird. Auch in der momentanen Postmoderne wird der „Genius Loci“ bei wichtigen Örtlichkeiten noch hinzugezogen. So gesehen kommen wir der ursprünglichen Bedeutung des Genius Loci auch in der heutigen Architektur sehr nahe.

Unter dem Gesichtspunkt der stehenden Wellen, die sehr wahrscheinlich die sogenannten Ortsqualitäten und auch -quantitäten entstehen lassen, müssten wir unsere Gebäude, die wir in die Landschaft bauen, im Umkehrschluss als nicht(!) isoliert von der Landschaft ansehen. Wenn das tatsächlich so wäre, hätte das enorme Folgen für die Architektur, ja für die gesamte Flächenplanung und Städteentwicklung.

9 Vgl. https://de.wikipedia.org/wiki/Genius_loci (05.08.2016).
10 Vgl. ebd.

4 Die Bedeutung der Integralen Energetik

Die Integrale Energetik lehnt sich an die schon lange bekannte „Heilige Geometrie" an, hat jedoch den erweiterten Anspruch, auch neue Erkenntnisse mit einzubeziehen. Der Begriff „integral" kann mit „ganzheitlich" aber auch im Sinne von „etwas wieder heil machend" übersetzt werden.

Der Begriff „Energetik" wurde von dem deutsch-baltischen Chemiker und Philosophen Wilhelm Ostwald (1853/Riga – 1932/Leipzig) geprägt[11] Vereinfacht gesagt liegt seiner Lehre der Energetik die Annahme zugrunde, dass jegliches Sein über energetische Prozesse miteinander verbunden ist und dadurch alles von energetischen Abläufen abhängt. Jedoch entsprach seine Auffassung dem Wissensstand seiner Zeit und verlor in späterer Zeit immer mehr an Bedeutung.

Integrale Energetik sollte in der momentanen Postmoderne vielleicht am ehesten als ganzheitliche Energetik übersetzt werden, die für traditionell östliche ebenso wie für traditionelle und neueste westliche Erkenntnisse – z. B. in der Quantenphysik – ein offenes Gefäß darzustellen vermag. Sie kann dadurch das Potenzial bereitstellen, sich mit den „feineren" Energiefeldern und energetischen Prozessen auseinanderzusetzen, die in der gesamten Natur und im Universum Wirkungen erzeugen.

Die Integrale Energetik beinhaltet folgende Eckpfeiler:

- die integrale Theorie (und Praxis), wie sie von Ken Wilber in zahlreichen Büchern und Vorträgen formuliert wurde und wird;
- das integrale Bewusstsein, beschrieben durch Jean Gebser in seinem Hauptwerk „Ursprung und Gegenwart",
- östliche und westliche Weisheitslehren sowie
- alte und neue wissenschaftliche Erkenntnisse.

Zu Letzteren gehören im Speziellen:

- der Goldene Schnitt,
- die Fibonacci-Zahlen-Sequenz,

11 Vgl. https://de.wikipedia.org/wiki/Wilhelm_Ostwald (10.08.2016).

- die Fibonacci-Spirale,
- harmonikale Ansätze,
- der fraktale Aufbau der Natur, also der geometrische Aufbau der Natur,
- stehende Wellen und die sich daraus bildenden Klangfiguren,
- neue Erkenntnisse der klassischen Wissenschaft,
- neue Erkenntnisse der alternativen Wissenschaft und Geisteswissenschaft,
- die östliche Lehre des Feng Shui in der Synthese mit westlichen Erkenntnissen,
- westliche Weisheitslehren und deren Traditionen.

Der Goldene Schnitt in der Natur

Der Goldene Schnitt[12] ist in der uns umgebenden, natürlichen Formenvielfalt stetig nachweisbar, im Mikro-Kosmos (Atome, Gene usw.), im Meso-Kosmos unserer Alltagswelt, als auch im Makro-Kosmos (Planeten, Sterne und Galaxien). Er scheint so etwas wie eine universelle Verhältnismäßigkeit darzustellen.

Was versteht man unter dem Goldenen Schnitt? Dazu eine kurze Erklärung *Die kürzere Strecke (Minor) verhält sich genau so zur längeren Strecke (Major), wie die längere Strecke (Major) zur gesamten Strecke (das Ganze).*[13]

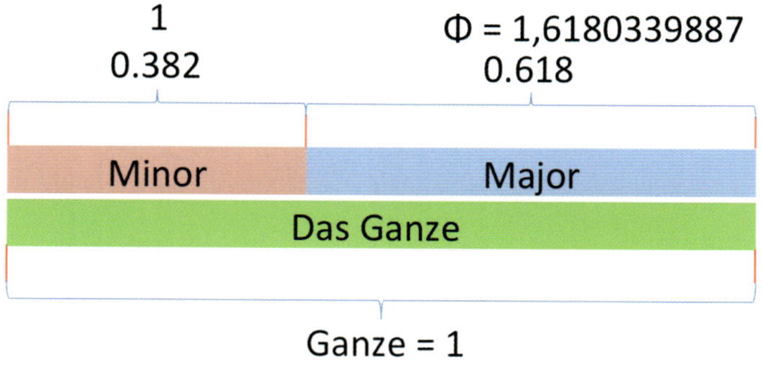

Abb. 3: Der Goldene Schnitt in der Verhältnismäßigkeit: Wenn wir die Zahl 1 als das Gesamte definieren, dann hat die Zahl Phi (Φ) einen Wert von 1.618, somit ist die nächst größere Verhältnismäßigkeit immer um einen Wert von 0.618 größer als die vorgängige Strecke (Verhältnismäßigkeit).

12 Vgl. https://de.wikipedia.org/wiki/Goldener_Schnitt (02.03.2016).

13 Vgl. ebd.

Minor verhält sich also proportional genau so zu Major, wie Major sich wiederum proportional zum Ganzen verhält. Der Goldene Schnitt ist dadurch die einzige Möglichkeit gegenüber allen anderen Formen, die auf dem Goldenen Schnitt basieren, eine Art von proportionaler und damit selbstähnlicher Verhältnismäßigkeit herzustellen. Denn obwohl wir die Einheit verlieren, indem wir eine „Zweiheit" durch Teilung erzeugen, bleibt der verhältnismäßige Bezug zum größeren bzw. zum kürzeren Teilaspekt bestehen. Jede Teilung nimmt also immer einen verhältnismäßigen Bezug zum nächstgrößeren Teil, bis wir irgendwann bei der größten Proportion angelangt sind, dem Ganzen, auch Universum genannt.

Der Begriff Universum leitet sich vom lateinischen „universus" ab. Universus wiederum setzt sich aus *unus* und *versus* zusammen und meint soviel wie „zu einem gekehrt" oder auch „in eins gekehrt".[14] Das beschreibt es sehr schön, denn sowohl das Kleinste als auch das Größte kehrt immer wieder in das EINE zurück, ist in ihm verhältnismäßig enthalten.

Einige Beispiele des Goldenen Schnittes:

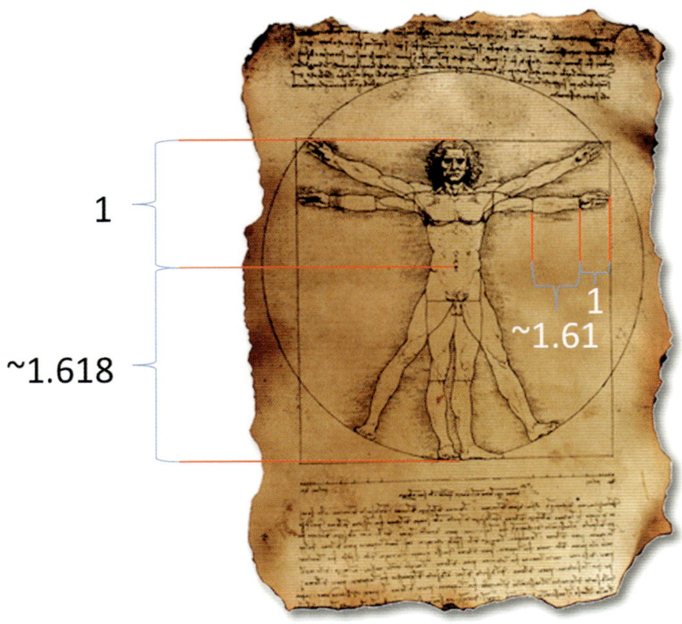

Abb. 4: Der Goldene Schnitt beim Menschen

14 Vgl. http://kosmologie.fuer-eilige.de/universum.htm (18.01.2017).

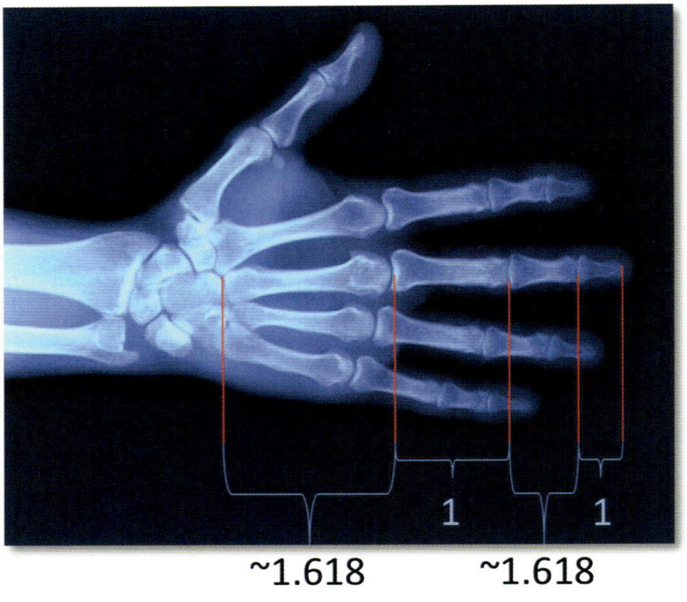

Abb. 5: Der Goldene Schnitt an der menschlichen Hand

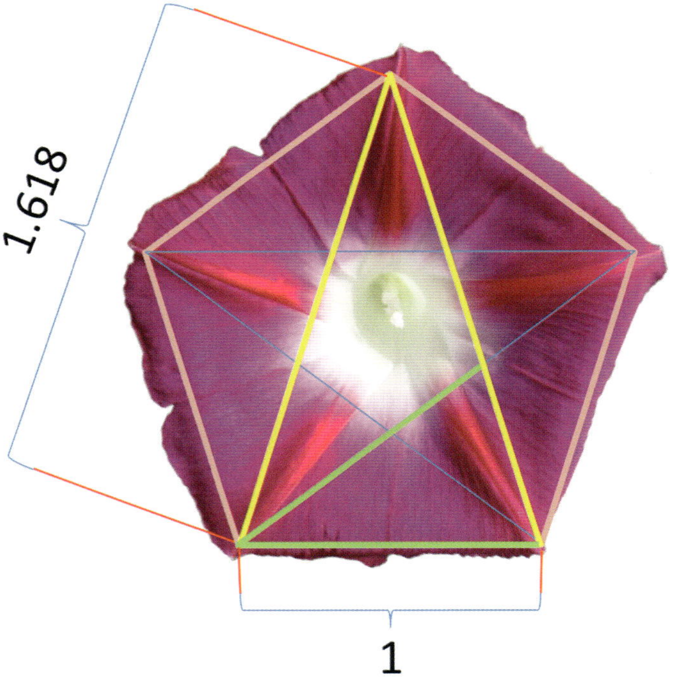

Abb. 6: Blüte mit eingezeichnetem Goldenen Schnitt

Die Fibonacci-Zahlen-Reihe

Leonardo Fibonacci (1180 – 1250), ein italienischer Mathematiker, erkannte, dass in der Natur bestimmte Zahlenwerte wiederzufinden sind.[15] Speziell beim Pflanzenwachstum, allerdings auch in anderen biologischen und natürlichen Prozessen, konnte er nachweisen, dass sich immer wieder eine Reihenfolge von Zahlen manifestierte, die dann nach ihm benannte Fibonacci-Sequenz:[16]

1, 1, 2, 3, 5, 8, 13, 21, 34, 55, 89, 144 ...

Aus dieser Fibonacci-Zahlenreihe kann eine Spirale entwickelt werden, die sogenannten Fibonacci-Spirale.[17]

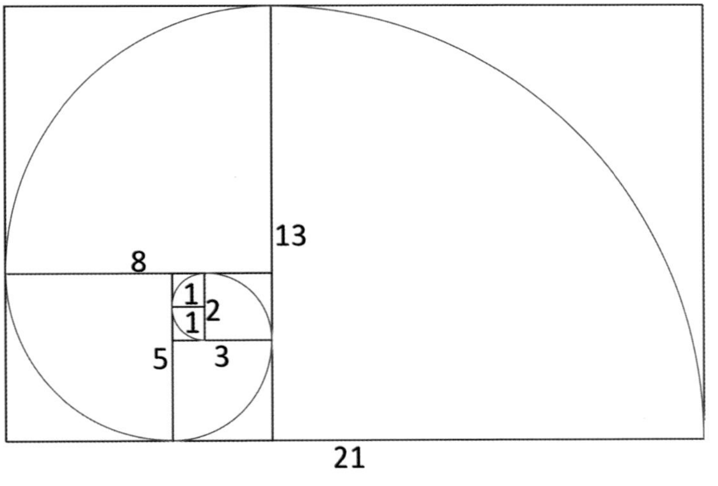

Abb. 7: Die Fibonacci-Spirale

Die Natur scheint die Tendenz zu haben, sich im Großen wie im Kleinen diesem Fibonacci-Wirkmuster angleichen zu wollen. In natürlichen Prozessen kann man zur gleichen Zeit jedoch auch eine gewisse Ungenauigkeit feststellen. Dies um wiederum doch Platz zu lassen für eine gewisse Individualität, die wir überall um uns herum beobachten können. Zusammengefasst könnte man von der „Vielfalt in der Einheit" sprechen.

15 Vgl. https://de.wikipedia.org/wiki/Leonardo_Fibonacci (23.09.2016).
16 Vgl. Walser (2003, 101).
17 Vgl. Stelzl (2016, 39).

Zwei Beispiele der Fibonacci-Spirale in der Natur:

Abb. 8: Fibonacci-Spirale in der Nautilus-Schnecke

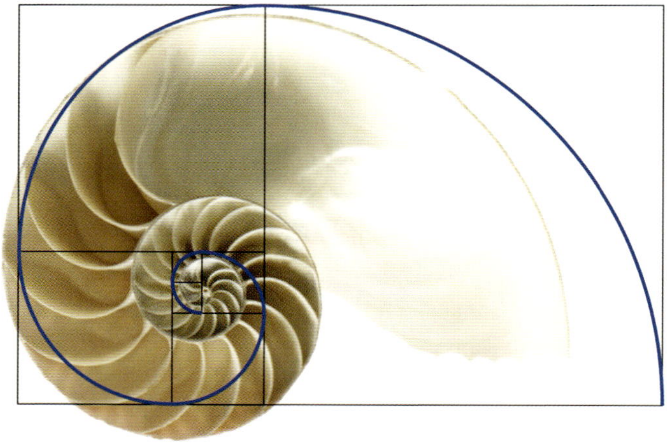

Abb. 9: Die Fibonacci-Spirale umfasst eine Welle. Da die Gischt leichter ist als Wasser, werden diese nebelartigen Tröpfchen nicht so stark von der Erdanziehung erfasst und haben dadurch die Freiheit, ihrer Tendenz zu folgen und sich dem Verlauf der Fibonacci-Spirale anzugleichen.

Teilt man die Zahlen der Fibonacci-Sequenz jeweils durch die vorhergehende Zahl, nähert man sich der Zahl Phi Φ an, auch bekannt als das Verhältnis des Goldenen Schnitts.
1/1 = 1 2/1 = 2 3/2 = 1.50 5/3 = 1.66 8/5 = 1.60 13/8 = 1.63 21/13 = 1.615
34/21 = 1.619 ... 233/144 = Φ **1.618**0555

Dadurch können wir über die Fibonacci-Sequenz eine Verbindung zum Goldenen Schnitt herstellen, der auch als die „Göttliche Proportion" bekannt ist. Aus diesem Grund kann der Goldene Schnitt durchaus als „das Maß aller (natürlichen) Dinge" bezeichnet werden.

Die Fibonacci-Spirale und die äußere Form

Die Formenvielfalt in der Natur wirkt häufig ansprechend und ästhetisch auf uns Menschen. Wir fühlen uns durch den Anblick natürlicher Formen und Farben bspw. einer Blumenwiese, eines Waldes, des Wassers, ja einer ganzen ursprünglichen Landschaft sehr erbaut und energetisiert. Selbst Formen, die auf den ersten Blick nicht in die sanfte Fibonacci-Spirale zu passen scheinen, können bei genauerer Prüfung in ihrer äußerlichen Ausdehnung damit harmonieren.

Abb. 10: Jeder einzelne Samen in der Sonnenblume ist in einer linksdrehenden und einer rechtsdrehenden Spirale angeordnet. Nur dort, wo die aufsteigenden YIN- und die absteigenden YANG-Spiral-Wirkkräfte sich treffen, entsteht der neue Keim des Lebens. Das Verhältnis der YIN- und YANG-Spiralen entspricht der Fibonacci-Sequenz 21/34 oder 34/55 oder 55/89. Bei sehr großen Sonnenblumen können wir auch ein Verhältnis von 89/144 oder 144/233 vorfinden.

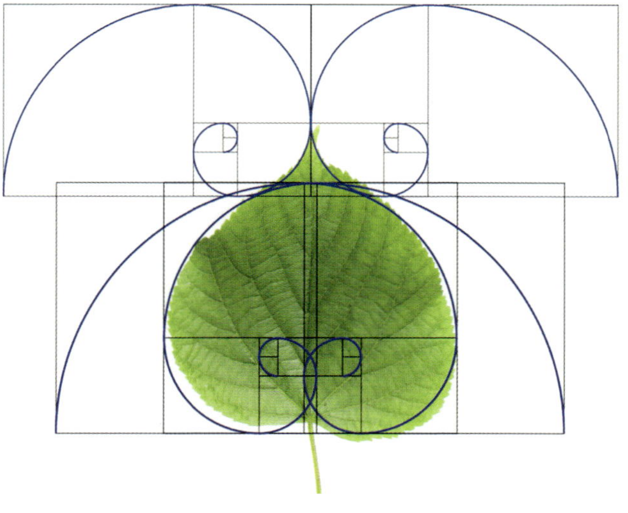

Abb. 11: Das Lindenblatt scheint auf dem ersten Blick nicht sehr viel mit der Fibonacci-Spirale gemein zu haben. Aber selbst hier drängt sich der Eindruck auf, dass sich die Blattform an einer Art integralen Geometrie ausrichten möchte.

Erstaunlich ist auch, dass das menschliche Gesicht im Profil und in der Front-Ansicht sehr klar über eine Verschachtelung der Fibonacci-Spiralen „konstruiert“ werden kann.

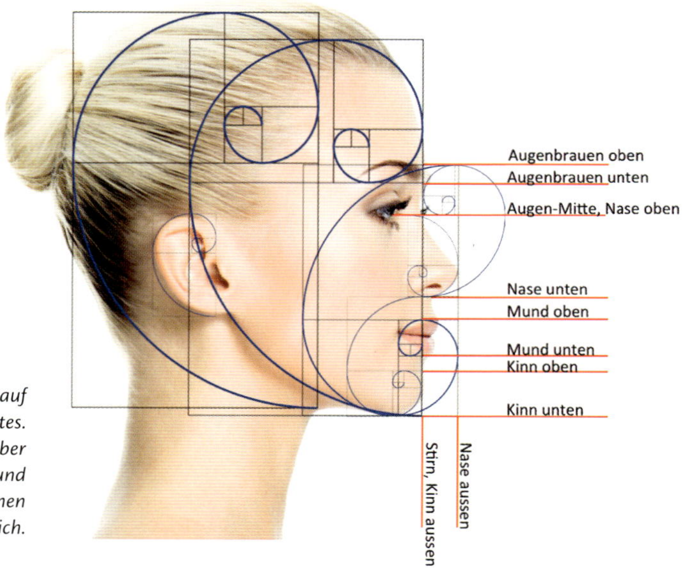

Abb. 12: Übertrag der Fibonacci-Spirale auf das Profil eines menschlichen Gesichtes. Vom Haaransatz, Hinterkopf, Ohr über die Augenbrauen, Augen, Nase, Mund und Kinn ist alles mit leichten Variationen ersichtlich.

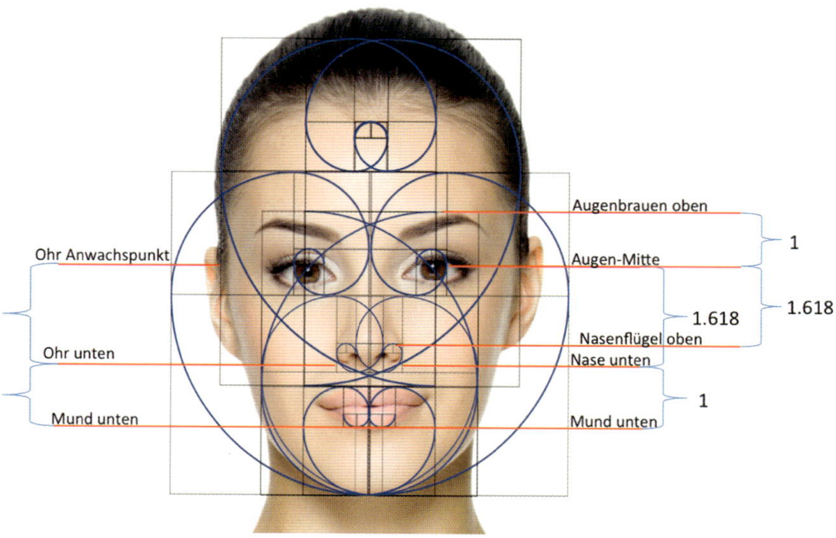

Abb. 13: Das Gesicht lässt sich mit individuellen Abweichungen der Proportionen und in der Yin-Yang-Achse sehr genau durch die Verschachtelung der Fibonacci-Spiralen in seinem grundsätzlichen Aufbau darstellen.

Der fraktal-geometrische Aufbau der Natur

Der Begriff „Fraktal" wurde von dem Mathematiker Benoît Mandelbrot im Jahre 1975 geprägt.[18] Er wurde abgeleitet aus dem Lateinischen von *fractus* (gebrochen) und *frangere* (in Stücke zer-brechen). Kurz gesagt ist ein Fraktal ein Muster, das sich selbstähnlich verschachtelt fortsetzt. Es wird in diesem Zusammenhang deshalb auch von einer Skaleninvarianz bzw. Selbstähnlichkeit gesprochen.

Als Beispiel soll uns das Fünfeck dienen. Wenn wir uns näher an dieses Fraktal-Muster heranzoomen, dann erkennen wir, dass es sich selbstähnlich immer weiter fortsetzt, allerdings in unterschiedlicher Größe.

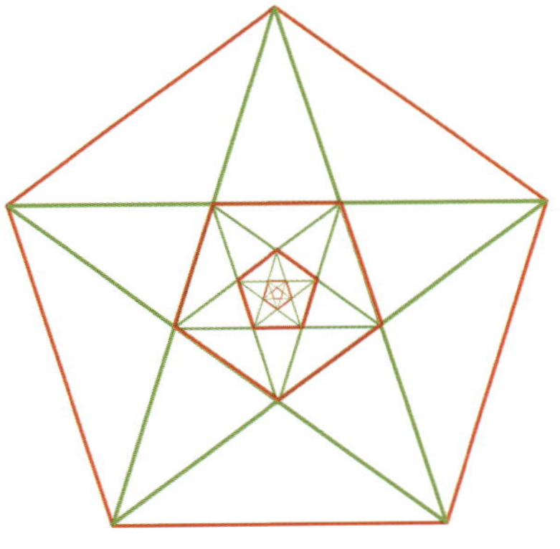

Abb. 14: Verbinden wir die Ecken des Fünfecks miteinander, dann ergibt sich daraus wiederum ein Fünfeck, dieses könnten wir bis in alle Unendlichkeit tun, immer unter Einhaltung des Goldenen Schnittes und damit der universellen Verhältnismäßigkeit.

Abb. 15: Detail Ansicht Romanesco. Gut zu erkennen ist der fraktale Aufbau an einem Romanesco. Auch er hat als Grundmuster wiederum die gegenläufige Doppelspirale. Jede einzelne „Spitze" spiegelt das gleiche fraktale Doppelspiralenmuster wieder, die noch kleineren Spitzen innerhalb der größeren ebenso.

18 Vgl. https://de.wikipedia.org/wiki/Benoît_Mandelbrot (05.01.2017).

Der fraktale Aufbau der Natur ist jedoch nicht immer in der äußeren Form ersichtlich und damit als Fraktal zu erkennen. Stattdessen sollten wir unseren Blick eher auf die ineinander verschachtelte Maßeinheit des Goldenen Schnitts wenden. In der Fachsprache wird dieser, wie oben schon erwähnt, als Skaleninvarianz, oder auch als eine Skalenunabhängigkeit beschrieben: Es ist egal, wie groß oder klein ein Objekt ist, das Verhältnis der Größe zueinander bleibt bestehen.

Westliche Weisheitslehren und deren Tradition

Nicht nur im Osten, sondern auch im Westen können wir auf eine lange Tradition der verschiedensten Lehren zurückblicken. Vieles deutet darauf hin, dass unsere Vorfahren die schon besprochenen stehenden Wellen innerhalb ihres Lebensraumes besser wahrnehmen konnten und sogar aktiv auf das Gefüge der landschaftlichen Qualitäten Einfluss nahmen. Noch heute zeugen viele rätselhafte Steinsetzungen und monolithische Anlagen wie bspw. die Dolmen oder Hünengräber von dieser geschichtlichen Periode Europas. Nach der Christianisierung des Kontinentes ging dieses Wissen weitestgehend verloren.

Es zeichnet sich jedoch ab, dass sich die Menschen wieder vermehrt dem Thema der Wahrnehmung ihrer Lebensräume öffnen. Lehren wie die westliche Geomantie oder das östliche Feng Shui gewinnen immer mehr an Bedeutung für die westliche Kultur.

Fibonacci-Sequenz in Synergie mit dem Goldenen Schnitt

Es drängt sich nun eine Frage in den Vordergrund: Warum scheint die Natur sich so an den hier beschriebenen Verhältnismäßigkeiten auszurichten? Was kann der Grund dafür sein, dass wir so häufig auf fraktal- bzw. skaleninvariante Phi- und Fibonacci-Proportionen treffen?

Um uns der Antwort auf diese Frage anzunähern, sollten wir uns wiederum die stehenden Wellen ins Gedächtnis rufen. Die beschriebenen Wellenmuster sind immer noch Schwingungen, auch wenn sie, wie in unserem Fall, aus langsamen Wellen bestehen. Diese bilden, wie schon erwähnt, ein dreidimensionales Raum-Muster, einem Mandala ähnlich.

Wellen haben eine wichtige Eigenschaft: sie können mit bestimmten Verhältnismäßigkeiten in Resonanz gehen. Die Eigenschaft der fraktalen Resonanz wird unter anderem in den heutigen Smartphones angewendet. Da diese hochmodernen Geräte auf vielen Frequenzen empfangs- und sendebereit sein müssen, werden hier fraktale Antennen-Geometrien benutzt.[19] Ansonsten bräuchte jedes Smartphone für jede Frequenz eine eigene Antenne, die durch ihre Abmessung und Form genau mit der jeweiligen Frequenz (Welle) in Resonanz gehen kann. Dann aber müssten wir an unseren Handys viele verschiedene Außen- und Innen-Antennen installieren. Stattdessen griff man auf die Erkenntnisse der fraktalen Geometrie zurück und siehe da, ab diesem Moment reichte eine Antenne für alle Frequenzen.

5 Eine weiterführende Betrachtung der integralen Energetik

Die Verhältnismäßigkeit des Goldenen Schnitts ist eine Verhältnismäßigkeit der Proportionen, sie sagt jedoch nichts über die Winkel der Objekte zueinander aus. Winkel-Verhältnismäßigkeiten sind eine Möglichkeit, verschiedene Bauobjekte miteinander zu verbinden. Die Winkelverbindung von Bau-Objekten strebt bestimmte Wirk-Verhältnismäßigkeiten an. Die nun sofort auftauchende Frage lautet: Wieso soll durch bestimmte Winkel eine Wirkung erzeugt werden können? Wir kennen aus der Antennen-Technik das Phänomen, dass eine in einem bestimmten Winkel zum Sender stehende Antenne einen besseren Empfang der Wellen gewährleistet als eine ungünstiger zum selben Sender positionierte Antenne. Dies hat mit der Antennenform und ihrer Abmessung zu tun, aber auch mit der jeweiligen Welle, die der Sender abstrahlt, und eben mit dem optimalen Winkel, den die Antenne zum Sender einnimmt. Wenn wir uns nun ein mandala-ähnliches Muster einer stehenden Welle in der Landschaft vor Augen führen, dann können wir erkennen, dass die einzelnen Knotenpunkte des Musters über Linien miteinander verbunden sind. Zusätzlich wäre zu beachten, dass die einzelnen Knotenpunkte in der Regel über sehr

19 Vgl. http://www.spek trum.de/magazin/die-fraktale-handy-antenne/826089 (22.11.2016).

ähnliche Winkelgrade miteinander in Verbindung stehen. Diese Verbindungen würden je nach Ort viel Energie und Schwingung oder auch weniger „mitführen". Übertragen auf ein reales Bauprojekt ist jedoch zu erwarten, dass die Landschafts-Wellen-Muster in Resonanz mit einzelnen Bauobjekten stehen oder eben nicht. Darum ist anzunehmen, dass jene Gebäude miteinander in Resonanz stehen, die sich über die ortsbedingten Energielinien der Landschaft miteinander „verbinden". Stehen sie nicht in Resonanz, dann hätten wir eine Vereinzelung der Bauwerke zu erwarten. Die gesamte Überbauung könnte dann nicht homogen auf die dort lebenden Menschen wirken. Eine Zergliederung der Überbauung wäre die Folge und wir hätten die große Gefahr, dass das Zusammengehörigkeitsgefühl im gesamten Areal darunter leiden könnte.

Das energetische Konzept

Abb. 16: Künstlerische Darstellung einer energetischen Struktur in der Landschaft

Aus den oben angeführten Gründen sollte vor Baubeginn, zumindest bei größeren Projekten, ein energetisches Konzept des zu überbauenden Areals ernsthaft in Betracht gezogen werden. Allerdings ist die Erstellung eines energetischen Konzeptes für jede Art von Bauvorhaben anzuraten, muss doch stark angenommen werden, dass jedwedes Bauwerk eine Wechselwirkung mit seiner umgebenden Mitwelt eingeht.

In einem energetischen Konzept wäre zu berücksichtigen, dass einige Linien des Musters viel Energie mit sich bringen, andere Bereiche des Schwingungsmusters jedoch eher ruhigere Aspekte darstellen würden. Bei größeren Bauobjekten mit vielen Gebäuden müsste darauf geachtet werden, welche Wirkung ein einzelnes Gebäude auf die Menschen ausüben soll – eine eher belebende oder eine eher beruhigende. Dazu eine Überlegung: In unserem persönlichen Wohnumfeld haben wir eine Turnhalle, diese ist auf einem eher ruhigen Teil des Areals errichtet worden; dadurch ist nun eine Diskrepanz entstanden zwischen dem aktiven Sport und der Ortsqualität. Auch sollte überprüft werden, welche Wirkung der jeweilige Ort auf das Bewusstsein eines Menschen auszuüben vermag. Erinnern wir uns an die verschiedenen Frequenzen des menschlichen Gehirns, die den oben aufgeführten Frequenzen der Erde sehr ähnlich zu sein scheinen. Da aber die Gehirnfrequenzen verschiedene menschliche Bewusstseinszustände darstellen, ist anzunehmen, dass ein Mensch, der längere Zeit in einer der Hirnfrequenz ähnlichen (kohärenten) Erdfrequenz lebt, von dieser auch beeinflusst wird. Es ist weiter davon auszugehen, dass ein menschliches Gehirn im Prinzip sehr schnell mit den jeweiligen Erd-Frequenzen in Resonanz treten kann. Wie sollte sonst die sofortige Verbundenheit eines Menschen mit der jeweiligen Landschaft zu erklären sein, sein plötzliches Wohlbefinden an einem Ort ebenso wie seine spontane Abneigung an einem anderen Platz?

Die Knotenpunkte des landschaftlichen Schwingungsmusters

Einen energetisch wichtigen Aspekt in den hier aufgezeigten Frequenzmustern bilden die „Drehscheiben“ oder auch Knotenpunkte des miteinander verwobenen „Klangteppichs“ eines Gebietes. Vieles deutet darauf hin, dass die Knotenpunkte der beschriebenen Klangmuster einen zusätzlichen, wichtigen Aspekt beinhalten: Sie scheinen oft aus sich drehenden Wirbelfeldern zu bestehen, wobei wir auf rechts- als auch linkswirbelnde Felder treffen können. Diese speziellen Wirbelfelder, auch als torodiale Schwingungen bezeichnet, konnten auf der Erde zwar nachgewiesen werden, ihre Entstehung und ihr energetischer Ursprung geben den Wissenschaftlern allerdings noch große Rätsel auf. [20] Es wird vermutet, dass dafür Scherkräfte in der Erde oder den Meeren verantwortlich sein könnten. Auch Tiefdruckgebiete der Atmosphäre

20 Vgl. https://de.wikipedia.org/wiki/Eigenschwingungen_der_Erde (12.02.2017).

wurden schon als Erklärung angeführt. Jedoch sind die innerhalb der klassischen Wissenschaften angeführten Lösungsvorschläge sehr umstritten, da sie höchstens Teilaspekte der gesamten Problematik erklären können. Besser zu verstehen wäre das Phänomen innerhalb der integralen Energetik. Hier wäre vorstellbar, warum diese Wirbelfelder auftreten könnten. Denn ein energetisches Klang- oder Schwingungsmuster hätte die beschriebenen Schnitt- oder auch Knotenpunkte, die als eine Art Verteilungszentrum von Energien, ähnlich einer Energie-Drehscheibe, betrachtet werden können. Wenn es innerhalb eines landschaftlichen Schwingungsmusters durchaus zu einem Energieungleichgewicht kommen kann, dann wäre es nur logisch, dass sich dieses ausgleichen will. Das wiederum würde aber ein Strömen von A nach B innerhalb des Musters erzeugen. An den jeweiligen Knotenpunkten des Musters wäre es jetzt durchaus vorstellbar, dass wir eine Drehung und damit Verwirbelung feststellen könnten. Diese Wirbel sind als torodiale-Wirbelfelder bekannt.[21] Falls dieses Feld relativ stabil und in sich nahezu geschlossen bestehen kann, wird von einem Torus-Wirbelfeld, oder auch nur vom Torus gesprochen.

Wie können die Ortsqualität und ihre energetischen Aspekte erkannt werden?

Technische Messverfahren scheiden bislang noch weitgehend aus. Dies muss aber nicht bedeuten, dass nicht in Zukunft geeignete Messinstrumente entwickelt werden können. Da das erörterte Phänomen mit allergrößter Wahrscheinlichkeit mit dem menschlichen Gehirn in Resonanz gehen kann, sollte die beschriebene Orts-Energetik auch durch einen Menschen beschrieben werden können. Besonders gut dürften landschaftliche Qualitäten jedoch durch eine darauf geschulte Gruppe von Menschen wahrgenommen werden können. Denn in einer Gruppe hätten wir das zusätzliche Kontrollelement des gegenseitigen Vergleiches der Eindrücke.

21 Vgl. Voelker (1963, 45).

Das Rutengehen

Als weitere Möglichkeit für das Erkennen und Beschreiben einer Ortsqualität sollten wir eine alte, tief im westlichen Kulturraum verankerte Methode berücksichtigen. Da in früheren Zeiten noch keine Satelliten-Scans die Erdoberfläche erforscht haben und die Geologie noch nicht existierte, verließ man sich bei der Suche nach Wasser und Erzen auf das Rutengehen. Und dies anscheinend mit einem gewissen Erfolg. Auch an dieser Stelle sei daran erinnert, dass das Gehirn des Menschen mit nahezu identischen Frequenzen arbeitet, wie wir sie auf und in der Erde messen können. Und darum dürfen wir relativ sicher sein, dass die unterstützte Wahrnehmung der Landschaftsqualitäten durch eine Rutenbegehung eine mögliche Methode sein kann, diese auch zu erkennen.[22]

Durch die moderne Weiterentwicklung von verschiedensten Ruten und Einhand-Tensoren sollte es uns möglich sein, auch in der heutigen Zeit an diese alte westliche Tradition wieder anzuknüpfen. Um durch das Rutengehen statistisch relevante Ergebnisse zu erzielen, könnte auch hier die Gruppenarbeit behilflich sein. Durch das Kontrollelement des gegenseitigen Vergleiches wäre es möglich, die Aussagekraft der erzielten Ergebnisse zu erhöhen. Wenn von zehn rutengehenden Menschen acht zum gleichen Ergebnis kommen, dann hätten wir einen ersten Anhaltspunkt, der es durchaus wert ist, weiter verfolgt zu werden.

Wo bleibt dann aber die Kreativität in der Architektur?

Im Blick auf die Natur und die in ihr vorherrschende Vielfalt müssen wir anerkennen, dass alle diese Formen trotz ihrer Basis in dem fraktalen, verschachtelten Goldenen Schnitt und der Fibonacci-Sequenz nicht den Eindruck von Einfalt oder gar Langeweile beim Betrachter aufkommen lassen. Im Gegenteil, nichts scheint einen Menschen mehr aufzubauen als eine intakte Naturlandschaft mit ihrer abwechslungsreichen Formensprache. Die unbeschreibliche Formendiversität übt auf den Betrachter nachweislich eine stresslösende und beruhigende Wirkung aus.

22 Vgl. Prumbach (2009, 183).

6 Ein Schlussgedanke

Die Rückbesinnung darauf, dass der Mensch als wahrnehmendes Wesen mit seiner Mitwelt verbunden ist, sollte dazu beitragen, dass sich eine natürlichere, auch für den Verstand begründbare integrale Haltung entfalten kann. Es ist eine innere, mehrdimensionale Perspektive, die sowohl die rechte als auch die linke Gehirnhälfte anspricht und das Potenzial in sich trägt, dass wir unseren Lebensraum vermehrt wieder an die natürlichen Kreisläufe unserer Mitwelt anzuschließen imstande sind. Wenn sich die Annahme der Bewusstseinsbeeinflussung sowohl der Menschen durch die Landschaft, als auch der darauf integrierten Bauwerke als reale Möglichkeit herausstellen würde, sollte trotz ökonomischer Zwänge und Renditeüberlegungen doch darüber reflektiert werden, in welcher Zukunft wir leben möchten.

Literatur

Bachinger, M., Pechlaner, H. (2010): Lebensqualität und Standortattraktivität: Kultur, Mobilität und regionale Marken als Erfolgfaktoren, Erich Schmidt Verlag GmbH & Co KG.

Borck, C. (2005): Hirnströme. Eine Kulturgeschichte der Elektroenzephalographie (Wissenschaftsgeschichte), Wallstein Verlag.

Demtröder, W. (2008): Experimentalphysik 1: Mechanik und Wärme, Springer Verlag.

Frohmann, E. (2000): Gestaltqualitäten in Landschaft und Freiraum: abgeleitet von den körperlich-seelisch-geistigen Wechselwirkungen zwischen Mensch und Lebensraum, 2. überarbeitete Aufl., Österreichischer Kunst- und Kulturverlag. (Traditionelles Wissen gegenwärtig erforscht, künftig genützt, begründet und herausgegeben von Michael Martischnig, Bd. 1)

Honegger, M. (1987): Das große Lexikon der Musik, Bd. 6, Herder Verlag.

Prumbach, S. (2009): Special 12 – Neue Geomantie: Integrale Radiästhesie, Ehlers Verlag.

Stelzl, D. (2016): Heilige Geometrie. Die Matrix unserer Welt, Schirmer Verlag.

Voelker, H. (1963): Zur Breitenabhängigkeit erdmagnetischer Pulsationen, Springer Verlag.

Walser, H. (2003): Fibonacci: Zahlen und Figuren, Edition am Gutenbergplatz.

Onlinequellen

Wikipedia, Chladnische Klangfigur: https://de.wikipedia.org/wiki/Chladnische_Klangfigur (04.05.2016)

Chladnische Klangfiguren, Uni Ulm: http://vorsam.uni-ulm.de/ASP/OArchiv_Images.asp?OrdnungsNr=SW-011 (13.02.2016)

Wikipedia, Schumann-Resonanz: https://de.wikipedia.org/wiki/Schumann-Resonanz (11.07.2016)

Wikipedia: Elektroenzephalographie: https://de.wikipedia.org/wiki/Elektroenzephalografie (01.07.2016)

Wikipedia, Genius loci: https://de.wikipedia.org/wiki/Genius_loci (5.8.206)

Wikipedia, Wilhelm Ostwald, Energetik: https://de.wikipedia.org/wiki/Wilhelm_Ostwald (10.08.2016)

Wikipedia, Goldener Schnitt: https://de.wikipedia.org/wiki/Goldener_Schnitt (02.03.2016)

Kosmologie für Eilige, Universum: http://kosmologie.fuer-eilige.de/universum.htm (18.01.2017)

Wikipedia, Leonardo Fibonacci: https://de.wikipedia.org/wiki/Leonardo_Fibonacci (23.09.2016)

Wikipedia, Benoît Mandelbrot: https://de.wikipedia.org/wiki/Benoît_Mandelbrot (5.01.2017)

Spektrum, Die fraktale Handy-Antenne: http://www.spek trum.de/magazin/die-fraktale-handy-antenne/826089 (22.11.2016)

Wikipedia, Eigenschwingung der Erde: https://de.wikipedia.org/wiki/Eigenschwingungen_der_Erde (12.02.2017)

Bildnachweise

Abb 1-3: Foto und Grafik Uwe Breuer
Abb. 4: Fotolia, Grafik Uwe Breuer
Abb. 5: Fotolia, Grafik Uwe Breuer
Abb. 6: Foto und Grafik Uwe Breuer
Abb. 7: Grafik Uwe Breuer
Abb. 8-13: Fotolia, Grafik Uwe Breuer
Abb. 14-16: Foto und Grafik Uwe Breuer

Claudia Nelgen

Gutes Wohnen, gutes Leben

Die Architekturpsychologie
und ihr Beitrag zur integralen Architektur

1 Einleitung

In diesem Kapitel geht es um die Beziehung zwischen Mensch und gebauter Umwelt. Die gebaute Umwelt, die innerhalb der Mensch-Umwelt-Beziehung einen spezifischen Bereich bildet, ist der Forschungsgegenstand der Architekturpsychologie. Untersucht wird die Wechselwirkung zwischen Mensch und Architektur, wobei bislang kognitive, emotionale, soziale und entwicklungspsychologische Aspekte im Vordergrund stehen. Unter „Architektur" wird in diesem Zusammenhang alles verstanden, was dazu geschaffen wurde und wird, den menschlichen Tätigkeiten eine räumliche Hülle zu bieten und im erweiterten Sinne auch all das, was dieser Hülle einen Platz im räumlichen Gefüge gibt, einen Zugang und eine gestaltete Umgebung. Die Blechhütte in einem Slum gehört damit ebenso dazu wie das Mietshaus, der Tempel, ein Industrie- oder Bürogebäude, Straßen und Kanäle, Einfamilienhäuser, Bus-Häuschen, Parkanlagen oder Plätze.

Architektur ist ein Produkt unter zahlreichen anderen, welches der in seiner – jeweils vorgefundenen – Umwelt agierende Mensch hervorbringt und mit dem er diese Umwelt, im Unterschied zu anderen Spezies, gravierend verändert. Architektur sticht auch insofern hervor, als ihre Produktion und Instandhaltung einen weitaus höheren Anteil an Energieressourcen und Bodenschätzen verbraucht als jedes andere Produkt.

Nun ist das Verhältnis Mensch-Umwelt-Mensch nicht gerade eines, das sich umstandslos erschließen ließe. Vielmehr bedarf seine Analyse eines theoretischen Instrumentariums, das die Dialektik dieser Beziehung erfasst. Vereinfachend kann diese Dialektik als Spannungsverhältnis zwischen zwei Polen charakterisiert werden. Einen Pol bildet der gewordene (Phylogenese), werdende (Ontogenese) und gesellschaftliche Mensch, der in seiner tätigen und aneignenden Auseinandersetzung mit seiner Umwelt diese verändert. Den anderen bildet sowohl die sich natürlich verändernde als auch vom Menschen veränderte Umwelt, die auf ihn in vielfältiger Weise zurückwirkt. Hieraus entsteht ein Wechselwirkungsgeflecht, das – in einer ersten Annäherung – als dynamisch beschrieben werden kann.

Bezüglich der Architektur bedeutet dies, dass der baulich gestaltende Mensch in vielfältiger Weise mit seinen Erzeugnissen/Produkten interagiert. Er fertigt sich seine eigene Welt und verändert damit nicht nur seine natürliche Umwelt, sondern auch sich selbst, sein soziales Gefüge, seine Begrifflichkeit, sein Denken. Er schafft Bedeutung und findet Bedeutung, und beides kreiert neue Denk- und Verhaltensweisen.

2 Ein Forschungsgebiet entsteht

Architektur. Sie beherbergt unsere Tätigkeiten. Sie ist Dynamo und zugleich Abbild unserer Kultur. Sie dirigiert unsere Wege, verstellt den Blick und schafft neue Ausblicke, färbt unsere Stimmung ein, raubt und schafft Bezüge, kanalisiert Töne, beeindruckt und bedrückt, nimmt und filtert Tageslicht, schafft Tätigkeits- und Möglichkeitsräume, grenzt ein und aus, schützt und liefert aus. Und vieles mehr.

Die Stellung, die die baulich errichtete Umwelt in unsrem Leben einnimmt, ist so überragend in ihrer Funktionalität wie sie vielfältig ist in ihren Auswirkungen. Und sie ist selbstverständlich. So selbstverständlich, dass wir uns – offenbar mühelos – in sie einfügen, klaglos komplizierte kognitive Mappen erstellen, um uns durch sie hindurch zu finden und Vorzüge wie Nachteile meist unhinterfragt hinnehmen. Wie wir Architektur wahrnehmen und was uns davon bewusst wird, hängt wesentlich davon ab, in welchem Verhältnis wir (gerade) zu ihr stehen: Sind wir aktive Gestalter, bloße Nutzer oder kritische Begutachter? Ist unser Blick auf sie interessiert, desinteressiert oder gar abgestumpft?

Fakt ist, dass in der heutigen Zeit die Teilhabe der urban lebenden Menschen am Gestalten ihrer baulichen Umwelt gegen Null tendiert, wenn man einmal vom Einrichten der eigenen Wohnung absieht (bei der Landbevölkerung sind die Chancen geringfügig höher). Selbst Wohnarchitektur liegt heute überwiegend in der Hand von Investoren und Bauunternehmen und es gehört nicht

Abb. 1: Wenn Wohnen zermürbt

zum Auftrag der Ingenieure, Architekten, Konstrukteure und Städteplaner, die zukünftigen Nutzer in die Planung und Gestaltung einzubeziehen. Im Gegenteil: eine solche – als Partizipation bezeichnete – Teilhabe wird selten auch nur in Erwägung gezogen. Einer der Gründe hierfür wird im wachsenden ökonomischen Druck auf die ausübende Profession gesehen (vgl. RAMBOW, 2010, 323).

Dem stehen zahlreiche empirische Studien und Daten gegenüber, die nahelegen, dass eine solche Partizipation zu einer wesentlich höheren Akzeptanz des Produktes führt und dass die sich langfristig daraus ergebenden wirtschaftlichen Vorteile beachtlich sind.

Doch bevor derartige Studien überhaupt durchgeführt wurden, bedurfte es einiger Impulse. Die Baudesaster der 50er bis 70er Jahre des vorigen Jahrhunderts gehörten dazu.

In jenen Jahren boomte der sogenannte soziale Wohnungsbau. In den Ländern des europäischen Westens waren die sozialhierarchischen Strukturen dank einer selbstbewussteren Arbeiterklasse durchlässiger geworden, die Wohnansprüche gestiegen und der Zuzug war hoch. In den USA wiederum war 1954 das Rassentrennungsgesetz für illegal erklärt worden und die nach

Rassen getrennte Zuweisung von Wohnraum fortan verboten. Das jeweilige Konglomerat von raschen Veränderungen bewirkte neuartige Erfordernisse im Wohnungsbau. Doch obwohl Architekten wie Städteplaner es an zeitgemäßem „Goodwill" nicht mangeln ließen, wurde die Kluft zwischen architektonisch Beabsichtigtem und tatsächlich Bewirkten auf zunehmend drastischere Art offensichtlich. Ein Mangel, den es zu beseitigen galt, zumal die Folgekosten erheblich waren.

Um die Situation zu beleuchten und gleichzeitig einen ersten Eindruck von den drängendsten Fragen zu vermitteln, die aus ihr hervorgingen, seien einige Beispiele angeführt.

In St. Louis, einer Großstadt im US-Bundesstaat Missouri, war 1955 eine Wohnanlage namens Pruitt-Igoe mit rund 2800 Wohneinheiten in 33 elfstöckigen Gebäuden fertiggestellt worden. Gefeiert und gerühmt als landesweit herausragendes Projekt des sozialen Wohnungsbaus blieben nichtsdestotrotz von Anfang an Wohnungen leer, und binnen weniger Jahre geriet der gesamte Komplex in eine Abwärtsspirale. Die erste Mietergeneration zog bald wieder aus, die Mieten fielen, noch Bedürftigere zogen nach und Hoffnungslosigkeit, Armut, Kriminalität und Vandalismus zogen ein. Die Situation eskalierte, als die verbliebenen Bewohner begannen, ihre eigenen Wohnungen zu zerstören, um damit ein politisches Signal zu setzen. 1972 wurde die gesamte Wohnanlage abgerissen.

Von ihren Bewohnern war Pruitt-Igoe als monoton und erschlagend beschrieben worden, womit erstmals medienwirksam ein Zusammenhang zwischen Architektur und dem Scheitern von Wohnkultur hergestellt wurde. Doch wiewohl es unrealistisch wäre, allein die Architektur der Anlage für das Desaster verantwortlich zu machen: Pruitt-Igoe gab zu denken.

Eine zweite gigantische Wohnanlage, die es in die Negativschlagzeilen schaffte und dort auch heute gelegentlich noch auftaucht, wurde zwischen 1975 und 1982 südwestlich von Rom erbaut und bildet einen Stadtteil für sich. Die Rede ist von Corviale, einem ein Kilometer langen und zehn Stockwerke hohen Gebäude, das Wohnraum für mindestens 8000 Menschen bieten sollte.

Doch die Absicht des Architekten Mario Fiorentino, dem explodierenden Mietzins in Rom bezahlbaren Wohnraum entgegenzustellen und gleichzeitig eine Wohnlandschaft zu schaffen, die das soziale Miteinander fördert, ging nicht auf. Die Ursachen sind hier so vielschichtig wie in Pruitt-Igoe – so werden neben sozial- und architekturpsychologischen Gründen auch bürokratische Gründe und Missmanagement genannt. Fakt ist jedoch, dass ein Großteil der Bausubstanz heute dem Verfall preisgegeben ist und es nur noch einen geringen Prozentsatz an regulär vermieteten Wohnungen gibt. Und doch ist in Corviale gleichzeitig ein Phänomen eingetreten, das unserer Aufmerksamkeit nicht entgehen sollte. Es ist dies die illegale, aber stillschweigend geduldete Aneignung von Wohnraum – geduldet nicht zuletzt deshalb, weil sie dem Verfall entgegen wirkt. Keinen Vorschriften mehr unterworfen, haben sich die aus aller Herren Länder stammenden „Besetzer" allen miserablen Bedingungen zum Trotz Freiräume und individuell gestaltete Zonen geschaffen, denen ein eigener Charme anhaftet. Sollte sich hier das Desaster in sein Gegenteil verkehren? An anderer Stelle wird noch einmal darauf eingegangen.

Fest steht, dass unzähligen Projekten des sozialen und städtischen Wohnungsbaus ein ähnliches Schicksal beschieden war – und ist. Denn noch immer entstehen vor allem in den Trabantenstädten Wohnsiedlungen in einer Bauweise, die vor allem eines signalisiert: Hier wohnen diejenigen, die auf den dürftigen Inhalt ihres Portemonnaies reduziert werden.

Das Vertrauen in eine Architektur, bei der Ökonomie und Sozialverträglichkeit sozusagen einvernehmlich gedeihen, wurde aufgrund solcher und ähnlicher Fehlentwicklungen (wie z. B. auch im Schul- und Krankenhausbau) zutiefst erschüttert. Denn es stand nun erstmals unübersehbar die These im Raum, dass nicht irgendwelche sozialen Defizite der Bewohner bzw. Nutzer verantwortlich waren für das Scheitern der Anlagen, sondern vor allem die architektonischen.

Worin unterscheidet sich nun solch „verfehlte Architektur" von derjenigen, die von ihren Nutzern als durchaus zufriedenstellend beurteilt wird? Überhaupt: Wie nehmen Bewohner ihre bauliche Umgebung wahr, wie erleben sie die architektonischen Vorgaben? Und welche subtilen Eigenschaften könnten dabei eine Rolle spielen – wie etwa Farben, Baumaterialien, Gestaltungselemente und Kontrollmöglichkeiten – oder weniger subtile wie Positionierung der Gebäude und Wege, Reichweite des Blicks, Kinderfreundlichkeit und Begegnungsräume? Überhaupt: Kann Architektur tatsächlich Verhalten beeinflussen und darüber für ein „besseres" Miteinander sorgen?

Das Interesse an solchen Fragen war durchaus auch ein (volks-)wirtschaftliches. Denn wenn gebaute Umwelt sich tatsächlich so gravierend auf seine Nutzer auswirkt, wie es die damals initiierten Erhebungen und Schlussfolgerungen nahelegten: war es da nicht von höchstem Interesse, ob sich mit einer „besse-

Abb. 2: Wenn Wohnen entfremdet

Abb. 3: Wenn Wohnen ein Ort des guten Lebens ist

ren Architektur" auch eine höhere Effizienz und Produktivität am Arbeitsplatz, eine schnellere Gesundung in Krankenhäusern, eine höhere Lernbereitschaft in Schulen, ein friedlicheres Miteinander in Kindergärten und ein größerer Umsatz in Läden erreichen ließ?

3 Architektur wahrnehmen, erleben und sich darin verhalten

Ein neues Forschungsgebiet entsteht dann, wenn ein Defizit, das es zu beheben gilt, in den bereits existierenden Theorien beziehungsweise im praktischen Umgang mit einer Sache ersichtlich wird. Das Herauskristallisieren von Fragestellungen, die den Mangel auf den Punkt zu bringen suchen, ist dabei die treibende Kraft. Um nun diese neuen Fragen zu beantworten, wird in der Regel sowohl auf ein bereits existierendes begrifflich-methodisches Instrumentarium zurückgegriffen – welches zumeist im Zuge der Theorienbildung dann erweitert oder verändert wird – wie auch auf relevante Erfahrungen, empirische Studien und mathematische Verfahren.

Nicht anders war (und ist) es in der Architekturpsychologie.

3.1 Wahrnehmungspsychologie

Als das Defizit erkannt wurde, spielte in einer Reihe von wissenschaftlichen Disziplinen die Architektur bereits eine Rolle, allerdings nur latent und ohne ihr einen eigenen Forschungsstatus eingeräumt zu haben. Als erstes sei hier die Wahrnehmungspsychologie genannt, die sich bereits damit befasst hatte, wie sich Gebäude und Baustrukturen auf den Betrachter auswirken und welche Gesetzmäßigkeiten sich daraus ableiten lassen.

Letzteres ist insofern wichtig, als Untersuchungsergebnisse, wenn sie von praktischer Relevanz sein sollen, eine gewisse Vorhersagbarkeit ermöglichen bzw. absehbare Vorteile (hier Planungs- und Nutzervorteile) bei ihrer Berücksichtigung liefern müssen.

Dass die visuelle Wahrnehmung Gesetzmäßigkeiten unterliegt, lässt sich anschaulich an optischen Täuschungen nachweisen, denen wir alle unterschiedslos erliegen. Doch lassen sich derartige Gesetzmäßigkeiten auch für das Betrachten von Symmetrie aufstellen? Oder für die Art, wie wir einzelne Elemente zu Bedeutungsgestalten zusammenfügen? Wie sich unsere Tiefenwahrnehmung vorarbeitet, oder wie wir aus zufälligen Elementen und Linien Konturen schaffen? – Dem ist so, und zwar größtenteils über individuelle und kulturelle Unterschiede hinweg (empfehlenswert hierzu: RICHTER, 2004, 71–91, der architekturrelevanten Wahrnehmungsgesetzen ein ganzes Kapitel widmet).

Die Erforschung von Wahrnehmung außerhalb des Labors hat sich der Wahrnehmungspsychologe James G. Gibson zur Aufgabe gemacht. Er bezieht überdies eine erkenntnistheoretische Position, die seinem Ansatz eine erfrischende Relevanz verleiht. Ihm geht es um die Kompetenz, mit der die Informationen über die Oberflächen, die unsere Umwelt liefert, von uns visuell wahrgenommen werden. Der physische Gegenstand bzw. die materielle Umwelt liefert die Informationen, die der wahrnehmende Mensch auf seine funktionale Nützlichkeit hin betrachtet. „Die Wahrnehmung an sich gestaltet sich als ein aktiver sensorischer und motorischer Suchprozess nach verhaltensrelevanten Informationen, welcher selbst wieder durch eben diese Umweltinformationen geleitet wird“ (RICHTER, 2004, 62; nach HEINE & GUSKI, 1994).

Dieser aktive Prozess der Auseinandersetzung mit der materiellen Umwelt spielt eine entscheidende Rolle in der kognitiven Entwicklung des Menschen und wird noch mehrfach in dieser Abhandlung eine Rolle spielen.

3.2 Gestaltpsychologie

Weiterhin hatten sich in der Mitte des vorigen Jahrhunderts insbesondere die Gestaltpsychologen Rudolf Arnheim, Kurt Koffka, Kurt Lewin und Max Wertheimer architekturrelevanter Fragestellungen angenommen. Einen wesentlichen Ansatz darin bildete vor allem eine Forschungstheorie, die als erste erlaubte, Mensch-Umwelt-Einheiten zu studieren und daher auch als „Ökologische Psychologie“ bezeichnet wurde. Begründet wurde sie von Kurt Lewin.

Lewin ging davon aus, dass jeder Moment, den ein Individuum durchlebt, von einer Reihe von Faktoren bestimmt ist, die sein psychologisches Bezugssystem ausmachen. Hierzu gehören sowohl die äußeren Umstände als auch die

Wahrnehmung/Befindlichkeit des Individuums. Verändert sich irgendein Teil dieses Systems, so verändern sich auch alle anderen Teile.

Interessant für die Architekturpsychologie ist hierbei vor allem das Spannungsverhältnis, das Lewin zwischen dem sich zielgerichtet verhaltenden Individuum und seiner mit Aufforderungscharakteristika behafteten Umwelt erkennt. Um die wechselseitigen Abhängigkeiten und Bezugsmomente topologisch darzustellen, sie mathematisch zu erfassen und Vorhersagbarkeit zu ermöglichen, benutzt er physikalische Begriffe wie „Feld“ und „Kraft“. Für Lewin ist die Realität jenseits des Betrachters allerdings nur insofern von Bedeutung, als sie subjektiv gedeutet wird.

3.3 Das Behavior-Setting-Konzept

Ein weiterer wichtiger und sich für die architekturpsychologische Forschung als produktiv erweisender Ansatz ist das Behavior-Setting-Konzept, das von Roger G. Barker, einem Schüler Lewins, entwickelt wurde. Barker hat die Herangehensweise der ökologischen Biologie, die aus Beobachtung, Beschreibung und Analyse besteht, auf das Verhalten von Menschen übertragen. Seine Feldstudien erbrachten, dass sich in der Reaktion auf bestimmte Kontexte Gesetzmäßigkeiten adäquat aufzeigen und entschlüsseln lassen. Architekturpsychologisch angewandt, wurden sie zu einem wichtigen Instrument der methodischen Datenerhebung und Sichtbarmachung des Ist-Zustands einer Gemeinschaft in ihrer baulichen Umgebung. In umfangreichen Fallstudien ließ sich die Beziehung zwischen Mensch und baulicher Umwelt nun ermitteln und darstellen, und die darin ablaufenden Verhaltensmuster konnten offengelegt werden.

3.4 Die Mensch-Umwelt-Regulation nach Lang

Und doch fehlte es dem ganzheitlichen Begreifen des Mensch-Umwelt-Verhältnisses noch an einer weiteren Ebene, die – zumindest explizit – bis dahin noch nicht erfasst worden war. Einen beträchtlichen Beitrag zum Beheben dieses Mangels erbrachte Alfred Lang, ein Schweizer Psychologe (vgl. RICHTER, 2004, 49–51). Lang bezog sich ebenfalls auf Kurt Lewin, erkannte aber, dass der denkende und handelnde Mensch nicht nur mit seiner Umwelt interagiert, sondern sich diese auch aneignet. Das heißt, dass er mittels seiner Tätigkeit (hier

Abb. 4: Wenn Wohnen sinnlich ist

die bauliche Gestaltung) zugleich Bedeutungsinhalte schafft, die als materialisiertes bzw. vergegenständlichtes kulturelles Gedächtnis fungieren. Oder anders ausgedrückt: Architektur ist Sprache, indem Materialien, Form, Struktur und Ausmaße eines Gebäudes dem Betrachter etwas „sagen" und damit auf Bedeutungen verweisen, die über das materielle Produkt hinausweisen.

3.5 Die Rolle der Architektur in der kindlichen Entwicklung

Die ersten Sinneswahrnehmungen des Neugeborenen setzen sich mit den es direkt umgebenden Strukturen auseinander, und in aller Regel sind dies heutzutage Räume. So verwundert es nicht, dass die autobiographisch dargestellten frühkindlichen Sinneseindrücke zumeist mit der erkundenden Wahrnehmung beginnen, mit der Erkundung von Linien und Ecken, von Treppen, Öffnungen und Übergängen, vom Spiel des Lichtes und der Farben, von den Gerüchen und Geräuschen, die Räume durchdringen, von Tapeten, Möbeln und Fußböden und davon, wie es sich anfühlt, wenn Hand und Fuß sie berühren. Räume und die Menschen darin bilden den noch unverbrüchlichen Kontext, in dem emotionale Sicherheit und sinnliche Intelligenz gedeihen können – und dies auch tun, wenn die Lebensbedingungen nicht desolat (wie etwa bei Flucht), die Räume nicht karg, lebensfeindlich und naturfern und die Bezugspersonen zuverlässig und liebevoll sind.

Das Kleinkind eignet sich seine Umwelt an, indem es deren Wirkungen an und in seinem Körper wahrnimmt und sich Schritt für Schritt neue Erfahrungsbereiche erschließt (vgl. SCHÄFER, 2001). In dieser intensiven Körper-Welt-Verbindung fallen Emotion und Kognition noch überwiegend zusammen. Das Kind lernt erst im Laufe der Zeit zu differenzieren und erschließt sich damit den Zugang zu reflexivem und abstraktem Denken. Vieles weist indessen darauf hin, dass die Emotion-Kognition-Verbindung sich nie vollständig löst und es eine Intelligenz ohne Beteiligung der Emotionen nicht gibt (vgl. PIAGET, 1995), oder anders gesagt: dass Emotionen „die Fäden (sind), die das mentale Geschehen zusammenhalten“ (VAAS, R., o. J.).

Für den erwachsenen Menschen bedeutet dies, dass er erst im Zusammenspiel von Denken, Handeln, Imaginieren, Fühlen und emotionalem Bewerten (vgl. SCHÄFER, 2001) sein mentales Potential ausschöpfen kann. Wird er hierin beschnitten, wie dies im Umgang mit der baulichen Umwelt vielleicht sogar noch augenfälliger ist als in anderen Unterordnungsprozessen, die Staat und Arbeitsprozesse abverlangen, wird er also darin behindert, seinen Imaginationen, Gefühlen und Bedürfnissen gestalterisch-aneignenden Ausdruck zu verleihen, folgt dem objektiven Kontrollverlust der subjektive und es kommt zur Entfremdung. Vandalismus oder – als Ausdruck der absoluten Hilflosigkeit – Verwahrlosung sind die nachvollziehbaren Konsequenzen (vgl. WALDEN, 2008), wie oben am Beispiel von Pruitt-Igoe aufgezeigt. Treten diese Beschneidungen außer Kraft und erhalten Menschen die Möglichkeit zurück, aktiv zu gestalten, tritt ein, was bei Corviale der Fall ist: die kreative Rückeroberung von Raum. Wenn Kindern Baumaterialien zur Verfügung gestellt werden und ihnen die Möglichkeit gegeben wird, sich ein „Dach überm Kopf" zu zimmern, dann setzt in der Regel ein ungeheuer lustvoll-kreativer Prozess ein. „Kinder sind die wahren Baumeister" ist ein unter Eltern beliebter Spruch. Und gemeint ist damit der unverstellte Blick auf das Verfertigen von baulichen Konstruktionen und die Kreativität der Kinder.

In diesem Zusammenhang sei auch noch auf die vielfach nachgewiesenen Unterschiede zwischen Architekten und Laien in der Beurteilung von Architektur hingewiesen (vgl. PURCELL & NASAR, 1992, 199–211; HUBBARD, 1996, 75–92; RAMBOW, 2000, 330–331; Richter, 2013) und auf die starke Veränderung der Wahrnehmung baulich gestalteter Umwelt während des Architekturstudiums (vgl. WILSON, 1996, 33–44). Unterschiedliches Vorwissen und unterschiedliche Wahrnehmungskompetenz in einem alles in allem komplexen Vorgang werden hierzu als Begründung angeboten (vgl. RAMBOW, 2010, 322). Eine Begründung der anderen Art wäre folgende: Mit der Professionalisierung der Architektur wurde zunehmend abstrahiert von all dem, was vordem eine Rolle spielte: individuelle Bedürfnisse (Schutz, Privatheit, Orientierung, Vertrautheit, Entfaltungsfreiheit, Natur), Nachbarschaft und soziale Gemeinschaft, lokal vorhandene Materialien, lokal-ästhetische Kriterien.

Im Architekturstudium müssen die während der sinnlichen Wahrnehmungsphase erfahrenen Eindrücke ad acta gelegt werden und sich einer anempfohlenen ästhetischen und funktionalen Wahrnehmung unterordnen. Bedrängt von einer unaufhaltsamen Beschleunigung der Bau- und Planungsprozesse, von technischer Innovation und Erfolgsdruck bleibt das wohltuende Bauen mit und für die Menschen auf der Strecke.

3.6 Die Rolle der Architektur in der Menschwerdung

Eine fünfte, bisher wenig beachtete Ebene im Verstehen der Mensch-Architektur-Beziehung ist die Bedeutung, die das Schaffen von gebauter Umwelt für die kognitive Entwicklung in der Menschwerdung hatte. Ihre Darstellung wird mehr Raum in Anspruch nehmen als die vorhergehenden Unterkapitel, da es keine explizite Literatur dazu gibt, auf die sich verweisen ließe.

Die kognitiven Fähigkeiten des heutigen Menschen sind das Resultat von mindestens drei Millionen von Jahren der tätigen Auseinandersetzung mit einer widerständigen Natur.

Vor der Epoche der eigentlichen Werkzeugherstellung wurde im Umgang mit vorgefundenen Materialien – wie etwa dem Zerschlagen eines Knochens, um einen scharfen Gegenstand zu gewinnen – die Rückkoppelung zwischen Tätigkeit und erzielter Wirkung lange Zeit lediglich zunehmend verfeinert. Versuch und Irrtum standen noch im Vordergrund, doch die Gebrauchswerteigenschaften eines bearbeiteten Dinges schälten sich schließlich doch sukzessive heraus. Durch Steuerung und Kontrolle der Tätigkeit in Richtung eines angestrebten Zieles gelang es dann schließlich, die spätere Funktion eines Gegenstandes mental vorwegzunehmen. Erst jetzt konnte die Bearbeitung eines Materials so vorgenommen werden, dass eine bleibende Verwendbarkeit des Gegenstandes entstand. Man könnte auch sagen: das Ding erhielt einen Gebrauchswert.

Stellen wir uns kurz eine Urahnin bei der Bearbeitung eines Steines vor. Sie will daraus einen Faustkeil machen, ein ungefähres Modell dazu hat sie im Kopf. Der Faustkeil soll einem verallgemeinerten Zweck dienen: man kann vieles damit machen, und genau das will sie auch. Mit anderen Worten: In dem späteren Werkzeug ist dessen potenzieller und verallgemeinerter Verwendungszweck enthalten. Jetzt erst ist der Faustkeil reproduzierbar. Unsere Ahnin, aber auch andere können diese Art von Faustkeil immer wieder herstellen (zumindest, so lange sich geeignetes Material dafür finden lässt).

Während unser Urahnin also den Faustkeil herstellt, hat sie es mit der Widerständigkeit des Materials zu tun. Das Ergebnis ihrer Arbeit ist das, was wir heute unter einem Unikat verstehen. Sie wird es immer wieder als das von ihr Hergestellte erkennen. Sie wird sich erinnern, wie ihr an der einen oder anderen Stelle der Gegenstand, mit dem sie den Faustkeil bearbeitete, abgerutscht ist, oder wie sie trotz des einsetzenden Frostes weiter an seiner Verfeinerung arbeitete. Sie kann auf den Faustkeil verweisen und der Faustkeil verweist auf sie.

Man könnte auch sagen: Die Herstellerin des Faustkeils findet sich in ihrem Produkt wieder. Dies ist die erste Form der Aneignung. Ihre wichtigsten Voraussetzungen sind die tätige Auseinandersetzung und das Sich-Wiederfinden in dem Hergestellten.

Die Verbindung zwischen dem mentalen Entwurf des Faustkeils, dem Herstellungsprozess und dem fertigen Produkt umfasst als Ganzes die kreative

Persönlichkeit der Urahnin – sie hat sich in dem Produkt vergegenständlicht. Dies ermöglichte eine Art der Selbstreflexion, die es bis dahin nicht gegeben hatte, und es kann davon ausgegangen werden, dass das Bewusstsein seiner selbst, wie wir es heute kennen, damals erste Formen anzunehmen begann.

Das ist das eine. Aber es gibt noch eine weitere Seite dieses Prozesses, die wir uns nicht entgehen lassen dürfen. Mit dem Gebrauchswert des Faustkeils gewinnt dieser auch eine Bedeutung. Und zwar eine hergestellte Bedeutung. Die unterscheidet sich mächtig von der eines zufällig gefundenen, zwar brauchbaren, aber völlig unbearbeiteten Steines. Denn zum einen hatte unsere Urahnin, wie gesagt, zuvor ein Modell dessen im Kopf, was sie herstellen wollte, zum anderen haben sich aber auch ihre ganz spezifischen Eigenarten in ihrer Tätigkeit sozusagen entäußert.

Dieser Prozess des Schaffens gegenständlicher Bedeutungen ist – wie es aussieht – ein rein menschlicher Zug. Er ist die Voraussetzung für die Entstehung von Bewusstsein, von Sprache, von Kultur und Gesellschaft.

Und er ist selbstverständlich die Voraussetzung für Architektur.

Um uns dies zu vergegenwärtigen, bedarf es eines weiteren Ausflugs in die Vergangenheit. Die Funde der bisher ältesten Strohhütten weisen ein Alter von 400.000 Jahren auf; sie wurden also errichtet, als der Homo sapiens noch lange nicht in Sicht war (vgl. GEO kompakt Nr. 13) und das kognitive Leistungsvermögen jener Hominiden noch um einiges unter seinem lag. Und doch: Als jene Strohhäuser errichtet wurden, da wurde ganz klar ihr verallgemeinerter Zweck – nämlich Schutz vor den Witterungen, vor Tieren und Feinden – mental vorweggenommen. Mehr noch: unsre Vorfahren müssen bereits in der Lage gewesen sein, eine Vorstellung von dem zu haben, was sie bauen wollten – also, nicht nur, wozu es dienen sollte, sondern auch, wie es ungefähr aussehen sollte. Damit trifft all das zu, was bereits über die Werkzeugherstellung gesagt wurde: der vorweggenommene verallgemeinerte Verwendungszweck, die Vergegenständlichung einer Vorstellung, das Sich-wieder-finden im Produkt, die Aneignung.

Mit der mentalen Vorwegnahme des fertigen Baus wurde es dann erstmals auch möglich, Bedeutungen in ihm zu realisieren, beginnend mit zunächst einfachen wie die religiösen Inhalts (etwa Opferstätten) bis hin zu solchen machtpolitischen Inhalts (Paläste, Banktürme etc.).

Aus dem Dargestellten lässt sich auch schließen, dass das Schaffen von Din-

Abb. 5: Wenn individuelle Kreativität, lokale Gegebenheiten und wenige Materialien sich zu einem harmonischen Ganzen zusammenfügen

gen – und dazu gehören nun auch mal Gebäude – dermaßen verquickt ist mit der Entwicklung unserer kognitiven Fähigkeiten, dass beides schlicht nicht voneinander zu trennen ist. Erst „den Menschen" verstehen zu wollen und dann seine Produkte, ist also ein Irrweg. Sie können nur zusammen betrachtet verstanden werden.

Es lässt sich damit auch feststellen, dass jeder von uns die phylogenetisch erworbenen kognitiven Voraussetzungen und die Fingerfertigkeit hat, Werkzeuge herzustellen und Unterkünfte zu bauen – unsre Kinder zeigen uns dies, wie bereits angedeutet, auf oft beeindruckende Weise!

Diese „natürliche Ausstattung" führt zu dem wohlbekannten Phänomen des sogenannten Laienwissens, das vom Anspruch auf eine eigene Urteilsbildung über Architektur bis hin zum selbständigen Entwurf beziehungsweise seiner Ausführung reicht. Davon Gebrauch zu machen in einem Sinne, der über das Einrichten der bewohnten Räumlichkeiten hinausginge, ist jedoch den meisten verwehrt. Es ist ihnen damit auch verwehrt, sich Umwelt anzueignen, seine Vorstellungen von Wohn- und Arbeitsumwelt zu vergegenständlichen und sich damit ein subjektives Bedeutungsumfeld zu schaffen. Der Bezug zur geschaffenen Umwelt wird damit ein gestörter, der sich im Extremfall in Vandalismus und Zerstörung – wie oben bereits beschrieben – äußert.

Die Ursachen für die Entmündigung des zum Laien degradierten Menschen mit seinen individuellen Wohnbedürfnissen und Anliegen an seine gebaute Umwelt dürften also wohl kaum darin liegen, dass er von der Sache nichts verstehe und überdies ästhetisch ungebildet sei.

3.7 Systemisch-ökonomische Bedingungen und ihre Auswirkung auf die Architektur

Die Geschichte der Arbeitsteilung reicht mindestens bis in die Zeit der ersten umfangreichen Siedlungen zurück. Anhand dessen, was sich den Ruinen von Uruk (5000 v. Chr.–300 n. Chr.) im südlichen Babylonien entnehmen lässt, hatte sich dort bereits eine differenzierte Arbeitsteilung in Form von Töpfern, Schmieden, Gerben, Nähen, Weben, Maurern, aber auch Schreiben, Verwalten, Buchführen etc. herausgebildet.

Dass damals jeder noch mehrere der handwerklichen Fertigkeiten beherrscht haben dürfte, darauf weisen ebenfalls viele Funde hin. Und dabei wäre es wohl auch geblieben, hätten sich mit den neuen Möglichkeiten nicht auch gleichzeitig neue Herrschaftsformen herausgebildet. 2800 v. Chr. gab es bereits sechs sumerische Stadtstaaten, deren bis zu 50.000 Bewohner – darunter etliche Sklaven – sich einer hierarchischen Gliederung fügen mussten. Die Bedingungen, unter denen produziert wurde, veränderten sich damit gravierend. Im Stadtbild imponierten bald nicht mehr nur Tempelanlagen, sondern auch Herrscherpaläste, die von Planern entworfen und von Sklaven und Arbeitsvolk errichtet worden waren. Nicht viel anders verhielt es sich in Ägypten, Assyrien, Altpersien und den Städten späterer Reiche.

Im Feudalismus schließlich waren es die in Abhängigkeit zu ihrem jeweiligen Grundherrn stehenden besitzlosen Kleinbauern, die die Arbeiten zu verrichten hatten – von der Versorgung mit Gütern bis hin zum Bau von Burgen und Kirchen.

Am Ende dieser Entwicklung stand die Industrialisierung mit der Herausbildung unserer heutigen Produktions- und Gesellschaftsform, dem Kapitalismus. In ihm sind Baumaterialien zu Waren geworden, bestimmen Vorfertigung und Massenproduktion die Baukultur, wird das Bauen von Dritten mit

Abb. 6/7: Wenn Architektur auf dem Markt der Eitelkeiten und des Kapitals hausieren geht

nutzerfremden Interessen ausgeführt und sind die Arbeitsprozesse dem Markt und seinen Preisen unterworfen. So entstehen nahezu hundert Prozent der Gebäude, die um uns gebaut werden, nach weder nachvollziehbaren, einsichtigen Kriterien noch im Austausch mit denjenigen, die mit ihnen fortan täglich konfrontiert sind.

Dass nicht das Gemeinwohl das Ziel der heutigen Architektur ist, sondern dass sich diese stets dem Diktum kapitalistischen Marktwirtschaftens zu unterwerfen hat, ist sicherlich keine neue Erkenntnis. Diese Tatsache stets mitzudenken ist jedoch eine notwendige Übung, will man verstehen, weshalb die dringend erforderliche Abkehr von einer das Gemeinwohl, das individuelle Wohl und die Natur missachtenden Architektur so wenig gelingt.

4 Schlusswort

Was ist gute Architektur?

Es ist das Erkennen und Erfühlen dessen, was ein bestimmter Ort zu einem bestimmten Zeitpunkt und unter bestimmten Bedingungen sinnlich auslöst, um dort das zu schaffen, was insgesamt gut tut (nach Christopher Alexander). Also auch der Natur, der Landschaft, dem sozialen Umfeld. Die Architekturpsychologie setzt sich genau dafür ein; sie ist ein wesentlicher Bestandteil der integralen Architektur.

Literatur

GEO KOMPAKT Nr. 13 (12/07): Die Steinzeit. http://www.geo.de/magazine/geo-kompakt/13574-geo-kompakt-nr-13-12-07-die-steinzeit.

HUBBARD, P. (1996): Conflicting Interpretations of Architecture: An empirical investigation. Journal of Environmental Psychology.

PIAGET, J. (1995): Intelligenz und Affektivität in der Entwicklung des Kindes. Ein Schlüssel zum Verständnis menschlichen Verhaltens. Leber, A. (Hrsg.), Frankfurt am Main: Suhrkamp Verlag.

PURCELL, A. T. & NASAR, J. L. (1992): Experiencing other Peoples' Houses: A model of similarities and differences in environmental experience. Journal of Environmental Experience.

RAMBOW, R. (2010): Architektur und Psychologie. In: Sonderdruck aus Enzyklopädie der Psychologie, Band 2, Spezifische Umwelten und umweltbezogenes Handeln. Göttingen, Bern, Toronto, Seattle: Hogrefe.

RICHTER, P. G. (2004): Architekturpsychologe: Eine Einführung. Lengerich: Pabst Science Publishers.

RICHTER, P. G. (2013): Architekturpsychologie – Zur subjektiven Bewertung von Gebäuden und Baumaterialien. Vortrag, TU Dortmund (44 Seiten inklusive Anhang). http://www.architekturpsychologie-dresden.de/ddarbeiten.html

SCHÄFER, G. E. (2001): Prozesse frühkindlicher Entwicklung. http://www.uni-koeln.de/ew-fak/Allg_paeda/fkf/texte/

VAAS, R. (o.J.): Lexikon der Neurowissenschaft – Emotionen. http://www.spektrum.de/lexikon/neurowissenschaft/emotionen/3405

WALDEN, R. (2008): Architekturpsychologie: Schule, Hochschule und Bürogebäude der Zukunft. Lengerich: Pabst Science Publishers.

WILSON, M. A. (1996): The Socialization of Architectural Preference. Journal of Environmental Psychology, 16

Bildnachweise

Abb. 1-3: Claudia Nelgen
Abb. 4: Kai Fürntratt
Abb. 5-7: Claudia Nelgen

Dominique Starck

Geoman-Music

Ein integraler Ansatz zur Harmonisierung
der Mensch-Raum-Beziehung

1 Einleitung

Das Universum und natürlich auch wir Menschen bestehen aus unendlich vielen Schwingungs- und Resonanzfeldern. Nicht nur Klangkörper schwingen, sondern jeder materielle Körper vom Planeten bis zum Atom und seinen Bestandteilen – auch unser menschlicher Körper schwingt bis in seine kleinsten Bauteile. Bach und Mozart bringen uns in Schwingung, aber auch Werke von Monet, Moore oder Calatrava schwingen und treffen in uns auf Resonanzen. Resonanzfelder können immer aufbauend und abbauend auf uns wirken.

Wir entwickeln uns durch Beziehungen (im weitesten Sinne), durch Interaktion in Resonanzfeldern und deren Wechselwirkungen, während wir immer auch die Wahl haben, ob wir die uns zur Verfügung stehenden Kräfte zu unserem Wohl und zum Wohl der Gemeinschaft nutzen wollen oder entgegengesetzt.

Leben bzw. Lebensenergie (Chi oder Prana) können wir in zwei Phänomenen erleben, einerseits als etwas Fließendes (vergleichbar einem elektrischen Strom) und andererseits als etwas Pulsierendes mit einer Polarität ähnlich der des Magnetismus. Unser körperliches Kreislaufsystem ist ein anschauliches Beispiel dafür, wie Lebensenergie erfahrbar ist (Herzpuls-Blutkreislauf). Auch die Musik, die aus Klang und Rhythmus besteht, ist ein erfahrbares Beispiel mit einem fließenden und pulsierenden Aspekt gerade an der Grenze von stofflicher und feinstofflicher Ebene. Der Puls und der Rhythmus in der Musik sind die Triebkraft, die durch Klänge entstehende Harmonie ist die verbindende Kraft und die Melodie die Ausdruckskraft der sich im Fluss befindenden Klänge. Diese drei Kräfte sind geomantisch und therapeutisch wirksam. Die Musik begleitet die Menschheit wohl seit ihren Anfängen. Die individuell und kollektiv entstehenden Muster sind unendlich und bieten grenzenlose Möglichkeiten der Kommunikation, Identifikation und Heilung.

Landschaften, Berge, Täler und Gewässer mit all ihren Elementen, ihrer Flora und Fauna prägen die Wesen und die Persönlichkeiten der jeweiligen BewohnerInnen. Die Behausungen, Objekte, Kleider, Schmuck, Sprache, Geräusche und Klänge widerspiegeln, korrespondieren und kontrastieren mit der Umgebung auf harmonische oder dissonante Weise. Im besten Fall entsteht ein geomantischer Raum, dessen Muster die Grundlagen für körperliche, geistige und seelische Entwicklung bieten.

Heute gibt es allenfalls noch unberührte Stämme in Papua-Neuguinea oder im Amazonasbecken, wo ein solcher natürlicher geomantischer Raum lebendig ist. Bis zu den Entdeckungsreisen europäischen Seefahrer gab es auf allen Kontinenten Menschen, die in natürlicher geomantischer Weise lebten. Die Song-Lines der Aborigines sind ein klang-geomantisches Phänomen, mit dem bis heute Territorien, Kommunikation und Orientierung mittels bestimmter Melodien und Rhythmen erwirkt werden. Ähnliche Beispiele finden sich bei Native-Americans, bei eurasischen und afrikanischen Stämmen.

Unsere heutige Zivilisation widerspiegelt einen erkrankten, angegriffenen geomantischen Raum, den es zurück in seine Harmonie zu führen gilt, auch wenn das in der heutigen Zeit nur partiell möglich ist. An der Musik lässt sich dies gut veranschaulichen.

Nicht nur die Art der Musik, die auf uns bewusst oder unbewusst wirkt, hat sich in den letzten 150 Jahren stark verändert, sondern auch der ihr zugrundeliegende Referenzton (der sogenannte Kammerton). Der heutige Kammerton A = 440 Hz stimmt nicht mehr überein mit Frequenzen, die in der Natur und im Kosmos verankert sind, mit denen wir aber ununterbrochen auf natürliche Weise mitschwingen – wären wir denn in einsamer Natur. Der Kammerton wurde in den letzten 100 Jahren aus Unwissenheit, Intuitionsverlust und dem Vergessen der Übereinstimmung der Musik mit Makro- und Mikrokosmos immer weiter nach oben transponiert. Der Klang der Instrumente wurde dadurch wohl brillanter, es verminderte sich aber in der Folge auch die Resonanzfähigkeit mit allen natürlichen Körpern. In Indien erspürt der Berufsmusiker bis heute das richtige SA ohne Hilfe von Stimmgabel oder elektronischer Geräte. Der indische Grundton SA entspricht dem Cis (136 Hz) der alten europäischen Stimmung.

Ausgehend von dem Naturgesetz der Oktavgleichheit (Töne im Abstand einer Oktave besitzen eine identische Teiltonreihe, sind also oktavanalog gleichschwebend) ist es mit Hilfe der Oktavierung möglich, zu jedem regelmäßig wiederkehrenden Ereignis (Schwingung) einen oktavanalogen Ton zu errechnen.

Die Schwingung der Zahl 1 kann (noch) nicht als hörbarer Klang wahrgenommen werden, sondern – im Frequenzmaß Hertz ausgedrückt – nur als ein Pulsieren im Rhythmus von einer Sekunde wahrgenommen werden. Nimmt man die Sekunde selbst als Zeit einer Frequenz, bekommt man genau das C dieser alten Stimmung! Wir können davon ausgehen, dass die Babylonier bei der Festlegung von Sekunden, Minuten und Stunden Zugang zu einem universellen Wissen hatten, das uns verlorenging.

Wenn die Zahl 1 mit dem physikalischen Gesetz der Oktavierung (Verdoppelung) erhöht wird, gleitet diese 1 sehr schnell in den hörbaren Bereich des menschlichen Ohres:

1 + 1 = 2, 2 + 2 = 4, 4 + 4 = 8, 8 + 8 = 16, 16 + 16 = 32,

Die Frequenz 32 ist ein sehr tiefes C und entspricht in ihrer Essenz immer noch der Zahl 1, nur dass diese Essenz jetzt mit den Ohren gehört wird.

Octavus sanctos omnes docet esse beatos.
Die Oktave lehrt die Heiligen, glückselig zu sein.
L'Octave enseigne la félicité aux Saints.

(L'abbaye de Cluny, France)

Alle weiteren Töne, die nun in der Natur eines Klanges erscheinen, sind ganzzahlige Brüche der Zahl 1 bzw. der Frequenz 32 Hz:

1 : 2 C 64 Hz
2 : 3 G 96 Hz
3 : 4 C 128 Hz
4 : 5 E 162 Hz
5 : 6 G 192 Hz
6 : 7 B 228 Hz
usw.

Die sogenannte kosmische Oktave basiert auf dem physikalischen Prinzip der Oktavierung. Ab den 1970er Jahren erforschte der Schweizer Mathematiker Hans Cousto das harmonikale Gesetz von Frequenzverdoppelung bzw. Frequenzhalbierung (Oktavierung) auch über den Hörbereich hinaus. So entstand die Möglichkeit, Planetenrotationen und Molekülschwingungen oktavanalogen Tönen und Rhythmen zuzuordnen.

Die „Planetentöne" oder die „Harmonikalen Kammertöne" wurden auch unter dem Namen „Ur-Töne" durch die Arbeit des Musikjournalisten Prof. h. c. Joachim-Ernst Berendt bekannt.

Die Idee von harmonikalen Strukturen im Kosmos geht aber – abgesichert – bis auf Pythagoras zurück. Im 17. Jahrhundert finden wir sie wieder bei Johannes Kepler und in der Neuzeit bei Hans Kayser, Rudolf Steiner, G. I. Gurdjieff, Rudolf Haase und anderen Forschern.

Der Mensch hört von 20 Hz (20 Schwingungen pro Sekunde) bis ca. 16000 Hz, 20 Hz entsprechen dem tiefsten Basston, der gerade noch hörbar ist. 16000 Hz entsprechen einem ganz hohen Pfeifen. Unterhalb von 20 Hz bricht die kontinuierliche Wahrnehmung von Schwingungen (Ton) in Einzelereignisse (Rhythmus) auf. Und so erhält man durch Frequenzverdopplungen der Grundfrequenz des Jahres eine Rhythmusgeschwindigkeit von 63,8 bpm (Schläge pro Minute, also ca. eine Sekunde).

Da Sehen genauso wie Hören auf dem Wahrnehmen von Schwingungen basiert, nur dass diese Schwingungen ungleich schneller als akustische Signale schwingen, ergibt sich durch weiteres Oktavieren bis in die 74. Oktave eine oktavanaloge Farbe. Die oktavanaloge Farbe zum Erdenjahr ist ein Blaugrün mit 500,837 Nanometer Wellenlänge.

Bei der Molekülvertonung läuft der gleiche Vorgang umgekehrt. Die Spektralanalyse, mit deren Hilfe Moleküle identifiziert werden, liefert genaue Angaben im Farbbereich (Nanometer). Diese Nanometerangaben werden solange herunteroktaviert (durch zwei geteilt), bis wiederum der menschliche Hörbereich erreicht wird. Da akustische Wahrnehmung aufgrund des sogenannten Frequenzfolgeverhaltens unseres Gehirns immer ein Synchronisieren (ein In-Resonanz-Gehen) bedeutet, ist es möglich, durch das Hören oktavanaloger Töne und Rhythmen mit Erscheinungen außerhalb unserer direkten Wahrnehmung mitzuschwingen und uns einzustimmen in universelle Vorgänge.

Die Formel zur Umrechnung beliebiger zyklischer Ereignisse in oktavanaloge Töne und Rhythmen lautet:

$(1 : a) \times 2^n = f$ — *A = Periodendauer in Sekunden*
n = Oktavzahl
f = Frequenz

Hz (Hertz) heißt Schwingung pro Sekunde. Zeit und Schwingung verhalten sich umgekehrt proportional (Kehrwert).

1 : Zeit = Frequenz (Schwingung) 1 : Frequenz = Zeit

Beispiele:

Erdumdrehung Erdentag
24 Stdn. sind 86400 Sekunden
1 : 86400 = 0.000 011 574 074

Abb. 1: Schwingungsmuster 432 Hz

25 mal oktaviert ergibt dies das G 384 Hz der alten Stimmung (A = 432 Hz). Das indische SA oder der sogenannte Ur-Klang „OM" (Grundton der meisten Ragas) entsteht durch die Umlaufbahn der Erde um die Sonne und ist das Cis eben dieser alten Stimmung. Das Cis ist die Mitte der vom Tageston G ausgehenden Tonleiter.

1 x 2 = 2, 2 x 2 = 4, 4 x 2 = 8, 8 x 2 = 16, 16 x 2 = 32, 32 x 2 = 64,
64 x 2 = 128 x 2 = 256
256 Hz = C der alten Stimmung
384 Hz = G der alten Stimmung (Erdentag)
272.2 (136.1) Hz = Cis der alten Stimmung (Erdenjahr)
432 Hz = A der alten Stimmung (Kammerton)

Sonnenwind, der auf das elektromagnetische Feld der Erde trifft, klingt wie ungeordnete formlose polyphone Musik und erinnert etwas an Barockmusik von Bach, Telemann oder Händel. Der Sonnenwind spielt ein polyphones Werk auf diesem Resonanzfeld der Erde, das von der NASA laufend aufgenommen wird und auch schon mittels Oktavierung (Gesetz der Oktavgleichheit) in eine

Abb. 2: Schwingungsmuster 440 Hz

hörbare Ebene transponiert und mit Synthesizers abgespielt wurde. Komponisten hören sehr oft Melodien, Harmonien und Rhythmen aus dem Äther, Wind, Wasser usw. Beim Komponieren helfen dann formende Kräfte, Gehörtes in Strukturen zu verwandeln, die wiederum bestimmten Gesetzmäßigkeiten folgen. Auch die musikalischen Ideen im Kopf entstehen durch Wechselwirkungen.

Rudolf Steiner formulierte es folgendermaßen: „Wir sind nach musikalischen Gesetzen aus dem Kosmos heraus als astrale Wesen geschaffen; wir haben, insofern wir astrale Wesen sind, einen musikalischen Zusammenhang mit dem Kosmos. Wir sind selbst ein Instrument. Der Kosmos spielt mit Hilfe unseres astralen Leibes unser eigenes Wesen" (Steiner, 1981).

Wenn wir einen Ton hören, ist das immer bereits ein Klang (ein Phänomen aus vielen Tönen, sogenannten Ober- und Untertönen). *Einen* Ton gibt es in der Natur nicht, *ein einziger* Ton ist nur künstlich als Sinuston im Labor erzeugbar. Unsere heutige Umwelt wird durchtränkt von chaotischen Schwingungen und Muster, denen eine kosmische Bezugsfrequenz und eine entsprechende ganzzahlige Ordnungsteilung fehlen.

Liegt hier vielleicht der grenzenlose Materialismus und Egoismus begründet, oder sind der Kammerton und die Beziehung zu Musik eben dadurch verändert worden? – Die bekannte Huhn- und Ei-Frage. Früher wurden Bäume gepflanzt, um einer folgenden Generation Schatten zu spenden. Das kennt man heute nur noch als Notfallszenario etwa beim Ozonloch.

Es gibt Hoffnung durch die Menschen, die sich nicht nur sorgen, sondern integral aktiv werden. Integrales Bewusstsein beginnt bei jedem Individuum selbst. Erst aus integralem Bewusstsein kann eine ebensolche Gesellschaft entstehen.

Ein erster Schritt ist, die Räumlichkeiten, in denen man arbeitet und meditiert, leise mit harmonikalen Schwingungen zu versetzen (siehe Angaben am Schluss)

Eine weitere Ebene ist der aktive Schritt, bewusst die 4 Pfeiler und Quadranten des Chakra-Chant-Move zu praktizieren. Chanting lässt sich wunderbar mit Yoga, Qi-Gung und anderen Bewegungspraktiken verbinden. Dazu dient das AQAL, wie es Ken Wilber entwickelt hat. Auf die Chakra-Chant-Move Meditation bezogen ist es der integrale achtfache Weg spiritueller Entwicklung:

AQAL Integraler achtfacher Weg spiritueller Entwicklung (D. Starck)

1 **Meditation/Kontemplation** Studium Chakra (Öffnung) 2 **Schattenarbeit** 3-2-1 Prozess (siehe Wilber: Integrale Lebenspraxis)	3 **Bewegung** (Yoga, Qi-Gong, Sport) 4 **Ernährung**
5 **Atem (Pranayama)** (vielleicht atmen wir gerade von der Luft, die ein Elefant vor einiger Zeit in Afrika ausgeamtet hat) 6 **Chanting, Schwingung, Chakra** (Verbindung)	7 **Moral/Ethik** 8 **Visualisation/Vision** (ohne Vision stirbt das Individuum, stirbt ein Volk)

Die vier Pfeiler des Chakra-Chant-Move

1. Atem 2. Bewegung 3. Chanting 4. Visualization

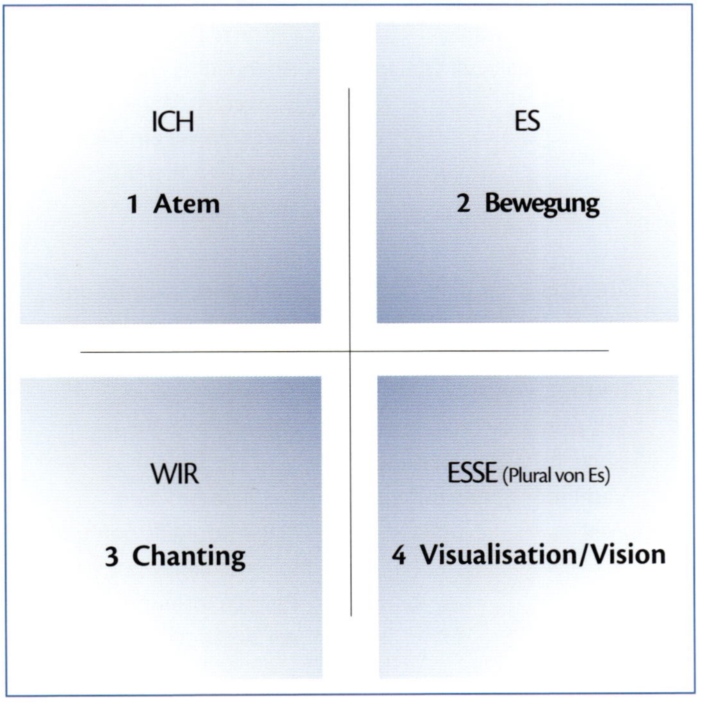

AQAL Chakra-Chant-Move (D. Starck)

2 Das Chakren-Modell

Das Chakrenmodell ist einerseits ein Stufenmodell integraler Inklusion (Wilber) und andererseits ein Modell von sieben Holons, die im Idealfall in Harmonie zusammenarbeiten. Die Chakren werden im subtilen Körper in Verbindung mit dem Drüsensystem des physischen Körpers angesiedelt. Je nach Ihrer Öffnungs- und Vibrationsstärke zeigen die Chakren die Spannkraft des Menschen zwischen materieller, subtiler und kausaler Ebene auf.

7 Scheitelchakra Sanskrit: Sahasrara Tausend Blütenblätter/Spiralen („Tausendblättriger Lotos") *Lage:* Scheitelpunkt des Kopfes, in die Aura hineinragend *Körperlicher Einflussbereich:* Zirbeldrüse (Epiphyse), Mittelhirn, ganzer Organismus	*Themen:* Spiritualität, Geistige Selbstverwirklichung, Weisheit, Verschmelzung, Ekstase, All-Eins-Sein, Seelenverbindung Kosmisches Bewusstsein	*Harmonische Funktion:* Erfahrung geistiger Welten, Religiosität, Erleuchtung, Verbindung zum Kosmos, Harmonie, Frieden *Gestörte Funktion:* Aberglaube, Hang zur schwarzen Magie, Desinteresse am Weltlichen, Gefühl der Bedeutungslosigkeit
6 Stirnchakra Sanskrit: Ajna (Drittes Auge) Zwei Blütenblätter/Spiralen *Lage:* vorn Drittes Auge zwischen den Augenbrauen, Mitte des Kopfes *Körperlicher Einflussbereich:* Hirnanhangsdrüse (Hypophyse), Augen, Ohren, Nase, Hormone, Nerven, Nebenhöhlen	*Themen:* Intuition, Erkenntnis, Zusammenhänge im Innen und Außen, Selbstverantwortung, übersinnliche Wahrnehmung, Verbindung zur geistigen Welt	*Harmonische Funktion:* Wahrnehmung, Intuition, Weisheit, Erkenntnis, Vorstellungskraft, Offenheit für Neues *Gestörte Funktion:* Angst vor Reflexion und Innenschau, Angst vor der eigenen Intuition, Angst vor Veränderung
5 Halschakra Sanskrit: Vishuddha Sechzehn Blütenblätter/Spiralen *Lage:* vorn in Höhe des Kehlkopfes, hinten am ersten und zweiten Halswirbel, der Hinterkopfkuhle *Körperlicher Einflussbereich:* Schilddrüse, Nebenschilddrüse, Speiseröhre, Luftröhre, Stimme, Gehör	*Themen:* Ausdrucksfähigkeit, Kommunikation, Inspiration, Verbindung von Fühlen und Denken	*Harmonische Funktion:* Kommunikation, Wortbewusstsein, Inspiration, Kreativität, Unabhängigkeit, Konzentrationsfähigkeit, Sammlung *Gestörte Funktion:* Machtstreben, Intoleranz, Überbetonung des Intellekts, Angst, eigene Beüdürfnisse zu äußern, Lügen, Klatschen, gegen sich selbst gerichtete Aggressionen

4 Herzchakra Sanskrit: Anahata Zwölf Blütenblätter/Spiralen *Lage:* vorn an der Mitte der Brust, hinten an der Wirbelsäule zwischen den Schulterblättern, an den oberen Brustwirbeln *Körperlicher Einflussbereich:* Thymusdrüse, Haut, Blut, Lunge, Herz, Brustkorb	*Themen:* Mitgefühl, Liebe, Freude, Harmonie, Heilung, Miteinander, Ausstrahlung	*Harmonische Funktion:* Liebe, Mitgefühl, Geborgenheit, Offenheit, Toleranz *Gestörte Funktion:* übertriebene Eigenliebe, Überheblichkeit, Verbitterung, Angst, nicht geliebt zu werden, Erstarrung der Gefühle, Festhalten an Verletzungen und alten Wunden
3 Solarplexuschakra Sanskrit: Manipura Zehn Blütenblätter/Spiralen *Lage:* vorn am Solarplexus, hinten an der mittleren Brustwirbelsäule *Körperlicher Einflussbereich:* Bauchspeicheldrüse, Verdauung, Dünndarm, Leber, Milz, Gallenblase	*Themen:* Selbstwertgefühl, Zentriertheit, Selbstachtung, Weisheit aus Erfahrung, Abgrenzung	*Harmonische Funktion:* geklärte Gefühle, Transformation, Willenskraft, Selbstvertrauen, Persönlichkeit, Durchsetzungskraft *Gestörte Funktion:* Sentimentalität, Selbstmitleid, Eifersucht, Rücksichtslosigkeit, Befangenheit, Schüchternheit, Angst vor Verantwortung, Angst vor Kritik
2 Nabelchakra Sanskrit: Svadhisthana Sechs Blütenblätter/Spiralen *Lage:* vorn im Hara-Raum unter dem Nabel, hinten an der mittleren Lendenwirbelsäule *Körperlicher Einflussbereich:* Hoden, Eierstöcke, Blutkreislauf, Lymphfluss, Blase, Nieren	*Themen:* Beziehung, emotionale Geborgenheit, Hingabe, Lust, Sexualität, Zugehörigkeit, inneres Kind	*Harmonische Funktion:* Sinnlichkeit, Kreativität, Selbstvertrauen, gute Verdauung *Gestörte Funktion:* Triebhaftigkeit, Aggression, Schuldgefühle, Angst, nicht anziehend zu sein, Ablehnung von Sexualität

1 Wurzelchakra Sanskrit: Muladhara Vier Blütenblätter/Spiralen *Lage:* Steißbein-Kreuzbein-Bereich, Öffnung hinten *Körperlicher Einflussbereich:* Nebennieren, Knochen, Beine, Füße, Dick- und Enddarm, Zähne, Nägel, Blutbildung	*Themen:* Urvertrauen, Erdung, Geborgenheit, Sicherheit, Überlebenskampf, Überlebenstrieb	*Harmonische Funktion:* Lebensenergie, Stabilität, Lebenswille, Urvertrauen, Erdung *Gestörte Funktion:* Abgehobensein, sich nirgendwo zuhause fühlen, Ängste, sich und Familie nicht versorgen zu können, Ängste vor physischer und psychischer Bedrohung

Literatur/Hinweise

Für weitere Informationen zur Chakra-Chant-Move Praxis siehe auch Das Buch „Heilendes Chanting" von Dominique Starck (AT-Verlag, Schweiz).

„Geoman-Music" wird von integral arbeitenden Menschen angewendet, um in ihrem Schwingungs- oder Klangraum alle ihre Existenzebenen (grobstofflich – feinstofflich – kausal) zu harmonisieren. Dies geschieht in erster Linie über die Aktivierung der Chakren mit Klängen in entsprechenden Frequenzen, die die Natur, der Planet und der Kosmos erzeugen.

Steiner, R. (1981): Das Wesen des Musikalischen und des Tonerlebens im Menschen. Rudolf Steiner Gesamtausgabe Bd. 283, Rudolf Steiner Verlag AG, Dornach.

Musikhinweise:

Giovanni Antonini: Haydn Einspielungen1–3, Il Giardino Armonico (432 Hz)

Dominique Starck: Tune in (432 Hz) (erhältlich auf iTunes)

Geomanmusic ist auch auf dem Youtube Kanal von Dominique Starck kostenfrei herunterzuladen und auf der Webseite www.starck-music.ch zu finden.

Bildnachweise

Abb. 1 und 2: Zeichnung Chiara Fiorini

Erwin Frohmann

Integrale Raumwirkung und Raumwahrnehmung

Zur Phänomenologie des Raumerlebens

Abb. 1: Wolfgangsee

1 Einleitung

Raumwirkung und Raumwahrnehmung werden in der Begegnung zwischen Mensch und Raum zu einem gemeinsamen Erlebnis. Beide treten miteinander in Resonanz und bringen die Entwicklung von Mensch und Raum in dieses Zueinanderkommen mit ein. Es bildet sich ein Beziehungsgefüge, das sich – basierend auf den naturräumlichen Grundlagen in der kulturräumlichen Entwicklung – fortschreibt und den Lebensraum als Gemeinschaft zwischen Menschen, Pflanzen, Tieren und all den geologischen und klimatischen Grundlagen der Erde manifestiert. Im Kontext der Idee des Lebendigen sind wir Menschen auf allen Ebenen der Entfaltung eingebunden. Nicht losgelöst voneinander, sondern in ständiger Kommunikation miteinander.

So beginnt unser Raumerleben bereits im Mutterleib und setzt sich nach der Geburt im Erdenraum fort. In der Begegnung mit der Landschaft verschmelzen die Erfahrungen integral auf den körperlichen Ebenen und auf den Ebenen unserer Gefühls- und Gedankenwelt. Ausgebreitet in der Evolution der eigenen wie der kollektiven Persönlichkeit, in den unterschiedlichen Landschaften, Räumen und Gebäuden, die wir über unsere kulturelle Produktion gestalten.

Holistisch betrachtet bilden Raum und Mensch sich zu einer mehrdimensio-

nalen Wesenseinheit aus, die dem Begriff *hólos* (griechisch) entsprechend für *Ganzheit* steht und sich zu einem sinnhaften Gefüge verbindet. Dabei bleibt die menschliche Wahrnehmung stets umfassend, auch wenn wir das Holon über unser naturwissenschaftlich geprägtes Denken in zunehmend mehr Einzelelemente zerlegen. Wir können dann diese Einzelteile zwar genau betrachten, zugleich verlieren wir aber im eigenen Erleben nie die Verbundenheit mit dem Gesamten. Denn im Sinne der integral gedachten Manifestation des Lebens suchen wir Menschen bewusst wie unbewusst stets nach Ganzheit und nehmen dabei auch stets das Ganze wahr – in den sichtbaren wie unsichtbaren Dimensionen des Lebens im Kontext von Körper, Seele und Geist.

So gibt es in der Subjekt-Objekt Beziehung keine Trennung zwischen Innen- und Außenraum, denn in beiden Räumen drückt sich die Ganzheit der Welt aus. Mit der ausschließlichen Objektivierung der Natur schließen wir das Subjekt und damit uns selbst aus der Erkenntnis der Naturbetrachtung aus. Damit reduzieren wir die Wirklichkeit ebenso wie unser Wahrnehmungspotenzial, obwohl wir Teil der Natur sind.

Im Beispielfall eines Sees existiert bei einer Landschaftsbetrachtung keine Grenze zwischen dem Objekt (See) und Subjekt (Betrachter); indem wir Menschen die Welt wahrnehmen, gehen wir mit ihr eine Beziehung ein. Dabei sind wir kein „passiver Reizempfänger, auch nicht ein psychologisch autonomes Wesen“, sondern stehen stets in einer dialektischen Spannung mit unserer Mitwelt (Ittelson, 1977).

Die Phänomenologie begründet den methodischen Zugang zur holistischen Raumwahrnehmung, indem sie das Subjekt mit dem Objekt im „gelebten Raum“ und im „erlebten Raum“ verbindet. Das phänomenal Gegebene realisiert sich durch die Wahrnehmung und wird dadurch Teil unseres Bewusstseins (Schürmann, 2003). Zusammenfassend bezieht sich die Phänomenologie also auf eine empirisch basierte Kommunikation mit dem Raum, überwindet die Subjekt-Objekt-Spaltung und akzeptiert sichtbare wie unsichtbare Phänomene (Luckner, 2001).

Die Raumwahrnehmung findet in einem *Resonanzraum* statt und hängt vom Charakter des Ortes ebenso wie von der Persönlichkeit ab. Der Raum bringt ebenso wie der Mensch seine Geschichte mit in die Wahrnehmung ein. Beide Geschichten gehen miteinander in Resonanz und werden zum eigentlichen Ort der Begegnung. Jede Hingabe an einen Ort schreibt ihre Choreographie, die von der Ortsqualität selbst ebenso wie von der eigenen Offenheit und Hingabe an die Landschaft geprägt wird. Die Bedeutung unterschiedlicher Raumqualitäten wird im Wechselspiel der mitgebrachten Erfahrungen mit den neuen Erkenntnissen vor Ort generiert und ist abhängig von der *Wahrnehmungsbereitschaft* (bewusster Umgang mit der eigenen Wahrnehmung), der *Wahrnehmungsoffenheit* (Sensibilität gegenüber unterschiedlichen Raumebenen) und vom *Wahrnehmungsfokus* (persönliche Werthaltungen und kollektives Weltbild). In diesem Sinne ist es hilfreich, die holistische Beziehung zwischen Mensch und Raum umfassend zu leben und das Verbindende über das Trennende zu stellen.

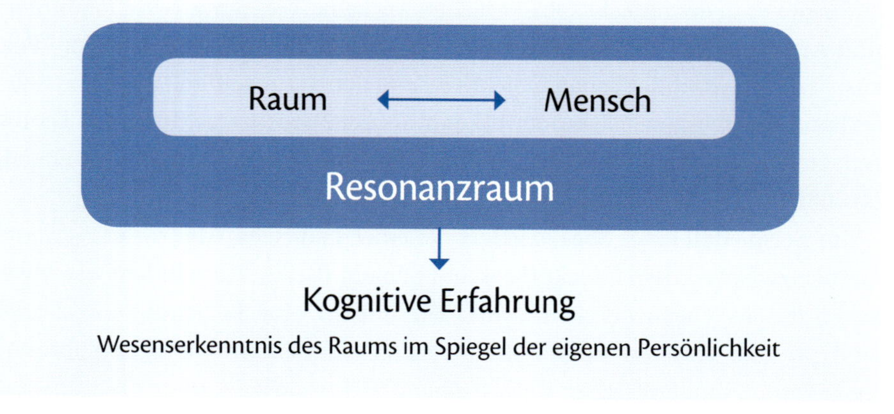

Resonanzmodell, Erwin Frohmann

Die persönliche wie auch kollektive Prägung unserer Wahrnehmung lässt sich bezogen auf die evolutionäre Entwicklung in drei unterschiedliche *Erfahrungsebenen* gliedern. Auch sie greifen im Wahrnehmungsprozess stets ineinander über.

Entwicklungsmodus	Daseinsmodus	Modus ästhetischer Erfahrung	Rahmenbedingungen ästhetischer Urteile
Phylogenese	Umwelt	biologisch	Gesetzmäßigkeiten
Soziogenese	Mitwelt	kulturell	Regeln
Ontogenese	Eigenwelt	persönlich	Strategien

Wirkungsebenen im Kontext der Landschaftswahrnehmung: Modell nach Guski/Blöbaum modifiziert nach Bourassa 1990).

Die *phylogenetische* Betrachtung verankert den Menschen in der Naturbeziehung basierend auf der gemeinsam und kollektiv durchlaufenen Evolution. Das Landschaftserleben ist – kollektiv gespeichert – im Menschen verankert und die Erfahrungen werden über Generationen weitergegeben. Naturlandschaften prägten den Menschen und bilden Wahrnehmungspräferenzen, die sich als evolutionäres Bewusstsein kollektiv ausbilden und die emotionale Beziehung zur Erde weiterführen. So belegen landschaftsästhetische Studien die nach wie vor hohe Präferenz von Menschen für naturräumlich geprägte Räume. Im urbanen Bereich werden vegetationsbestimmte Parklandschaften als entsprechende Freiraumtypen genannt (Guski/Blöbaum, 2003).

Die *Soziogenese* bezieht verstärkt die kulturell geprägten ruralen und urbanen Landschaften mit in den Diskurs ein. Der Raum selbst wird als Ergebnis gesellschaftlicher Produktion verstanden und damit auch musterbildend für persönlich und kollektiv wirksame Wahrnehmungsphänomene.

„Das Schöne an der Arbeit in der Gruppe ist der Austausch der Erfahrungen, der Erlebnisse und der Bilder, die jedem Einzelnen von uns an einem Ort begegnen. Oft sind es andere Worte, ein etwas anderer Blickwinkel, die ein ‚Bild' reich werden lassen und mich bestärken in meiner Wahrnehmung und Empfindung. Es bedarf der Übung und der Erfahrung, zu spüren, wann ich in die Qualität eines Ortes eintauche oder wann es mein persönlicher, momentaner Ausdruck ist, der durch den Ort ausgelöst wird" (Weh, 2014).

Mit der *ontogenetischen Betrachtungsweise* räumlicher Wirkungen schließt sich die Wechselwirkung zwischen persönlicher Erfahrung und kollektiver Wahrnehmungsprägung. Die Ontogenese fokussiert, wie eingangs dargestellt, die Individualität des Menschen und spricht seiner Eigenwelt den entsprechenden Spielraum zu.

Kommen wir nun über die Raumwahrnehmung zurück zum bebauten wie zum freien Landschaftsraum, so zeigen sich im Zusammenschau der Körper-Seele-Geist-Einheit drei zentrale Ausdrucksebenen, die sich auf diese schon im alten Griechenland definierte Trinität beziehen. Über die Ausrichtung der menschlichen Wahrnehmung eröffnen sie unterschiedliche Zugänge zum Raum, ausgehend von jenem Blick, den wir auf die Landschaft werfen, und von jener Wirklichkeit, die wir objektiv generieren und subjektiv erfahren. Kulturell produzierter und genutzter Raum ist demnach die Summe aller Wechselwirkungen zwischen den naturräumlichen Potenzialen verwoben mit dem Denken, Fühlen und Handeln des Menschen. Dabei können wir die unterschiedlichen Erscheinungsformen über die Ausrichtung unserer persönlichen Wahrnehmung fokussieren, bleiben aber in der Begegnung mit dem Räumlichen stets mit seiner Gesamtheit verbunden.

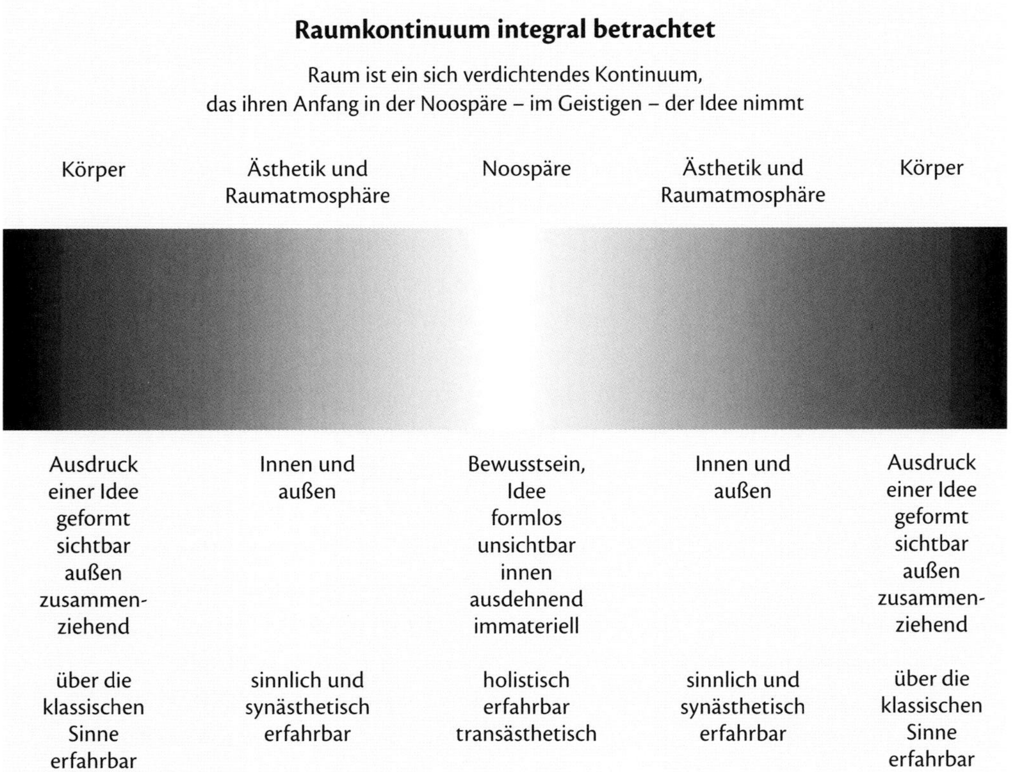

Raumkontinuum, Erwin Frohmann

2 Körperraum – äußerer Raum

Naturwissenschaftlich betrachtet lässt sich der Raum nach Isaac Newton als dreidimensionaler Körper beschreiben. Er repräsentiert den physischen „Behälter", der sich nach den aktuellen Erkenntnissen der Physik aus dem Bewusstsein der seelisch-geistigen Ebene (*Noosphäre*) heraus verdichtet (Bohm, 1985). Über die Kräfte der Gravitation fokussiert sich die Idee des Lebendigen und drückt sich schließlich körperlich aus. Dabei wird der Körper *physisch, substanziell* und auch *messbar.* Wir können in diesem Zusammenhang auch vom mathematischen Raum sprechen (Hasse, 2015), in dem sich das Körperliche substanziell definiert und voneinander abgrenzt. Dieser Körper zeigt Form und beansprucht Platz für sich. Nach Loidl/Bernard entfaltet sich der Raum auf einer Fläche aufbauend dreidimensional. „Raum ist Flächeneinheit und dreidimensionale Grenze" (Loidl/Bernard, 2003).

Durchschreiten wir den ortsbezogenen Raum der Dreidimensionalität und betrachten das Körperliche an sich, wird rasch klar, dass der Körper weit mehr als die Summe von räumlich definierbaren Einheiten ist. Nach Martina Löw (2008) bildet der Körperraum den Ort für das soziale Miteinander und wird erst durch die Interaktion von Menschen, Tieren und Pflanzen zum belebten Ort. Dieses Miteinander verbindet sich und macht den Ort zu einem Gemeinwesen, das offen ist und mit anderen Orten interagiert. Das Körperliche der biotischen Welt mit all den Menschen, Tieren und Pflanzen organisiert dabei im zyklischen Rhythmus der Zeit sozial interagierende Räume.

Zu den sozialen Interaktionen und zum körperlichen Ausdruck verbinden auch stoffliche Prozesse Räume mit all ihren Lebewesen wechselwirkend miteinander und führen so die einzelnen Bausteine des Lebens zu einem größeren Ganzen zusammen. Wir sprechen von einem ökologischen Gefüge, das im Zusammenspiel ihrer biotischen und abiotischen Organismen die körperliche Welt generiert. Basierend auf den landschaftsmorphologischen Grundlagen sieht Leser (1978) in diesem Zusammenhang in der Landschaft „eine räumliche Synthese", die sich aus einer Vielzahl von Einzelelementen in Wechselwirkung zusammensetzt. Die Landschaftsökologie als Disziplin wurde geboren und beschäftigt sich seitdem systemisch mit der Landschaft. Sie definiert sie als Wirkungsgefüge, das sich über die Interaktion all ihrer Lebewesen in der sogenannten anorganischen Umwelt organisiert. Wissenschaftlich ist Ökologie wertfrei zu verstehen, denn sie ist die Lehre (griechisch: *logos*) von den

Wechselwirkungen zwischen den Organismen in einer bestimmten Haushaltsgemeinschaft (griechisch: *oikos*). Wie vital und vielfältig sich eine Lebensgemeinschaft organisiert, kommt je nach Ort, Zeit und Rhythmus unterschiedlich zum Ausdruck. Dabei ist das System offen und daher beeinflussbar. Es lässt sich durch sensibles und kluges gestalterisches Handeln in Kooperation mit dem Natürlichen ein dynamisches Gleichgewicht erzeugen, das die Fähigkeit zur Selbstregulation besitzt, wie es zum Beispiel naturräumlich geprägte Lebensgemeinschaften umsetzen. Wir können die Gesamtheit der räumlichen Grundlagen als geobiologische Grundstruktur der Landschaft bezeichnen und in der integralen Betrachtung die in der naturwissenschaftlichen Herangehensweise veranlagte Trennung zwischen abiotischen Faktoren (Klima, Relief, Boden, Wasser und Luft) und biotischen Faktoren (Flora, Fauna und Mensch) im Rahmen eines holistischen Gestaltungsansatzes auflösen. Im Sinne der Gaia-Hypothese (Lovelock 1985) können wir so den Körper als ein synergetisch wirksames System im Kontext einer seelisch-geistigen Einheit verstehen.

Innehalten – Nachdenken – Nachfühlen

Die Natur um und in uns erleben und uns als integralen Bestandteil der Erde erkennen

Abb. 2: Natur und Kultur verbinden sich zu einem Beziehungsraum, in welchem es keine Trennung zwischen Mensch und Natur gibt.

Von den ökologischen Zusammenhängen lernen und nachhaltige Lebenskreisläufe gemeinsam mit der Natur gestalten

Abb. 3: Die Erde nimmt uns auf, sie nährt und trägt uns, indem wir ihr von Körper zu Körper begegnen.

Mit der Erde atmen und die vitale Beziehung mit der Natur bewusst erleben

Abb. 4: Über das Ein- und das Ausatmen stehen wir mit der Welt und all ihren Lebewesen in Beziehung. Dabei ist der Rhythmus des Atmens ein Aufnehmen (Einatmen) und Abgeben (Ausatmen).

3 Ästhetisch-atmosphärischer Raum – äußerer und innerer Raum

„Soweit wir überhaupt nur zurückdenken können, haben Menschen offenbar innere Bilder über die Beschaffenheit ihrer äußeren Welt entwickelt und zur Gestaltung dieser Welt benutzt", meint der Gehirnforscher Gerald Hüther (2004). In diesem Sinne schlägt die ästhetisch-atmosphärische Wirkung der Landschaft die Brücke zwischen dem körperlichen und noosphärischen Raum.

Ästhetischer Raum

„Alles was geschieht, ist symbolisch.
Indem es sich selbst darstellt, deutet es auf das Übrige."

Johann Wolfgang von Goethe

In der sinnlich-ästhetischen Beziehung zum Raum tritt der Mensch über seine klassischen Sinne mit dem Raum in Wechselwirkung. Die analytische Betrachtungsweise wird erweitert, indem wir uns mit dem gestaltbildenden Ausdruck der Landschaft gefühlsbezogen verbinden. Der Psychoanalytiker C. G. Jung (1995) spricht in diesem Zusammenhang von äußeren Bildern, die zu inneren Bildern werden und persönliche wie kollektive Raumarchetypen erzeugen. Die inneren Bilder wiederum werden zu äußeren und beeinflussen das gestalterische Handeln des Menschen. Dieses Verständnis von Ästhetik ist empirisch ausgerichtet und von der Raumbeziehung abhängig. Stimmungen entstehen im Menschen und werden durch Rhythmen, Farben, Klänge, Geschmäcker, Gerüche und anderes von außen nach innen hin aktiviert.

Persönliche Urbilder und archetypische Raumbeziehungen bauen sich in unserer Kindheit im spielerischen Miteinander mit der Landschaft auf. Wir speichern die Erfahrungen in unserem Unterbewusstsein und nehmen sie in unser Erwachsenenalter mit. In der Begegnung mit entsprechenden Landschaftsbildern werden die persönlich und subjektiv entwickelten Erlebnisse in uns wieder aktiviert.

Kollektive Urbilder und Archetypen sind dem Menschen „genetisch" angeboren. Es sind gesellschaftlich postulierte Muster, die kulturbezogen zum Ausdruck kommen. So wie zum Beispiel die Sonnenblume in ihrer ästhetischen

Wirkung Aktivität, Tagesbewusstsein, in der Mitte sein und Lebensfreude durchaus objektivierend vermittelt.

Die Landschaft besitzt in ihrem gestaltbildenden Ausdruck *symbolische Bedeutung,* der wir in der Wahrnehmung begegnen. Die ästhetisch-symbolische Wirkung erfahren wir assoziativ und verankern diese Erfahrung in unserem Bewussten ebenso wie im Unterbewussten. Die ästhetische Gestalt ist damit Träger psychisch wirksamer Muster, welche im Raumerleben das Innere mit dem Äußeren verknüpfen. Das Symbolhafte erschließt sich „… nicht erst durch allmähliches Ausrechnen impliziter Bedeutungen, sondern gleichsam schlagartig mit seiner Präsenz“ (Hasse, 2016).

Assoziative Raumwahrnehmung am Beispiel von Raumelementen

Bei der assoziativen Raumwahrnehmung handelt es sich um einen phänomenologisch-psychologischen Ansatz in Kombination mit der Archetypenlehre, die symbolische Bedeutungsinhalte unterschiedlicher Räume für den Menschen aufzeigt (nach Edmund Husserl, Max Scheler, Martin Heidegger und C. G. Jung). Im Zuge einer spontanen und unvoreingenommenen Aufnahme des Raumes lassen sich mit dieser Methode ästhetische, atmosphärische und noosphärische Qualitäten (vgl. das Kapitel über die Noosphäre) von Orten und von Raumelementen erheben. Die assoziative Raumwahrnehmung ist eine subjektiv ausgerichtete Methode, um Raum und Landschaft in ihrer archetypischen Wirkung auf die Psyche des Menschen subjektiv erlebbar zu machen. Die Begegnung ist beziehungsvoll und der oder die Wahrnehmende lässt sich von der Gestaltwirkung der Landschaft oder einzelner Raumelemente berühren. Eine kontemplative Herangehensweise unterstützt die Raumwahrnehmung, deren Erfahrungstiefe sich in der Resonanz mit den Rhythmen, Formen, Farben und Klängen der Landschaft umsetzt. Dabei gilt es, das Wesenhafte spontan und wahrnehmungsfokussiert zu erfassen. In diesem Sinne wird die Raumwahrnehmung zu einem persönlichen Erlebnis und äußert sich in Gedanken- und Gefühlsbildern, die in weiterer Folge schriftlich wie grafisch aufgezeichnet werden.

Zur Durchführung der assoziativen Wahrnehmung wird nachfolgender Ablauf empfohlen:

a) *vorbereiten:* den Alltag loslassen, eine achtsame Stimmung aufbauen und danach den Blick absichtslos schweifen lassen

b) *fokussieren:* die Aufmerksamkeit ohne Erwartungshaltung auf den gewählten Landschaftsraum, das gewählte Gestaltelement richten

c) *wahrnehmen:* die ausgelösten Assoziationen zulassen und achtsam verfolgen, um sie während der Wahrnehmung selbst oder danach schriftlich und/oder bildlich aufzuzeichnen

d) *interpretieren und analysieren:* die dargestellten Ergebnisse zusammenfassen, ihre räumlichen Faktoren rational verstehen und mit den Erfahrungen an anderen Orten vergleichen. Dies kann einzeln oder in Gruppenreflexionen (intersubjektiv) erfolgen (siehe nachfolgendes Beispiel)

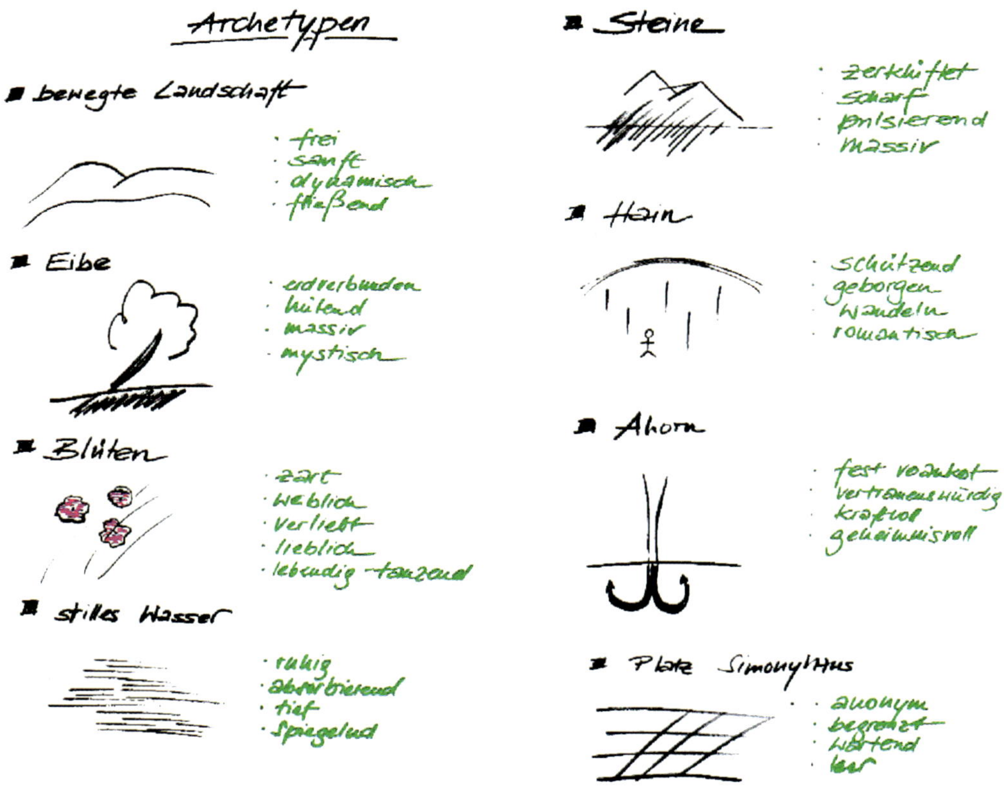

Abb. 5: Grafisch und deskriptiv gefasste Assoziationen zu Raum- und Landschaftselementen.

Archetypen sind *Urmuster*, die das Wesenhafte ausdrücken und für den Menschen erlebbar machen. Die Abbildung 12 zeigt archetypische Assoziationen, ausgelöst durch unterschiedliche Gestaltelemente bzw. Raumausschnitte am Beispiel des Türkenschanzparks, einem englischen Landschaftspark in Wien. Die Aufnahmen wurden von einer StudentInnengruppe (22 Personen) der Universität für Bodenkultur (Institut für Landschaftsarchitektur, 2014) durchgeführt und intersubjektiv ausgewertet.

Die sinnlich-ästhetische Wechselwirkung von Gestalt nachvollziehen

Der Begriff „Ästhetik" leitet sich aus dem altgriechischen aisthesis ab und bedeutet „wahrnehmen". Darauf bezogen ergibt sich eine Korrelation zwischen der Gestaltwirkung und der Wahrnehmung von Räumen, Landschaften, Landschaftselementen, Pflanzen oder Tieren. Führen wir nun die Fähigkeiten unserer einzelnen Sinne mit der Gestaltwirkung zusammen, so lassen sich Prinzipien, Dynamiken und Empfindungen ableiten, welche die Wechselbeziehung zwischen Gestalt und menschlicher Sinneswahrnehmung zueinander ordnen.

Tastsinn

Grundprinzip:	Oberfläche und Plastik
Funktionsdynamik:	Berührung, Druck, Kraft, Welt- und Selbsterfahrung
Gestaltempfindung:	glatt/rau, glitschig/klebrig, flüssig/zäh, kantig/rund, spitz/stumpf, weich/hart, porös/dicht, elastisch/fest, starr/beweglich

Sinn für die Schwerkraft

Grundprinzip:	Aufbau/Abbau, Spannkraft, Lebenskraft
Funktionsdynamik:	Kräftefluss im Körper, Spannung/Entspannung
Gestaltempfindung:	frisch/müde, erquickt/betrübt, leicht/schwer, gekräftigt/ermüdet, biegsam/steif, gespannt/schlaff, kräftig/dünn, gestreckt/-geknickt

Bewegungssinn

Grundprinzip:	Bewegung, Form und Gestalt im Raum
Funktionsdynamik:	beginnen – ausrichten – abschließen
Gestaltempfindung:	bewegt/ruhig, hastig/träge, schnell/langsam, beschwingt/schwerfällig

Gleichgewichtssinn

Grundprinzip:	Symmetrie, Richtung und Schwerpunkt
Funktionsdynamik:	Finden des eigenen Gleichgewichts
Gestaltempfindung:	oben/unten, vorne/hinten, links/rechts, symmetrisch/asymmetrisch, gerade/geschwungen, eben/uneben

Wärmesinn

Grundprinzip:	Temperatur und Gestimmtheit
Funktionsdynamik:	Wahrnehmung unterschiedlich temperierter Qualitäten in der Selbsterfahrung sowie in der Wahrnehmung von Gestaltqualitäten
Gestaltempfindung:	warm/kalt, heiß/eiskalt, lauwarm/kühl

Geruchssinn

Grundprinzipien:	Gerüche, Düfte, Essenz und Mischung
Funktionsdynamik:	Austausch und Verbindung von Wesenhaftem
Gestaltempfindung:	säuerlich/fruchtig, süßlich/schwer, erdig/modrig, stechend/scharf

Geschmacksinn

Grundprinzipien:	Substanz, Charakter, Echtheit, Identität
Funktionsdynamik:	Schmecken als Wahrnehmung des inneren Charakters
Gestaltempfindung:	süß, salzig, sauer, bitter

Sehsinn

Grundprinzipien:	Licht und Schatten, Farbe
Funktionsdynamik:	willkürliches und unwillkürliches Nach-außen-treten
Gestaltempfindung:	hell/dunkel, schwarz/weiß, farbig (Spektralfarben: Rot, Orange, Gelb, Grün, Hellblau, Dunkelblau, Violett)

Gehörsinn

Grundprinzipien:	Proportion, Verhältnis und Beziehung in Raum und Zeit
Funktionsdynamik:	Wahrnehmung von Schwingung und Harmonie
Gestaltempfindung:	Harmonie/Dissonanz
Intervalle:	Prim 1:1, Oktave 1:2, Sekunde 9:8, Septime 15:18, Terz 5:4, Sext 5:3, Quart 4:3, Quint 3:2

Frohmann nach Schneider, 2000

Der Goldene Schnitt als harmonikales Prinzip der Natur

Es waren die Griechen im 5. Jahrhundert v. Chr., die im naturräumlichen Ausdruck von Mensch und Landschaft harmonikale Prinzipien entdeckten, welche sich in einem bestimmten Proportionsverhältnis von 2:3, 5:8 (im selben Rhythmus weiterführend) stets wiederholen.

Ihren Berechnungen zufolge zeigt sich der Goldene Schnitt in einer ungleich geteilten Strecke, deren kleinerer Abschnitt sich zum Größeren verhält, wie der Größere zur ganzen Strecke. Dabei handelt es sich z. B. beim Menschen um die Beziehung zwischen Nabel und Scheitel (kleinere Strecke) wie die Beziehung zwischen Nabel und Fußsohlen (größere Strecke). Und da der Mensch dieses Maß in mehrfacher Art und Weise in sich trägt (siehe Abb. 6) wird es von uns in seiner ästhetischen Wirkung als harmonisch erlebt: ein wesentlicher Grund dafür, dass die Griechen dieses Maß in ihrer Baukultur wie auch in der künstlerischen Gestaltung ihrer Skulpturen bewusst zur Anwendung brachten.

Abb. 6: Das Maß des Goldenen Schnitts

Das Prinzip des Goldenen Schnitts findet sich aber nicht nur beim Menschen und weiterführend in seinem kulturellen Wirken. Es findet sich auch in der Natur, bei den Pflanzen und Tieren, deren Gestaltbildung ebenfalls nach den Regeln des Goldenen Schnittes organisiert ist. In diesem Sinne ist der Mensch nicht nur über die körperlich-stoffliche Dimension mit der Natur verbunden, sondern auch über den Goldenen Schnitt formal verwandt – ein Vorbild, das wir nach wie vor in unserem gestalterischen Handeln zur Anwendung bringen können. Der Goldene Schnitt lässt sich einfach berechnen: indem wir eine bestimmte Längeneinheit mit der Zahl 0,618 multiplizieren erhalten wir das entsprechende Maßverhältnis.

Atmosphärischer Raum

Der Begriff „Atmosphäre“ wurde im 18. Jahrhundert definiert und bezeichnet die synästhetische Gesamtheit der ästhetischen Erfahrung. Stets ist damit der raumprägende Gesamteindruck, das Fluidum, die Aura eines Ortes gemeint. Atmosphäre lässt sich erst in der eigenen Betroffenheit verstehen, in der sich eine Gefühlsbeziehung im eigenen Seelenraum auslöst. Der Mensch berührt den Raum und wird zugleich zum Mitgestalter der Atmosphäre. Die Wirkung der Atmosphäre kann nur das Subjekt messen – der Mensch selbst. „Indem sie auf spürbare Weise etwas vom Wesen eines Ortes kommunizieren, stimmen sie uns auf dessen Rhythmus ein. Sie lassen uns wortlos verstehen, wie etwas um uns herum ist“ (Hasse, 2015).

Lassen wir uns auf das Atmosphärische ein, spüren wir im selben Moment, dass sein Wirken nicht nur außerhalb bleibt, sondern zugleich Teil von uns wird. In der Kommunikation sind wir mit dem Raum, dem Ort, der Pflanze, den Menschen verbunden und untrennbarer Teil ihrer Atmosphäre. Sie lässt sich als Synergie aller Sinneserfahrungen erleben und wird so zu einer holistischen Erfahrung auf leiblich-seelischer Ebene im zeitlosen Jetzt des Moments. Die „Ästhetik der Atmosphären“ ist die phänomenologische Erfahrung von Atmosphäre, welche in der rational ausgerichteten Blickrichtung nicht stattfindet. (Böhme, 2001) Das Atmosphärische hat also unmittelbaren Bezug zum Menschsein und seiner Begegnung mit dem Raum und bildet die Substanz, welche das Ich des Menschen und die Welt „aneinander bindet“ (Hauskeller, 1995).

Abb. 7: Bauernhaus in der Region Saalfelden, Österreich

Abb. 8: Mesotopos Triefenquelle im Hinterthal, Österreich

Das Atmosphärische beschreibt die sich entfaltende Aura im Makrotopos einer ländlich oder städtisch geprägten Landschaft genauso wie im Mesotopos von Orten und Landschaftsausschnitten und im Mikrotopos des Einzelelementes. Stets wird der Innenraum zum Außenraum, so als würde sich das Aufgeladene eines Ortes über seine Atmosphäre entladen und wie seidige Nebel den Raum durchdringen. Resonanzräume entstehen, die wie die Seite einer Gitarre einander nach bestimmten Rhythmen und Frequenzen in Schwingung versetzen.

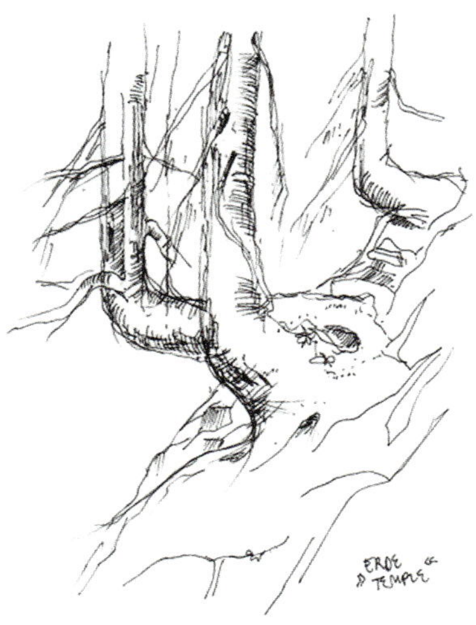

Abb. 9 und 10: Krakau in der Steiermark, Österreich. Grafische Interpretation der Lärche, um das Wesenhafte des Baumes zu begreifen.

So ist letztendlich jeder Raum und jeder Ort, jeder Mensch, jedes Tier und jede Pflanze ein atmosphärisch immanenter Ausdruck, deren Informationen sich überlagern, erweiterte Schwingungsfelder erzeugen und die Eigenart von Orten prägen, sich natur- und kulturräumlich, im persönlichen Ausdruck und im sozialen Miteinander gestalten.

Assoziative Wahrnehmung der Raumatmosphäre

Im atmosphärischen Erleben das Außen mit dem Innen verbinden – in diesem Sinne wurde von 25 StudentInnen der oben dargestellte Ort mittels folgender Assoziationen erhoben: erdverbunden; wohliges, zufriedenes Gefühl; Ruhepunkt; Stille; beruhigender Ort, der die Verbundenheit mit der Erde fördert. (Universität für Bodenkultur Wien, Institut für Landschaftsarchitektur, studentisches Projekt, 2015: TeilnehmerInnen: 25 Personen. Die Ergebnisse wurden intersubjektiv ausgewertet.)

4 Noosphärischer Raum – innerer Raum

„Das Schönste, was wir erleben können,
ist das Geheimnisvolle, es ist das Grundgefühl,
das an der Wiege wahrer Wissenschaft steht."

Albert Einstein

Allem Materiellen, das sich in der Gestaltwerdung zum Körperlichen verdichtet, geht ein geistiger Impuls voran, eine Idee, welche die Entstehung der Gestalt initiiert. Die Idee ist unsichtbar und geistiger Natur. Von dem französischen Philosophen Pierre Teilhard de Chardin (1959) als Noosphäre bezeichnet liegt dieser Raum innen und ist gleich einer Information stets eine Qualität der Erfahrung, die ein über die Sinne hinausgehendes Gesamterlebnis darstellt. So weiß der Same einer Pflanze nicht nur, welche Pflanze aus ihm wird, sondern begleitet als Bewusstsein der Pflanze ihre Lebensrhythmen von der Geburt an, über die Wandlungen des Lebens hinweg bis hin zur Neugeburt des Lebendigen – in einer Selbstverständlichkeit, die uns bevorzugt die Natur zeigt: in der räumlich-logischen Entfaltung ihrer Lebensprozesse.

Nach dem Physiker David Bohm (1985) bildet das Noossphärische das seelisch-geistige Selbst von Mensch und Erde, das sich als implizite Ordnung über alle Lebewesen der Erde manifestiert und sie miteinander verbindet. Raum besitzt demnach Bewusstsein und bildet eine „... ungeteilte Ganzheit in fließender Bewegung." Das Bewusstseinsfeld ist Träger der Information der Lebensprozesse und ist als evolutionäre Intelligenz zu verstehen: der „Urgrund" als geistige Quelle und Idee des Lebens.

Mit der Bewusstseinsdimension treten wir also in die nichtstoffliche Noosphäre des Raumes ein, die als Erfahrungsgrundlage das Leben von einfachen Reaktionen auf das Licht bis zur reflektierenden Erkenntnis des Menschen organisiert. Von der Zelle bis zum Individuum, vom Raum bis zum gesamten Erdorganismus umfasst das Bewusstsein eine Äußerung inneren Befindens, welche unmittelbar in der Noosphäre wahrnehmbar ist. „Bewusstsein ist ein Grundbaustein unserer Realität" (Moser/Narodoslawsky, 1996).

Kulturhistorisch betrachtet wird das Verständnis von Bewusstseins- bzw. Lebensfeldern in unterschiedlichen Kulturkreisen beschrieben. So finden sich weltweit in bis zu 5000 Jahre zurückreichenden, religiösen und philosophischen Traditionen entsprechende Begriffe, die das Noosphärische beim Menschen wie auch für den Raum zum Ausdruck bringen: Prana (Indien), Ch´i (China), Ki (Japan), Lung (Tibet), Ka (Ägypten), Guruwari (Australien), Mauri (Neuseeland), Wyda (im Keltischen), Äther (bei den Philosophen des alten Griechenlands) – um an dieser Stelle einige Beispiele zu nennen (Frohmann, 2000). In inhaltlicher Übereinstimmung definieren all diese Begriffe nichtstoffliche Emanationen des physischen Körpers, die ein Vitalfeld, Emotionalfeld und Mentalfeld beschreiben.

Die noosphärischen Bewusstseinsfelder von Raum und Landschaft lehnen sich an jenes des Menschen an und gliedern sich in ein Vitalfeld und ein seelisch-geistiges Feld, welche dem Emotional- und Mentalfeld des Menschen entsprechen.

Das *Vitalfeld* versorgt den Körper mit vitaler und schöpferischer Lebenskraft. Es ist der Informationsträger für die Gestaltungskräfte des physischen

Körpers und fungiert zudem als Übermittler von Impulsen aus dem seelisch-geistigen Feld. Das Vitalfeld ist als nichtstoffliches Ebenbild wie eine Matrix, in die der Körper hineinwächst. Das Vitalfeld verdichtet sich an bestimmten Orten zu Phänomenen der Lebenskraft, wie sie als Kraftlininen, Ley-Linien, Atmungspunkte, Yin-Yang-Fokusse und ähnlich in der Geomantie beschrieben werden.

Raum und Mensch	Manifestation und Aufgabe	Wahrnehmung
Vitalfeld, Vitalkraft	Vitalfeld des Körperlichen, Bildekräfte des Körpers Vitalität der Gestaltwirkung, Vitalfeld als Ausdruck des Seelenfeldes	kontemplatives Erkennen und Fühlen, vitalkraftbezogene Wahrnehmung (z. B. über die Handinnenflächen), assoziative Wahrnehmung

Abb. 11: Der „Hüter" der Eiger Nordwand in der Schweiz

Gaia – die Noosphäre der Erde

Integral betrachtet ist die Erde ein körperlich-seelisch-geistiges Wesen, das den Menschen mit dem Seelenraum der Erde verbindet. Gaia repräsentiert in der griechischen Mythologie die Erdgöttin und drückt symbolhaft das Wesenhafte der Erde aus. In diesem Sinne wurde die Welt in der frühen Geschichte auch mythisch gedacht und die Natur in Form von Heiligtümern gesehen.

Die seelisch-geistige Information steht für die zuvor angesprochene Bewusstseinsdimension und wirkt entsprechend lebenskoordinierend. Sie durchdringt jede Zelle und reicht über den Körper hinaus in den Raum. In der wahrnehmenden Begegnung ist es der spontane Augenblick der Empfindung, der unmittelbar und zeitlos stattfindet. Wir kennen solche Momente, wenn wir einem Menschen begegnen und zum Beispiel spontan Vertrautheit verspüren. Emotional bedingte Informationen laden die Sphäre von Orten auf, sie gehen nicht verloren und wirken im Raum nach. Ein weithin bekanntes Beispiel ist das Phänomen der dichten Atmosphäre (besser Noosphäre), die entsteht, wenn sich Orte emotional aufladen.

Raum und Mensch	Manifestation und Aufgabe	Wahrnehmung
Seelisch-geistiges Feld, Elementares Bewusstsein	Seelenbewusstsein-Raum der Pflanzen und Tiere, das elementare Bewusstsein des Raums steht in Bezug zu den Elementqualitäten des Feuers, der Erde und Luft sowie des Wassers und koordiniert die Lebensprozesse	Assoziative Raumwahrnehmung imaginativ-inspirativ-intuitiv, mit dem Herzen das Wesenhafte wahrnehmen, kontemplatives Erkennen und Fühlen

Abb. 12: Kapelle in Kapfenstein, Steiermark, Österreich. Die Hügelkuppe wird in ihrer identitätsstiftenden Wirkung durch die Kapelle fokussiert.

Dem Emotionalfeld entspricht in der Landschaft das elementare Wesen, der Seelenraum der Landschaft. Das Mentalfeld repräsentiert die Emanation unserer geistigen Welt, unserer Gedanken und Ideen mit den rationalen sowie intuitiven Erkenntnissen. In ihm drücken sich die vielfältigen Ebenen und Möglichkeiten unseres Denkens aus. Von der Verarbeitung der sinnesbezogenen Wahrnehmung zur Steuerung unserer Willenskraft bis hin zu der Art, wie wir denken.

Im Naturräumlichen bilden sich sakral wirkende Orte aus, die einen geistigen Raumfokus bilden und landschaftskoordinierend wirken. Oftmals sind es genau jene Orte, die vom Menschen wahrnehmend erkannt und als kulturell bedeutsame Orte entsprechend ausgestaltet wurden. Häufig sind es spirituell bedeutsame Plätze wie Kirchen, Marterln und Wegkreuze, die identitätsstiftende Orte in der Landschaft bilden. Oftmals sind es auch topografisch markante und weithin sichtbare Hügelkuppen, die mit Solitärbäumen bepflanzt sind. Und schließlich auch Bergspitzen, die Antennen gleich Kommunikationspunkte zwischen Himmel und Erde darstellen.

„Orte erinnern sich, sie speichern ihre Geschichten, so wie unser Körper unsere Geschichten speichert. Orte reagieren auf Zuwendung, auf Achtsam-

Abb. 13: Promenade Plantée, Paris. Die kulturräumlich geprägte Noosphäre wird über die soziale Interaktion im Freiraum mitgestaltet.

keit, auf Wahrnehmung, so wie unser Körper und unsere Seele reagiert. Es ist eine Wohltat für einen Ort, wahrgenommen zu werden. Sein Sein wird unterstützt, Freude entsteht in der Kommunikation und es ist wie ein Geschenk, das mich in Form eines durchdringenden Gefühls mit der Lebendigkeit des Ortes verbindet und erfüllt" (Weh, 2014).

Zu den naturräumlich geprägten Noosphären kommen die menschgemachten Sphären hinzu. Zum einen die *sozialen Felder* der kulturell geschaffenen Bauten (Gebäuden, Infrastruktureinrichtungen, ...), die über die Baustruktur im Raum gehalten werden und sich mit der baulichen Evolution des Menschen weiterführend verändern. Zum anderen sind es die sozialen Felder der unmittelbaren Begegnung von Mensch, Tier und Pflanze, die als Prozess im Raum stattfindet. So können wir die *sozialen Felder* als unsichtbare Träger der noosphärischen Aktivität bezeichnen und sie nachfolgend baulich manifestieren oder als „emotionale Abdrücke" des Menschen im Raum ausbilden und so den Körperraum (nach Löw, 2008) zum relationalen Raum werden lassen.

Introspektive Raumwahrnehmung der Noosphäre

Die Wahrnehmung der Noosphäre basiert auf dem unmittelbaren Austausch von Informationen. Vergleichbar mit der Resonanz von Tonfrequenzen (z. B. Obertöne) treten Informationsfelder von Orten mit jenen des Menschen in Resonanz und tauschen einander aus. Der Physiker Anton Zeilinger meint zum Phänomen der Resonanz, dass naturwissenschaftlich gemessen zwei Lichtteilchen miteinander interagieren, ohne dass es zwischen ihnen eine Verbindung gibt, auch wenn sie beliebig weit von einander entfernt sind. In einem Interview mit der Zeitschrift *profil* erklärte er:

„Ich messe und bekomme eine Antwort. Das kann irgendeine Eigenschaft sein, etwa die Farbe. Und in diesem Moment bekommt das andere Teilchen genau die gleiche Eigenschaft." Auf die anschließende Frage, warum das so sei, antwortet Zeilinger: „Das kann man im klassischen Weltbild nicht erklären. Das kann man nur so erklären, dass es uns lehrt, dass Information wichtiger ist als die Wirklichkeit" (in profil vom 09.08.2012).

Die Wahrnehmung selbst reicht also über die sinnliche Perzeption hinaus und findet auf der Ebene der Noosphäre statt. Lassen wir uns auf sie ein, dann wird die Begegnung mit der Landschaft zu einem *Hier-und-Jetzt-Erlebnis* und gewinnt zeitauflösende Präsenz. „Durch das Verweilen bei dem Erscheinen von Dingen und Situationen gewinnt die Wahrnehmung ein spezifisches Bewusstsein von Gegenwart. Sie verschafft denen, die sich ihr überlassen, Zeit für den Augenblick ihres Lebens" (Seel, 2004).

Entsprechend der introspektiven Phänomenologie und in Anlehnung an Ken Wilber (2005) handelt es sich bei dieser Form der Wahrnehmung um eine subjektiv nach innen ausgerichtete Betrachtung räumlich wirksamer Phänomene. Der Anspruch einer objektiv ausgerichteten Wahrnehmung ist nach dem naturwissenschaftlichen Paradigma nicht gegeben. Allerdings ist es möglich, im Sinne der Phänomenologie die einzeln gesammelten Erkenntnisse in Gruppen zusammenzuführen und somit zu intersubjektivieren. Diese Form der Methode braucht in Bezug auf die persönlichen Reaktionen und Wahrnehmungsreaktionen viel Erfahrung, speziell in der Interpretation der Ergebnisse. Zur Unterstützung der Vorbereitung und Durchführung bieten sich folgende Schritte an:

einstimmen: eine kontemplative Stimmung aufbauen
verbinden: beziehungsvoll den Raum fokussieren
wahrnehmen: auf die Resonanzphänomene, die sich von innen heraus zeigen, achten
übersetzen: die entsprechenden Empfindungen und Erfahrungen darstellen
verstehen: das Wahrgenommene interpretieren

Die *Wahrnehmungsreaktionen* finden wie bei der assoziativen Raumwahrnehmung von ästhetisch-atmosphärischen Phänomenen spontan und assoziativ statt und lassen sich dabei in unterschiedliche Reaktionsmuster zusammenführen.

Körperreaktionen: Bei der Beachtung körpereigener Reaktionen, ausgelöst durch die Noosphäre ausgewählter Orte, stellen wir uns mit nach innen gerichteter Achtsamkeit an einer für den Ort repräsentativen Stelle auf. Nun verfolgen wir die eigenen Körperreaktionen, indem wir nach innen fühlen und auf unseren Körper achten. Unterschiedlichste physisch zu bemerkende Resonanzen können sich zeigen und reichen vom Empfinden von Wärme oder Kühle, von Körperaktivierung oder -entspanntheit, von Körperschwere oder -leichtigkeit, vom Beruhigen oder Aktivieren der Herzfrequenz bis hin dazu, eine bestimmte Körperhaltung einzunehmen sowie weiteren Reaktionsmöglichkeiten.

Emotionale Empfindungen sind uns als Gefühlsempfindungen sehr vertraut. So führt der Seelenraum der Landschaft zur Aktivierung von unterschiedlichen Gefühlen, welche innere Befindlichkeiten wie Freude, Heiterkeit, Freiheit, Vertrauen, Offenheit, aber auch Unbehagen, Nachdenklichkeit u.a.m. auslösen können.

Assoziationen im Sinne von imaginativen, inspirativen und intuitiven Erfahrungen: Mittels dieser Herangehensweise können wir ganz bewusst die dem Menschen innewohnenden Wahrnehmungspotenziale der Imagination, Inspiration und Intuition im Kontext der introspektiven Raumwahrnehmung anwenden.

Imagination: Die bildhafte Imagination ist ein Sehen mit dem „inneren Auge“. Die Wahrnehmungsreaktionen entstehen aus der Resonanz mit Urbildern des Raumes.

Inspiration: Die inspirative Wahrnehmung beruht darauf, sich vom Genius (dem Geistigen des Ortes oder eines seiner Raumelemente) berühren zu lassen. Die inspirative Herangehensweise ist dabei gerichtet und fokussiert und wird als künstlerisch-kreativer Prozess umgesetzt. Zum Beispiel in Form des inspirativen Schreibens oder Zeichnens, durch welches sich die Qualität des Ortes in uns ausdrücken kann. Dies kann auch in Form innerer Klang- und Sprachbilder ablaufen.

Die Erkenntnis entsteht in der unmittelbaren Kommunikation mit dem Ort, ohne dass wir aus unserem rationalen Gedankenfeld heraus agieren und darüber nachdenken müssen, was wir schreiben oder zeichnen. In der kreativen Umsetzung der Wahrnehmung entsteht ein Flow-Zustand, der in seinem Geschehen klar wahrnehmbar ist und wodurch der inspirative Prozess für uns selbst erkenntlich und als Erfahrung nachvollziehbar wird. Die folgenden Bilder zeigen je ein Beispiel zum inspirativen Zeichnen (mit geschlossenen Augen) und Schreiben am selben Ort.

Die offene Wiese breitet sich aus vor mir,
beleuchtet durch die weißen Blütenkerzen des Wilden Germers.
Farne tanzen hoch und legen mit ihren Blätterfächern
das satte Grün der Urzeit hinein.
In der Zartheit der Empfindung löst sich die Gegenwart in der Ewigkeit auf.
Und seidig glänzend entfalten die Feen ihre Schmetterlingsflügel,
um tanzend im Seelenraum des Ortes auszuströmen.
So sanft und zugleich so kraftvoll.

Erwin Frohmann

Intuition: Die Intuition „… bringt den Menschen in Verbindung mit dem Wesen der Wirklichkeit selbst“ (Steiner, in De Boer, 2014). Denn das Wesentliche erfassen nicht wir, sondern es erfasst uns. Die intuitive Erkenntnis erfolgt zumeist als spontane Reaktion, die sich aus der Absichtslosigkeit heraus entfaltet. Sich einem Ort intuitiv zu nähern, heißt, sich unmittelbar auf seine innere Qualität, seine seelisch-geistige Grundlage zu beziehen. Die intuitive Reaktion ist von der Individualität des Menschen nicht zu trennen und der Weg zur Vertiefung der intuitiven Erkenntnisfähigkeit führt über die persönliche Erfahrung und das Erkennen der entsprechenden Wahrnehmungsreaktionen. Nach-

Abb. 14: Schafberg in Österreich

folgend genannte Erfahrungen können die bewusste Anwendung der Intuition hemmen oder fördern:

Das Zustandekommen der Intuition wird behindert durch

- die ausschließliche Ausrichtung des Wahrnehmungsprozess auf den persönlichen Selbstzweck,
- Vorurteile, Erwartungshaltungen und vorgefasste Meinungen,
- eine automatisierte Abwicklung der Wahrnehmung, die nach fixen Strukturen abläuft, was dazu führt, uns für die vielfältigen Möglichkeiten der intuitiven Wahrnehmung nicht zu öffnen.

Das Zustandekommen der Intuition wird gefördert durch

- absichtsloses und wertfreies Herangehen und Verhalten in der Wahrnehmung,
- das Einnehmen unterschiedlicher Blickwinkel, um den wahrzunehmenden Ort aus verschiedenen Sichtweisen heraus zu betrachten,
- die Fähigkeit, sich selbst von außen zu beobachten,
- spielerisches und humorvolles Herangehen an die Wahrnehmung,
- kontemplative Vorbereitung, um die eigene innere Ruhe und Gelassenheit zu fördern,

- Offenheit gegenüber den Reaktionen innerhalb der intuitiven Erfahrungen,
- die Auseinandersetzung mit der Symbolsprache, um die Reaktionen zu verstehen.

Kontemplative Raumwahrnehmung mit geschlossenen Augen – durchgeführt mit 25 Studierenden. Die Ergebnisse wurden anschließend zusammengeführt, intersubjektiv ausgewertet und folgende Körperreaktionen, emotionale Empfindungen und Assoziationen in Form von inneren Bildern, wurden dargestellt:

• *wasserverbunden, kraftvoll, belebend und weise:*	Aufmerksamkeit erweckend
• *ermahnend, immerwährend, dynamisch:*	Ich breite meine Arme
• *Kraft des Mondes:*	der Ort trägt mich

5 Wissenschaften und methodische Zugänge integrieren

Führen wir nun die bisher diskutierten Erkenntnisse im Kontext der integralen Raumwirkung und Raumwahrnehmung nach dem 4-Quadrantenmodell von Ken Wilber zusammen, das subjektive, objektive, individuelle und kollektive Aspekte berücksichtigt, und ordnen sie den Wissenschaften zu, so lässt sich das folgende interdisziplinäre Modell aufstellen.

Die vier Quadranten oben links, oben rechts, unten links, unten rechts repräsentieren vier grundlegende Wissenschaften mit ihren jeweiligen fachspezifischen Herangehensweisen. Wobei die beiden linken Quadranten für das Innen stehen und erlebnisbezogene Herangehensweisen mit immateriellen, subjektiven, persönlichen und kulturellen Phänomenen beschreiben, während die beiden rechten Quadranten das Außen repräsentieren und für die Erscheinungen des Objektiven und Materiellen stehen.

Zusammenfassend kann festgestellt werden, dass es in der integralen Betrachtung der Raumwirkung und -wahrnehmung darum geht, das Wir-

Holistische Integration der Wissenschaften

Grafik 1 und 2: Integrale Modelle: Erwin Frohmann weitergeführt nach der 4-Quadrantentheorie von Ken Wilber

kungsgefüge der genannten Quadranten bewusst zu einer Gesamtheit zusammenzuführen und die dafür erforderlichen Zugänge und Methoden in der Entwicklung, Gestaltung und Pflege unserer Lebensräume umzusetzen. Die integrale Betrachtung bietet in diesem Zusammenhang ein Denkmodell, um unsere Betrachtungsweisen zu erweitern und nicht zu trennen, da sie sich auf Grund des real bestehenden Wirkungsgefüges im Lebensprozess ohnehin ständig realisieren.

Holistische Integration methodischer Zugänge

Literatur

Bohm, D.: Die implizite Ordnung: Grundlagen eines dynamischen Holismus. Dianus-Trikont-Buchverlag, München, 1985.

Esbjörn-Hargens, S., Zimmermann, M.: Integrale Ökologie. Phänomen Verlag, Sencelles, 2013.

Frohmann, E.: Gestaltqualitäten in Landschaft und Freiraum, abgeleitet von den körperlich-seelisch-geistigen Wechselwirkungen zwischen Mensch und Lebensraum. Kunst- und Kulturverlag Wien, 2000.

Frohmann, et. al.: Eintauchen ins Paradies. Im Eigenverlag erschienen, d.signwerk Linz, 2014.

Guski, R., Blöbaum, A.: Umwelt-Wahrnehmung und Umwelt-Bewertung. Fakultät für Psychologie, Ruhr-Universität Bochum, 2003.

Hasse, J.: Was Räume mit uns machen – und wir mit ihnen. Kritische Phänomenologie des Raumes. Verlag Karl Alber, Freiburg/München, 2. Auflage, 2015.

Hauskellner, M.: Atmosphären erleben. Philosophische Untersuchungen zur Sinneswahrnehmung, Akademie Verlag, Berlin, 1995.

Hüther, G.: Die Macht der inneren Bilder. Vandenhoeck & Ruprecht, Göttingen, 2004.

Ittelson, W. H. et al.: Einführung in die Umweltpsychologie, Stuttgart, 1977.

Jung, C. G.: Archetypen. Deutscher Taschenbuch Verlag, München, 1995.

Leser, H.: Landschaftsökologie. Eugen Ulmer, Stuttgart, 1978.

Loidl, H., Bernard, S.: Freiräume – Entwerfen als Landschaftsarchitektur. Birkhäuser, Basel, 2003.

Lovelock, J., Alleby, M.: Gaia – Die Erde als Organismus. In: Viele Wege, Hrsg. Satish Kumar/Roswitha Hentschel, Dianus-Trikont, München, 1985.

Löw, M.: in Krusche J.: Der Raum der Stadt – Raumtheorien zwischen Architektur, Soziologie, Kunst und Philosophie in Japan und im Westen. Hrsg.: Japanisch-Deutsches Zentrum Berlin. Jonas Verlag, Marburg, 2008.

Luckner, A.: Martin Heidegger: „Sein und Zeit" – Ein einführender Kommentar. 2., korr. Aufl., Ferdinand Schöningh Verlag, 2001.

Moser, F., Narodoslawsky, M.: Bewusstsein in Raum und Zeit – Grundlagen der holistischen Weltsicht. Insel Verlag, 1996.

Müntz, S.: In: Frohmann et. al.: Eintauchen ins Paradies. Im Eigenverlag erschienen, d.signwerk Linz, 2014

Schneider, W.: Sinn und Un-Sinn. Umwelt sinnlich erlebbar gestalten in Architektur und Design. Bauverlag, Wiesbaden und Berlin, 1978.

Schürmann, E.: So ist es, wie es uns erscheint – Philosophische Betrachtungen ästhetischer Ereignisse. In: Hauskellner, M. (Hrsg.): Die Kunst der Wahrnehmung – Beiträge zu einer Philosophie der sinnlichen Erkenntnis. SFG-Servicecenter-Fachverlage GmbH, 2003. (Die Graue Reihe, Nr. 36)

Seel, M.: Über die Reichweite ästhetischer Erfahrung. In: Brandstätter, U.: Grundfragen der Ästhetik. Böhlau/UTP, Köln, 2008.

Steiner, R.: Intuition im Brennpunkt. Hrsg. Eduard De Boer. Rudolf Steiner Verlag, Dornach, 2014.

Teilhard de Chardin, P.: Der Mensch im Kosmos. Beck'sche Verlagsbuchhandlung, München, 1959.

Thiele, J.: Die mystische Liebe zur Erde – Fühlen und Denken mit der Natur. Kreuz, Stuttgart, 1989.

Weh, A.: In Frohmann et. al.: Eintauchen ins Paradies. Im Eigenverlag erschienen, d.signwerk Linz, 2014.

Wilber, K.: Im Auge des Hurrikans bist du sicher. Herder Spektrum Verlag, Freiburg, 2005.

Zeilinger, A.: Den lieben Gott kann man nicht denken. Interview in der Zeitschrift profil. Wien, 09.08.2012, www.profil.at, 19.12.2016.

Bildnachweise

Abb. 6: Fotolia, Uwe Breuer
Alle weiteren Abbildungen: Erwin Frohmann

Andrea Hoffnung

Die integrale Theorie als Basis für eine ganzheitliche Lebensraumgestaltung

Eine Einführung in die Grundgedanken

1 Einleitung

Wenn wir uns mit integraler Architektur und Lebensraumentwicklung auseinandersetzen, stellt sich zunächst die Frage, was unter dem Begriff „integral" zu verstehen ist. Der Begriff „integral" leitet sich von den lateinischen Wortwurzeln „integrare" und „integratio" ab. „Integrare" kann mit „einschließend", „ausgewogen", „umfassend" oder „heil", umschrieben werden. „Integratio" steht für die Wiederherstellung eines Ganzen (vgl. Hellbusch, 2003, 179). Dies ist ein sehr hoher Anspruch! Folglich können wir daraus schließen, dass es sich beim integralen Ansatz um eine sehr umfassende Theorie handelt. Um sie in ihrer Komplexität überhaupt erfassen zu können, bedarf es zunächst einer Erklärung ihrer weltanschaulichen Grundlage.

2 Das aktuelle und das integrale Weltbild

Generell bezeichnet ein Weltbild die Interpretation der Welt, die in einem bestimmten Kulturkreis zu einer bestimmte Zeit die allgemein anerkannte Auffassung von Wirklichkeit repräsentiert. Es prägt, in Abhängigkeit vom Selbstverständnis (Menschenbild) und vom herrschenden Bewusstsein, das Verhältnis des Menschen zu seiner Mitwelt.

Das vorherrschende Weltbild wird von unterschiedlichen Faktoren beeinflusst. Es ist im Wesentlichen abhängig von der Sichtweise, die Menschen aufgrund ihrer Prägungen durch den Prozess der Entwicklung der menschlichen Spezies im Sinne der biologischen Evolution (Phylogenese), durch den Prozess der Zivilisation (Soziogenese) sowie den Prozess der menschlichen Individualentwicklung (Ontogenese) empfangen haben (vgl. Bourassa, 1991, 53).

Die gesellschaftlichen, wirtschaftlichen und ökologischen Krisen unserer Zeit sind dem österreichisch-amerikanischen Physiker und Philosophen Fritjof Capra zufolge auf das aktuell vorherrschende Weltbild zurückzuführen. Für den amerikanischen Autor und Kulturphilosophen Ken Wilber, den Begründer der integralen Theorie, ist dieses Weltbild ein solches, „das den Menschen fälschlicherweise vom übrigen Gewebe der Wirklichkeit trennt und oft genug noch darüber erhebt" (Wilber, 2006, 20). Es ist geprägt von Prinzipien, die als dualistisch, mechanistisch, atomistisch, anthropozentrisch und hierarchisch bezeichnet werden. Es geht bei dieser Weltsicht um die Dominanz der physisch-materiellen Erscheinung und der analytischen Betrachtungsweise des rationalen Denkens. Die präzise Erforschung der materiellen Welt bis in ihre kleinsten atomaren Bestandteile und ihrer Naturgesetze steht im Vordergrund.

Auch die klassische Architektur sowie die Stadt- und Raumplanung sind in der Regel primär auf die physischen Gegebenheiten und die Sinneswahrnehmung ausgerichtet. Der Hintergrund ist eine auf dem reduktionistischen Prinzip beruhende Sichtweise. Demnach soll die Vielfalt der Erscheinungsformen in Raum und Landschaft zur besseren Messbarkeit und Objektivierbarkeit verringert und weitestgehend auf das physikalische Erscheinungsniveau reduziert werden. Nur was für das physische Auge sichtbar ist, was stofflich materiell greifbar ist und mit dem Verstand erfasst werden kann, wird anerkannt und bei der Planung berücksichtigt. Die emotional wirksamen, archetypischen und phänomenalen Verhältnisse hingegen werden meist nicht in ihrer Komplexität aufgegriffen oder so weit reduziert, dass wesentliche Teile dessen, was tatsächlich existiert, nicht oder nur teilweise erfasst werden können (vgl. Scholz, 1998, 147).

Der Physiker Hans-Peter Dürr hat in diesem Zusammenhang darauf hingewiesen, dass die Reduktion der Wirklichkeit auf das objektiv Feststellbare durchaus vorteilhaft sei, das prinzipiell Unbegreifbare müsse deswegen aber nicht unwesentlich für den Menschen sein (vgl. Dürr, 2010, 26).

Unser Weltbild weist also sehr starke Polaritäten in der Art und Weise auf, die Welt und ihre Zusammenhänge zu verstehen. Die integrale Weltsicht versucht diese Polaritäten zu überwinden. Es geht dann nicht mehr um harte Gegensätze, sondern um ihre gleichberechtigte Integration, also nicht mehr um ein Entweder-oder, sondern um ein Sowohl-als-auch. Somit bildet der integrale Ansatz den Rahmen für eine ganzheitliche, systematische Erfassung der Welt und aller in ihr stattfindenden Aktivitäten. Dazu ist eine mehrdimensionale oder mehrperspektivische Betrachtungsweise notwendig, die die Natur, die Landschaft, den Menschen, ja, den ganzen Kosmos als komplexes System mit ineinandergreifenden Wirkungen versteht.

Die im integralen Weltbild verankerten Wertvorstellungen führen zu entsprechenden Handlungsanweisungen im Hinblick auf den Umgang mit der den Menschen umgebenden Mitwelt. Ziel ist ein wahrhaft umfassendes Weltverständnis, „das mehr auf Ganzheit, Beziehung und Integration ausgerichtet ist, auf mehr Achtung für die Erde und weniger anthropozentrische Arroganz" (Wilber, 2006, 21).

Anfang letzten Jahrhunderts kam die Physik zu der Erkenntnis, dass es kleinste materielle Bausteine nicht gibt: „Die bisherige Vorstellung der Welt als ‚Realität' (...) musste anders gedeutet werden, als eine nicht-auftrennbare, immaterielle, lebendig wirkende Potenzialität im ständigen Wandel" (Dürr, 2010, 8). Das Universum, so der Quantenphysiker und Philosoph David Bohm, wird heute als dynamisierte Form holographischer Ganzheit, als eine „ungeteilte Ganzheit in fließender Bewegung" betrachtet, aus der alle Strukturen der Natur hervorgehen (Bohm, 1985, 31). Er bezeichnet dies als die „implizite Ordnung". Darunter versteht er eine generative, innerliche Ordnung, aus der sich die manifeste Form der Dinge in einem kreativen Prozess herausbilden kann. Ein anschauliches Beispiel dafür ist die Fraktale Geometrie nach Mandelbrot, auf die Uwe Breuer in seinem Beitrag für diesen Band näher eingeht.

Das integrale Verständnis verwirft oder negiert das aktuelle Weltbild keinesfalls, sondern erweitert es in Richtung ganzheitlicher Erfassung. Es beruht auf einer Philosophie, derzufolge die Welt in Wirklichkeit eine Ganzheit darstellt. Alle Komponenten und Teilaspekte, die in ihr existieren, weisen Wechselwirkungen auf, d.h. sie stehen miteinander in Resonanz und interagieren auf vielfältige Weise. Der Philosoph Jean Gebser (1905-1973) spricht in diesem Zusammenhang von einer a-perspektivischen und a-rationalen Weltwahrnehmung, die sich seit einigen Jahrzehnten nach und nach etabliert. Im Gegensatz zu früheren Kulturepochen lässt diese nicht nur *eine* Perspektive, sondern die Betrachtung aus mehreren Blickwinkeln zu und integriert die gewonnenen Erkenntnisse. Des Weiteren finden neben den rationalen Erkenntnissen auch andere Erkenntnisweisen – z.B. emotionale oder geistig-spirituelle – Anerkennung.

In ihrer Gesamtbetrachtung beschreibt die integrale Weltsicht quasi ein ganzheitliches Weltmodell, das die Zusammenhänge aus östlicher und westlicher Philosophie, aus der Wissenschaft, aus verschiedenen Religionen, Spiritualität und alten Weisheitstraditionen in einem übergeordneten Dialog zusammenführt. Auch wenn verschiedene geistverwandte Ideen wie die von Sri Aurobindo (Begründer des integralen Yoga), Rudolf Steiner (Begründer der Anthroposophie), Don Beck (Spiral Dynamics) und anderen mit einfließen, waren es Jean Gebser (Konzept des integralen Bewusstseins) und in den letzten Jahrzehnten vor allem Ken Wilber (Philosophie des universellen Integralismus), die diese umfassende Weltsicht in entscheidender Weise geprägt haben.

3 Integrales Bewusstsein

Jean Gebser spricht vier Bewusstseinsstrukturen an, die im Laufe der Geschichte nacheinander die Bewusstwerdung des Menschen bestimmt haben: die archaische, die magische, die mythische und die mentale Struktur.

Die archaische Bewusstseinsstruktur war Gebser zufolge in der Zeit vor 200.000 v. Chr. zu finden, als die Menschen in Gruppen Höhlen bewohnten und sich als Fischer, Jäger oder Sammler betätigten. Den Funden entsprechend, die über das Leben in dieser Zeitepoche Auskunft geben, kommt Gebser zu dem Schluss, dass der Mensch damals in einer extremen Naturverbundenheit gelebt und noch kein klares Ich-Bewusstsein ausgebildet hatte (vgl. Ducommun, 2005, 29).

Die magische Epoche bezeichnet die Zeit zwischen 200.000 bis 10.000 v. Chr. Hier lebten die Menschen meist in Sippen, Clans oder Großfamilien und waren noch mit der Natur verbunden. Felsenmalereien und andere Zeugnisse weisen jedoch darauf hin, dass der Mensch sich nach und nach von der Natur entkoppelt hatte, ja sich zum Teil sogar von ihr bedroht fühlte. Dies führte zur Entstehung der Naturreligionen, in denen die Natur als beseelt galt und Geist bzw. Seele und Erde bzw. Körper vereint waren. Durch Priester, die religiöse Rituale und Handlungen ausführten, versuchte man mit den Geistern der Natur und den Ahnen in Verbindung zu treten (vgl. Ducommun, 2005, 30).

Das dritte Zeitalter bezeichnet Gebser als das mythologische Zeitalter. Es umfasst die Zeit von 10.000 v. Chr. bis etwa 1.000 bis 1.500 n. Chr. Es war die Zeit der frühen Garten- und Ackerbaukulturen sowie der monotheistischen Religionen, in der sich sukzessive ein von der Natur getrenntes Bewusstsein entwickelte und der Mensch seine Innenwelt zu erkennen begann (vgl. Ducommun, 2005, 32f).

Aus der mythologischen Epoche entwickelte sich die mentale heraus, die bis in unsere jetzige Zeit reicht. Der Mensch verabschiedete sich von der mythologischen Innenschau und emanzipierte sich. Das Ego wurde zur Basis seines Handelns. Rationales Denken, Differenzieren und Bewerten und eine dualistische Polarisierung von Innen und Außen setzten sich durch und bereiteten den Boden für eine Welt der Gegensätze.

Derzeit befinden wir uns im Übergang von der mentalen zu einer fünften, der integralen Bewusstseinsstruktur (vgl. Hellbusch, 2003, 116f). Diese müsste die Erfahrungen und Erkenntnisse der vergangenen Kulturepochen zusammenzuführen und als Basis für neue Bewusstseinsentwicklungsprozesse nutzen. Charakteristisch für diese nach Gebser „integral" zu bezeichnende Zeitepoche ist die Ausbildung eines neuen Bewusstseins. Gebser hat diesbezüglich den Begriff des „integralen Bewusstseins" geprägt, das er als Erweiterung des aktuell vorherrschenden, dualistischen und reduktionistischen Weltbildes versteht. Er geht dabei davon aus, dass wir uns in einer Zeit grundlegender Veränderungen befinden, die uns zu einem neuen Bewusstsein führen. Integrales Bewusstsein bedeutet für ihn, die Begrenzungen des mental-rationalen Verstandesdenkens zu übersteigen und sich zu öffnen für „die Fähigkeit, jene Zusammenhänge zu verstehen, die uns konstituieren: es ist ein stets statthabender Akt des Integrierens und Richtens" (Gebser, 1978, 291). Dazu muss der Mensch über innere Ebenen verfügen, die ihm die Erschließung seiner Mitwelt in ihrer spezifischen Eigenart, d. h. in ihrem Wesenskern ermöglicht, denn, so Wilber: „Das Innen der Dinge ist Bewusstsein, das Außen ist Form" (Wilber, 2006, 148).

Doch das Erfahren der Zusammenhänge als Teilhabe am Weltganzen reicht nach Auffassung Gebsers noch nicht aus. Es erfordert auch das Umsetzen gemachter Erfahrungen, denn „das nur ermessende Wissen um die ... anschaulich gemachten Zusammenhänge genügt nicht, es sei denn, es setze sich in lebendiges Wissen um. Das ermessende Wissen wird uns durch die Vorstellung, das lebendige Wissen durch die Erfahrung zuteil" (Gebser II, 317, zit. nach Hellbusch, 1998, 54). Damit will er sagen, dass wir Menschen integraler Bestandteil unserer Mitwelt sind und dass wir, wenn wir das verstanden haben, auch Verantwortung für sie zu übernehmen haben. Das Wissen um die höheren Zusammenhänge nützt nichts, wenn es in der Schublade liegt. Es muss in unserer Lebenswelt Anwendung und Umsetzung finden.

4 Das Integritätsprinzip

Vor dem Hintergrund des integralen Weltbildes haben insbesondere Werte wie ganzheitliches Denken und Handeln, Integrität, Authentizität, Unverfälschtheit, aber auch Respekt im Umgang mit nichtmenschlichem Sein, d. h. mit Tieren oder auch Pflanzen eine ganz zentrale Bedeutung (vgl. Niggli, 2006, 29). In diesem Zusammenhang spielt das Integritätsprinzip eine entscheidende Rolle:

„Integrität ist der zugrunde liegende Wert, auf dem alle anderen aufbauen", sagt der Persönlichkeitstrainer und Buchautor Brian Tracy (Tracy, 2004, 3). Und gerade deshalb ist Integrität von so fundamentaler Bedeutung für den integralen Ansatz.

Der Begriff *„Integrität"* leitet sich vom lateinischen „integritas" ab und steht im Wesentlichen für Unversehrtheit und Intaktheit. Jan Vorstenbosch definiert Integrität als „Ganzheit, Intaktheit und ungeschädigten oder unbeschädigten Zustand eines Dinges, insbesondere eines Lebewesens" (Vorstenbosch, 1993, zit. nach Hauskeller, 2009, 49). Integrität wird aber auch oft mit den Begriffen „Würde und Ehre", „Freiheit und Autonomie", „Authentizität und Wahrhaftigkeit" in Zusammenhang gebracht. Sie ist als Antwort auf das menschliche Begehren nach „Intaktheit und Unversehrtheit" zu verstehen, das letztendlich ein Bedürfnis nach „Ganzheit" und „Heilsein" darstellt (vgl. Pollmann, 2005, 12, 21).

Hinsichtlich ethisch-moralischer Wertschätzung steht in unserer Gesellschaft der Mensch als vernunftbegabtes Wesen im Mittelpunkt und erlebt sich seiner Mitwelt gegenüber als hierarchisch übergeordnet. Diese genießt weniger ethisch-moralische Beachtung und Anerkennung. Doch nicht nur wir Menschen, sondern alles Existierende (Tiere, Pflanzen, Natur und Landschaft, Ökosysteme, etc.) – alles hat ein Recht darauf, in seiner spezifischen Eigenart wahrgenommen zu werden. Diesem Integritätsanspruch will der integrale Ansatz Rechnung tragen. Dabei kann das Maß der Fähigkeit zur Integrität hinsichtlich der Mitwelt, das ein Individuum oder eine Gesellschaft sich erworben hat, als Indikator für ein bereits entwickeltes integrales Bewusstsein dienen.

5 Integrale Ökologie – die Mensch-Mitwelt-Beziehung

Mensch und Mitwelt stehen in permanenter wechselseitiger Interaktion und bedingen sich gegenseitig. Der Umgang des Menschen mit seiner Mitwelt ist eine Frage der Entwicklung von Qualitäten seines Inneren und letztendlich des Bewusstseinsstandes. Er entscheidet, aus welcher Perspektive er die Welt und die Natur betrachtet.

Integrale Ökologie basiert auf einem Weltbild, das auf Ganzheit, Integration, auf Beziehung mit und die Achtung der Erde ausgerichtet ist (vgl. Wilber, 2006, 21). In ihren ethischen Grundsätzen erweitert sie daher auch den Rahmen der klassischen ökologischen Ethik, die sich mit der Rücksichtnahme befasst, die der natürlichen Mitwelt entgegengebracht wird: Die dabei möglichen, unterschiedlichen Grundpositionen können als Anthropozentrismus auf der einen und Physiozentrismus auf der anderen Seite bezeichnet werden. Die anthropozentrische Sichtweise gesteht Tieren, Pflanzen und unbelebter Materie (z. B. Steinen) keinen Eigenwert zu, sondern nur dem Menschen. Der Physiozentrismus weist dagegen belebter wie unbelebter Materie, also der gesamten Biosphäre einen Eigenwert zu (vgl. Gorke, 2000, 86, zit. nach Hoffnung, 2010, 33). Die integrale Ethik spricht nach Wilber *allem Existierenden*, materiell oder immateriell, belebt oder unbelebt, einen Grund-Wert zu (vgl. Habecker, 2007, 81).

Des Weiteren fordert die integrale ökologische Ethik einen Integritätsanspruch für jedes existierende Holon, wie die integrale Theorie eine zusammenhängende Organisationseinheit nennt. Demnach hat „ein jedes Holon (...) einen Anspruch auf Wahrnehmung seiner spezifischen Eigenart sowie seines Gesamtkontextes und Beziehungsgefüges" (Hoffnung, 2010, 37). Dabei berücksichtigt die integrale Theorie ein multidimensionales Wertesystem, das zwischen äußerlichen und innerlichen Werten unterscheidet. Sie distanziert sich jedoch von einem „radikalen ökozentrischen Egalitarismus, demzufolge alles den gleichen grundlegenden Wert hat" (Esbjörn-Hargens & Zimmermann, 2012, 535).

Die Tiefenökologie beispielsweise, begründet von dem norwegischen Philosophen Arne Naess, ist ein naturphilosophischer Ansatz mit holistisch-biozentrischer Ausrichtung, der auf der wechselseitigen Bedingtheit allen Lebens beruht und jedem Lebewesen einen Eigenwert zuschreibt. Dieser Sicht entsprechend ist alles miteinander verbunden und voneinander abhängig (vgl. Gesellschaft für angewandte Tiefenökologie e.V., www.tiefenoekologie.de/texte).

Das Gedankengut der Tiefenökologie, insbesondere der wechselseitigen Bezogenheit alles Existierenden, war bereits im alten China bekannt und wurde damals von dem Begründer des Tiantai-Buddhismus, Zhi Yi (538-597), verbreitet, indem er dazu aufrief, allen Lebewesen und der gesamten Mitwelt Respekt zu zollen (vgl. Ziporyn, 2014). Grundlage der modernen Tiefenökologie ist die von Lynn Margulis und dem Chemiker, Biophysiker und Mediziner James Lovelock gegründete Gaia-Hypothese. Ihr zufolge ist die Erde samt ihrer Biosphäre als Lebewesen, bzw. als sich selbst organisierendes System zu verstehen (vgl. Living Gaia, 2015). Das Wesen der Tiefenökologie besteht darin, über die Analyse von Ursache-Wirkungszusammenhängen hinaus nach dem „Ur-Grund" allen Seins zu fragen, das jenseits des rationalen, diskursiven Denkens liegt (vgl. Naess, 1997, 199). Sie erfordert ein ökologisches Bewusstsein der allseitigen Verbundenheit, das neben rationalen Erkenntnissen beispielsweise auch intuitive Einfühlung in Landschaftselemente anstrebt (vgl. Devall & Sessions, 1985, 7, zit. nach Krieger und Jäggi, 1997, 258). Dies ist durch die Erfahrung und Reflexion tiefer innerer Gefühle möglich. Naess zufolge bedarf es dazu einer auf Liebe basierenden Identifikation, aus der sich eine intensive Empathie für andere Wesen, insbesondere für Raum- und Landschaftselemente, entwickelt (vgl. Naess, 1995, 139, zit. nach Hildebrandt, 2000, 67).

6 Das Holon-Konzept als Organisationsstruktur des Integralen

Ken Wilber, Arthur Koestler, Rupert Sheldrake und andere gehen davon aus, dass der Kósmos (von Wilber stets in der Schreibweise mit Akzent verwendet, um ihn als allumfassende Sphäre von der rein physikalischen Bezeichnung abzuheben) nicht aus Dingen oder Prozessen besteht, sondern aus verschiedenen interagierenden Organisationsebenen oder „morphischen Einheiten", die integral auch als Holons bezeichnet werden (vgl. Wilber, 2001, 159; Wilber, 2006, 57; Sheldrake, 1991, 128). Holons bzw. morhpische Einheiten unterliegen einer hierarchischen Ordnung. Da Koestler erkannt hat, dass alle Hierarchien aus Holons bestehen, bezeichnet er eine Hierarchie auch als Holarchie (Hierarchie von Holons). Dabei handelt es sich allerdings nicht um eine Kontrollhierarchie. Jedes Holon ist autonom und unterhält Beziehungen zu den jeweiligen über- oder untergeordneten Holons. Vergleichbar mit den russischen Matrjoschka-Puppen kann ein Holon sowohl eine Ganzheit darstellen, die aus untergeordneten Ganzheiten besteht, als auch selbst Bestandteil einer übergeordneten Ganzheit sein (vgl. Sheldrake, 1991, 128). Hierarchien richten sich vom Niederen zum Höheren aus, was bedeutet, dass das Höhere alle Eigenschaften des Niederen in sich aufgenommen und es um weitere Qualitäten erweitert hat (vgl. Habecker, 2007, 15). Wilber vergleicht das mit den Sprossen einer Leiter: Jede höhere Sprosse setzt alle tieferen voraus (vgl. Wilber, 2006, 305). Arthur Koestler formuliert dieses Prinzip wie folgt: „Jedes Holon hat die doppelte Tendenz, einerseits seine Individualität als quasi-autonome Ganzheit zu wahren und zu bekunden und andererseits als integraler Bestandteil einer (...) größeren Ganzheit zu fungieren“ (Koestler, 1967, 385, zit. nach Sheldrake 1991, 128). Dadurch erklärt sich die wechselseitige Bezogenheit der einzelnen Teile in einem Gesamtgefüge.

Die Organisation der Holons bzw. morphischen Einheiten erfolgt durch morphogenetische Felder. Diese sind als Informationsspeicher zu verstehen, die Prozesse, Formen, Organismen usw. aufbauen, aber umgekehrt auch von diesen beeinflusst und modifiziert werden. Somit hat jede Veränderung in einem System oder in einem Organismus Auswirkungen auf die Gesamtstruktur. In dieser Funktion gelten sie als Gestaltungsprinzipien der Natur, des Bewusstseins, der Gesellschaft und der Kultur (vgl. Gloy, 1996 a, 169; Kirchhoff, 1999, 159). Dieses auf Basis der Arbeiten von Arthur Koestler entwickelte Holon-Konzept bildet eines der Kern-Konzepte der integralen Philosophie.

7 Raum- bzw. Sphärengliederung

Aus integraler Sicht konstituiert sich der Kósmos aus verschiedenen Sphären bzw. Seinsbreichen, die nicht voneinander getrennt zu betrachten sind. Er wird als eine sich selbst organisierende Ganzheit verstanden, bei der verschiedene Wirklichkeitsformen interagieren. Nach diesem Verständnis ist im Kósmos alles mit allem verbunden und kann als Einheit betrachtet werden. Das Wissen um diese Zusammenhänge ist nicht neu, sondern mindestens dreitausend Jahre alt und vielfach in der „Philosophia perennis“, der immerwährenden Philosophie, beschrieben und galt noch bis etwa zum Jahr 1700 n. Chr. vielfach als eine Art philosophischer Konsens.

Die verschiedenen Sphären stellen quasi Organisationsebenen (Holons) dar, die holarchisch organisiert sind (Esbjörn-Hargens & Zimmermann, 2012, 535). Jede höhere Ebene nimmt demnach die Eigenschaften der niederen in sich auf.

Alle zusammen bilden den allumfassenden „Kósmos", der als äußerst komplexes System mit ineinandergreifenden Wirkungen verstanden werden muss. Der Begriff Kósmos wurde von den Pythagoräern eingeführt und bezeichnet eine übergeordnete Sphäre, die folgende Seinsbereiche einschließt:

- Die Physiosphäre: Sie beschreibt die anorganische, physisch-materielle Seinsebene, das materielle Universum, das Wilber auch als „Kosmos" (ohne Akzent geschrieben) bezeichnet. Sie ist Bestandteil der übergeordneten Biosphäre.
- Die Biosphäre: Sie bezeichnet den Bereich der organischen Substanz, d. h. alles Lebendige (Menschen, Tiere, Pflanzen etc.). Sie schließt die Physiosphäre ein und ist gleichzeitig Bestandteil der übergeordneten Noosphäre.
- Die Noosphäre: Diese wird von Ken Wilber (einen Begriff von Teilhard de Chardin aufgreifend) als Ebene von Geist, Psyche, Werten und Moral bezeichnet. Sie umfasst und transzendiert die Biosphäre (vgl. Wilber 2006, 31; Esbjörn-Hargens & Zimmermann, 2012, 535).

8 Das AQAL-System Wilbers als Ordnungsinstrumentarium

Ken Wilber unternimmt den Versuch, Zusammenhänge aus unterschiedlichen Disziplinen und Erfahrungsbereichen in einem umfassenden System zu verbinden, um ein exakteres Bild der Wirklichkeit zu zeichnen. Seinem Biografen Frank Visser zufolge versteht sich Wilber einem Sanskrit-Wort entsprechend als „Pandit", das heißt als Gelehrter, der darum bemüht ist, Wissen und Leben in Einklang zu bringen (vgl. Visser, 2002, 47f).

Wilbers integraler Ansatz kann als Meta-Theorie zur Erklärung der Welt bzw. der Wirklichkeit verstanden werden. Sie hat den Charakter eines Ordnungsinstrumentariums, das entsprechende Handlungsanweisungen hinsichtlich des Ordnens, Kombinierens, Koordinierens und Integrierens verschiedener Sichtweisen, Praktiken und Paradigmen enthält. Zur Umsetzung dienen fünf Operationalisierungskomponenten (Quadranten, Ebenen, Linien, Zustände und Typen), die er unter dem Begriff AQAL (all quadrants, all levels) zusammenfasst (vgl. Wilber 2007, 36; Wittrock, 2009, 33).

AQAL wird von Wilber auch als „Integrales Betriebssystem“ (IBS) oder „Integrale Landkarte“ bezeichnet. Die Operationalisierungskomponenten stellen verbindende Muster dar und beziehen sich auf alle Perspektiven und grundlegenden Merkmale jeglicher individueller Holons (vgl. Esbjörn-Hargens & Zimmermann, 2012, 79f).

8.1 Quadranten

Dem Integralen liegt eine mehrdimensionale bzw. mehrperspektivische Betrachtungsweise zugrunde, die sowohl subjektive, objektive, individuelle und auch kollektive Aspekte berücksichtigt. Jedes existierende Holon, d. h. jedes Ereignis, jedes fühlende Wesen oder Objekt, jeder Ort, jedes Gebäude verfügt über diese vier Dimensionen: die subjektive (phänomenologische) Dimension, die objektive (materielle) Dimension, die intersubjektive (kulturelle) und die interobjektive (systemtheoretische) Dimension. Alle diese Dimensionen sind untrennbar und durchdringen und ergänzen sich gegenseitig. Diese Dimensionen lassen sich als verschiedene Aspekte der Wahrnehmung verstehen, über die z. B. ein Individuum sich und seine Mitwelt erfahren oder mit ihr in Beziehung treten kann. Gleichzeitig kann ein Wesen, ein Objekt oder ein Ort auch von einem Betrachter aus vier Perspektiven wahrgenommen oder untersucht werden.

Quadrantenmodelle dienen generell als Rahmen zur übersichtlichen Darstellung komplexer Sachverhalte. Wilber ordnet daher die Dimensionen und Perspektiven vier Quadranten zu. Für einen Ort, im Sinne eines Raumausschnittes, können sie z. B. so formuliert werden:

- Objektiv-Materielle Dimension bzw. Perspektive (OR: Quadrant oben rechts)
- Systemisch-Soziale Dimension bzw. Perspektive (UR: Quadrant unten rechts)
- Seelisch-Geistige Dimension bzw. Perspektive (OL: Quadrant oben links)
- Kulturell-Ästhetische Dimension bzw. Perspektive (UL: Quadrant unten links)

Die vier Quadranten (s. Grafik 1) repräsentieren die vier grundlegenden Dimensionen des Ortes oder die vier grundlegenden Wege, um den Ort von außen zu betrachten: Die beiden linken Quadranten stehen für das „Innen“. Sie befassen sich mit den immateriellen, subjektiven Phänomenen. Die beiden rechten Quadranten stehen für das „Außen", d. h. für alles Objektive und Materielle. Die beiden oberen Quadranten stehen für die individuelle Betrachtung bzw. für die Untersuchung der Einzelteile. Die beiden unteren Quadranten stehen für kollektive Phänomene und Systemzusammenhänge.

Im Bereich von Lebensraumgestaltung und Architektur können Planungsvorhaben und Baumaßnahmen jeglicher Art durch die Berücksichtigung der quadrantenspezifischen Aspekte ganzheitlichen Charakter erhalten. Dies soll zum besseren Verständnis am Beispiel eines Schlossgutes erläutert werden:

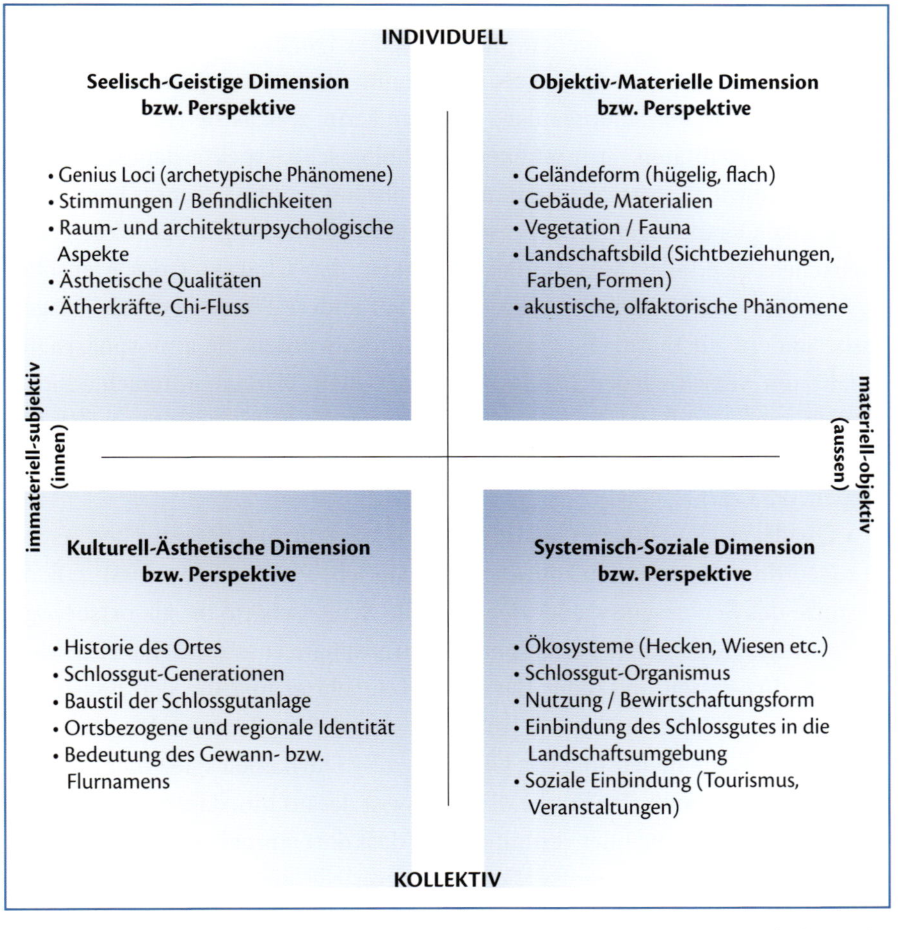

Grafik 1: Die Quadrantenspezifischen Dimensionen bzw. Perspektiven eines Schlossgutes, das heute als Behinderteneinrichtung genutzt wird. (Andrea Hoffnung, Darstellung nach dem Quadrantenmodell von Wilber)

Stellen wir uns ein Schlossgut vor, das einer Renovierung bedarf. Die Anlage, ehemals als Wasserschloss gebaut, wird heute als Behinderteneinrichtung genutzt. Die dazugehörigen Wälder und landwirtschaftlichen Nutzflächen werden von einem Bauern bewirtschaftet. Dieses Schlossgut soll im Vorfeld der Renovierungs- und Umgestaltungsmaßnahmen einer integralen Bestandsanalyse unterzogen werden.

Eine integrale Bestandsanalyse (hier rein exemplarisch und ohne Anspruch auf Vollständigkeit) sieht, wie Grafik 1 zeigt, die Berücksichtigung folgender quadrantenspezifischer Aspekte vor:

- Quadrant OL: Der obere linke Quadrant bringt die geistig-seelischen Aspekte, d. h. die individuellen phänomenalen Qualitäten der Schlossanlage zum Ausdruck, die der Mensch als Individuum über seine Wahrnehmung und Befindlichkeit in der Schlossanlage erfahren kann: z. B. ästhetische und atmosphärische Qualitäten, Stimmungen, psychologische Aspekte, den Äther- bzw. Chi-Fluss sowie die ortsspezifische archetypische Qualität („Genius Loci"). Von den antiken Ursprüngen her repräsentiert der Genius das geistige Wesen eines Menschen, d. h. alles, was die Persönlichkeit, den Charakter des Menschen ausmacht. Diese Vorstellung wurde auch auf andere Phänomene übertragen, insbesondere auf räumliche Gegebenheiten. So wurden die atmosphärischen Qualitäten verschiedener Landschaftstypen dem Wirken unterschiedlicher Genien zugeschrieben. Die Römer sahen darin das Wirken einer an den Ort gebundenen geistigen Macht und prägten dafür den Begriff „Genius Loci" (vgl. Pieper, 1984, 42).
- Quadrant UL: Diesem Quadranten sind die kulturell-ästhetischen Aspekte zugeordnet. Hier werden kollektive immaterielle Phänomene erfasst: z. B. die Historie des Schlossgutes oder der spezielle Schlosscharakter als ortsbezogene, kulturelle Identität, der eine spezielle Atmosphäre ausstrahlt, die viele Menschen wahrnehmen und teilen. Des Weiteren geht es hier um den Baustil der Gebäude, um traditionelle Feste und Bräuche, die gepflegt werden. Auch die Ortssemiotik, die Bedeutung von Gewann- oder Flurnamen spielt hier eine Rolle. Der Gewannname „Im Burgstall" z. B. weist darauf hin, dass an dieser Stelle früher eine Burg stand oder vermutet wird, dass dort einmal eine gestanden hat.
- Quadrant OR: Er repräsentiert die materielle, objektive Dimension des Schlossgutes. Alle sinnlich wahrnehmbaren Phänomene, alle materiellen Einzelbestandteile, die mess- und zählbar sind, werden hier erfasst: z. B. die Geländetopographie (bspw. hügelig oder flach), Gebäude, Bäume, einzelne Pflanzen,

Sträucher, Inventar, Farben, Formen, Gerüche, aber auch Geräusche wie das Läuten der Schlosskappellenglocken oder das Singen eines Chores.

- Quadrant UR: Dieser Quadrant steht für die systemisch-soziale Dimension, d. h. für materielle Systemverbände wie beispielsweise die Ökosysteme des Schlossgartens, die landwirtschaftlichen Nutzflächen und Wälder des Schlossgutes, für Bewirtschaftungsformen, für die soziale Einbindung des Schlossgutes in Tourismusverbände und caritative Trägerschaften etc. Die gesamte Schlossgutanlage kann auch als System betrachtet werden, das wie ein Organismus funktioniert. So spricht die Vorstellung eines „Schlossgutorganismus“ die vielfältigen Aspekte an, die beispielsweise im anthroposophischen Sinne zu einer ganzheitlichen Entwicklungsdynamik führen: Gebäude, Boden, Menschen, Tiere, Pflanzen bilden ein ineinandergreifendes, stabiles System.

Die Erfassung der hier aufgeführten Aspekte kann entsprechend des integralen Methodenpluralismus anhand naturwissenschaftlicher, systemtheoretischer, sozialgeographischer wie auch phänomenologischer und ästhetischer Methoden erfolgen. Das Ergebnis dieser Analyse ist die Bestandsaufnahme der Aspekte und Interaktionen der vier – entsprechend der integralen Theorie nicht reduzierbaren – Dimensionen der inneren und äußeren wahrnehmbaren Welt des Schlossgutes. Das aktuelle Beziehungsgefüge des Schlossgutes kann so in optimaler Weise erfasst werden und als Basis für die vorgesehenen Neugestaltungsmaßnahmen dienen.

8.2 Ebenen/Stufen

Ebenen sind als Entwicklungsstufen zu verstehen (z. B. Kulturepochen, Entwicklungsstufen der Planung oder der Umsetzung des Bauvorhabens). Sie sind im Vergleich zu den vorübergehenden Zuständen dauerhaft und bezeichnen Meilensteine von Wachstum oder Entwicklung. Jede Entwicklungsstufe stellt quasi eine bestimmte Ebene der Organisation oder Komplexität dar. Beispiele dafür sind die von Jean Gebser beschriebenen Hauptebenen bzw. Stufen des Bewusstseins: archaisch, magisch, mythisch, rational und integral oder die Spiral-Dynamics-Mem-Ebenen von Don Beck und Chris Cowan. Aber auch die Stadien der natürlichen Sukzession im Ökosystembereich (Initialstadium, Folgestadien) oder das Planungs-, Aushub-, oder Rohbaustadium eines Hauses stellen Entwicklungsstufen dar.

8.3 Linien

Entwicklung verläuft nicht eindimensional. Das Durchlaufen verschiedener Stufen oder Ebenen bezeichnet eine Entwicklungslinie wie z. B. bei einer Ausbildung oder Karriere. Es gibt unterschiedliche Entwicklungslinien einer Persönlichkeit: kognitiv, emotional, künstlerisch, religiös, spirituell etc. Ein weiteres Beispiel ist das Pflanzenwachstum. Eine Pflanze durchläuft verschiedene Stadien, die insgesamt eine Entwicklungslinie darstellen: Samen, Keimphase, Blattentwicklung, Blüte. Auch die Abfolge der Sukzessionsentwicklungsstufen vom Initialstadium über verschiedene Folgestadien bis hin zum Klimaxstadium oder der gesamte Planungs- und Realisierungsprozess beim Hausbau kann als Entwicklungslinie verstanden werden. Hinsichtlich des oben erwähnten Schlossgut-Beispiels bezeichnet der Wandel vom ursprünglichen Wasserschloss über diverse Schlossbesitzer und deren spezifischer Nutzung der Anlage bis hin zum heutigen Anstaltshaushalt eine Entwicklungslinie.

8.4 Typen

Als Typen werden die verschiedenen Stile bezeichnet, die in unterschiedlichen Bereichen entstehen. In der Psychologie unterscheidet man beispielsweise Persönlichkeitstypen, Verhaltensmuster oder Temperamentemuster, in der Kulturlandschaft Mitteleuropas stellen Wälder, Wiesen, Äcker, Hecken, Heiden Trockenrasen oder Moorlandschaften unterschiedliche Vegetationsformen dar. In der Architektur repräsentieren Typen die typologische Vielfalt von Gebäuden wie Einfamilienhäuser, Mehrfamilienhäuser, Industriegebäude, Schlösser oder spezielle Baustile.

Zusammenfassend lässt sich sagen, dass sich die AQAL-Komponenten bei jeglicher Art von Objekten, Phänomenen oder Individuen anwenden lassen. Durch das Zusammenwirken dieser Komponenten können die äußeren, objektiv-materiellen, wie auch die inneren, phänomenal-subjektiven Faktoren und Aspekte eines Objektes oder Individuums in ihrer Komplexität in optimaler Weise erfasst und untersucht werden. Des Weiteren wird dadurch erreicht, dass neben der objektiven naturwissenschaftlichen Betrachtung auch die Geisteswissenschaften im allgemeinen Sinn und die individuelle menschliche Wahrnehmung (z. B. durch introspektive Psychologie, bei der die „Erfahrungsgegenstände" im Inneren liegen) wissenschaftliche Beachtung erfahren (vgl. Habecker, 2007, 62).

9 Wozu dient der integrale Ansatz in der Architektur und Lebensraumentwicklung?

Grundsätzlich ist zu sagen, dass es nicht „den" integralen Ansatz gibt. Vielmehr versteht man darunter eine Zusammenführung verschiedener holistisch ausgerichteter Theorien und Ansätze, die einen disziplinären und methodologischen Pluralismus zum Ziel haben. Methoden und Komponenten aus unterschiedlichen Disziplinen werden zu einem Gesamtkonzept zusammengeführt, wodurch eine erweiterte und umfassende Wahrnehmung räumlicher Gegebenheiten ermöglicht wird. Baumaßnahmen jeglicher Art berühren in einem Landschaftsausschnitt vielfältige Systembereiche. Dies führt zu gravierenden Veränderungen im materiellen und immateriellen Gesamtgefüge. Die Orientierung an einer integralen Betrachtungsweise ermöglicht die Berücksichtigung dieses Gesamtgefüges sowie die Berücksichtigung der subtilen Vernetzungsstrukturen zwischen dem Menschen und seiner Mitwelt und sucht nach Lösungen, um ihnen gerecht zu werden. Das Bauen und Planen erfolgt zwar in erster Linie für den Menschen, jedoch unter Berücksichtigung der ihn umgebenden Mitwelt. Dabei kommt im Sinne des Integritätsprinzips allen am Planungs- oder Bauprozess beteiligten Aspekten (der Mensch, Ökosysteme, Flora, Fauna, naturräumliche Gegebenheiten, Landschaftsbild, phänomenale Erscheinungen etc.) angemessene Würdigung und Berücksichtigung zu.

Es geht dabei jedoch nicht um die Integration jeglicher Einzelaspekte der oft komplexen Zusammenhänge. Die Herausforderung besteht vielmehr darin, die im Hinblick auf den Untersuchungs- bzw. Planungsgegenstand essentiellen Komponenten zu erkennen und zu berücksichtigen. Das übergeordnete Ziel des integralen Ansatzes in Architektur und Lebensraumgestaltung ist, das Spektrum der klassischen Sicht- und Vorgehensweisen Theorien und Methoden zu erweitern. Unter Berücksichtigung individueller, kollektiver, objektiver und subjektiver Aspekte sollen qualitative und quantitative Aussagen gewonnen werden, die eine umfassende Wahrnehmung der ganzheitlichen Zusammenhänge ermöglichen und sich planerisch und praktisch umsetzen lassen. Dabei können insbesondere die Komponenten des AQAL als Operationalisierungshilfe wertvolle Dienste leisten.

Der integrale Ansatz sensibilisiert Bauherren und Planer für eine mehrdimensionale Betrachtungsweise: Weil er die Grenzen des materiell Sichtbaren übersteigt und auch das Immaterielle berücksichtigt, bietet er die Möglichkeit, räumliche Gegebenheiten oder ein Bauvorhaben in seiner Mehrdimensionalität wahrzunehmen. Dadurch kann das Beziehungsgefüge des Menschen und seines Lebensumfeldes in einer umfassenden, ausgewogenen und holistisch (ganzheitlich) orientierten Weise Berücksichtigung finden. Dabei kommen materielle, immaterielle, objektive, subjektive, individuelle und kollektive Aspekte im Planungs- und Realisierungsprozess gleichberechtigt zur Anwendung. Konkret bedeutet das, dass es um eine Erweiterung des materiell Sichtbaren oder Messbaren durch das Ungreifbare und doch Wahrnehmbare geht: durch emotionale, archetypische, phänomenale und geistige Aspekte.

Die Wertvorstellungen des Integralen basieren auf einer fortschreitenden Entwicklung des Bewusstseins. Denn eine Weiterentwicklung im ökologischen und ganzheitlichen Planen, Bauen und Gestalten ist nur dann möglich, wenn es auch eine Weiterentwicklung im Bewusstsein der Menschen gibt.

10 Fazit

Der integrale Ansatz versteht sich als Erweiterung des bisherigen Planungs- und Gestaltungsparadigmas. Er will in erster Linie dem Integritätsanspruch des Menschen und seiner Mitwelt gerecht werden. Von daher erfordert eine integrale, im Vergleich zur konventionellen Architektur erweiterte Lebensraumgestaltung, die gleichberechtigte Berücksichtigung materieller und immaterieller, objektiver und subjektiver sowie individueller und kollektiver Aspekte im Planungs- und Realisierungsprozess. Integral Planen und Bauen bedeutet, sich der ganzheitlichen Zusammenhänge bewusst zu sein und sie weitmöglichst zu integrieren.

Literatur

Bohm, D. (1985): Die implizite Ordnung. Grundlagen eines dynamischen Holismus. München: Dianus-Trikont Buchverlag GmbH.

Bourassa, S. C. (1991): The Aesthetics of Landscape. London: Belhaven Press.

Ducommun, G. (2005): Nach dem Kapitalismus – Wirtschaftsordnung einer integralen Gesellschaft. Aufl. 1, Petersberg: Via Nova Verlag.

Dürr, H.-P. (2010): Geist, Kosmos und Physik. Amerang: Crotona Verlag GmbH.

Esbjörn-Hargens, S., Zimmermann, M. E. (2012): Integrale Ökologie. Hamburg: Phänomen-Verlag.

Gebser, J. (1978): Ursprung und Gegenwart. Erster Teil. Gesamtausgabe Band II. Schaffhausen: Novalis Verlag.

Gesellschaft für angewandte Tiefenökologie e.V. (2016): Tiefe Ökologie. Online: http://www.tiefenoekologie.de/de/tiefe-oekologie.html (27.11.2016)

Gloy, K. (1996 a): Das Verständnis der Natur Bd. II. Die Geschichte ganzheitlichen Denkens. Bd. 2, München: Beck Verlag.

Habecker, M. (2007): Ken Wilber – Die integrale (R)evolution. 1. Aufl., Frankfurt a. M: Info3-Verlag.

Hauskeller, M. (2009): Biotechnologie und die Integrität des Lebens. Zug/CH : Verlag Die Graue Edition. (Die graue Reihe Nr. 53)

Hellbusch, K. (1998): Das integrale Bewusstsein Jean Gebsers. In: Jean Gebser Gesellschaft (Hrsg.) (2000): Beiträge zur integralen Weltsicht. Vol. XV. Schaffhausen: Novalis Verlag, 45–106.

Hellbusch, K. (2003): Das integrale Bewusstsein – Jean Gebsers Konzeption der Bewusstseinsentfaltung als prima philosophia unserer Zeit. Berlin: Tena Verlag.

Hildebrandt, C. (2000): Bildung aus ökologischer Perspektive – Psychodrama, Tiefenökologie und erweiterter Kunstbegriff als interdisziplinäre Impulse. Dissertation, Universität Braunschweig, Fachbereich Erziehungswissenschaften.

Hoffnung, A. (2010): Integrale Raumwahrnehmung im Kontext von Landschaftsarchitektur und Landschaftsplanung. Dissertation Universität für Bodenkultur, Wien.

Kirchhoff, J. (1999): Räume, Dimensionen, Weltmodelle – Impulse für eine andere Naturwissenschaft. München: Diedrichs Verlag.

Krieger, D. J., Jäggi, C. J. (1997): Natur als Kulturprodukt. Kulturökologie und Umweltethik. Basel, Boston, Berlin: Birkhäuser Verlag.

Living Gaia (2015): Die Gaia Hypothese. Online: http://www.living-gaia.org/gaia-hypothese.html (31.05.2015).

Naess, A. (1997): Die tiefenökologische Bewegung. In: Krebs, A. (Hrsg.): Naturethik. Frankfurt a. M.: Suhrkamp Verlag, 182–210.

Niggli, U. (2006): Öko und Gentechnik – nur ein gradueller Unterschied? In: Ökologie und Landbau Nr. 140, 28–29.

Pieper, J. (1984): Über den Genius Loci – Architektonische Gestaltungen einer antiken-römischen Idee. In: Pieper, J. (Hrsg.): Ort, Erinnerung, Architektur – Über den Genius Loci. Kunstforum international Bd. 69, Köln, S. 38–59.

Pollmann, A. (2005): Integrität. Bielefeld: Transkript Verlag.

Scholz, D. (1998): Landschaft als ästhetisches Ereignis. Ein Beitrag zur Psychologie landschaftsästhetischer Wirkung. Institut für Grünplanung und Garten Architektur Universität Hannover (Hrsg.): Beiträge zur räumlichen Planung. (Schriftenreihe des Fachbereichs Landschaftsarchitektur und Umweltentwicklung der Universität Hannover, Heft 53)

Sheldrake R. (1991): Das Gedächtnis der Natur. 4. Aufl. Bern, München, Wien: Scherz Verlag.

Tracy, B. (2004): Ausschnitt aus den Hörkassetten „Thinking big" vom 08.11.2004. Online: www.zenetrale.comsol.ag/file_download/42/Integritaet.pdf (28.03.2010).

Visser, F. (2002): Ken Wilber – Denker aus Passion. 1. Aufl., Petersberg: Via Nova Verlag.

Wilber, K. (2001): Ganzheitlich handeln. Freiamt: Arbor Verlag.

Wilber, K. (2006): Eros, Kosmos, Logos – Eine Vision an der Schwelle zum nächsten Jahrtausend. 4. Aufl. Frankfurt a. M.: S. Fischer Verlag.

Wilber, K. (2007): Integrale Spiritualität – Spirituelle Intelligenz rettet die Welt. 2. Aufl. München: Kösel Verlag.

Wittrock, D. (2008): Perspektiven inter- und transdisziplinärer Kooperation im Lichte des integralen methodologischen Pluralismus Ken Wilbers. Magisterarbeit der Universität Bremen, Studiengang Philosophie. Online: www.homepagefarmer.de/subdomain/wilber/wittrock/magisterarbeit.pdf (22.02. 2009).

Ziporyn, B. (2014): Tiantai Buddhism. Online: http://plato.stanford.edu/entries/buddhism-tiantai/ (20.06.2015).

Die Autorinnen und Autoren

UWE BREUER (*1965), Bau und Möbelschreiner, Tätigkeiten in verschiedenen Firmen. Aus der Praxis heraus entwickelte sich ein Interesse für alternative Ansätze in der Bautätigkeit. Es folgte eine Ausbildung als Feng Shui-Berater, Radiästhetischer Lebens-Energie-Berater in der systemischen Radiästhesie, so wie eine Ausbildung als Baubegleiter nach Harald Jordan. Uwe Breuer gilt als Mitbegründer des Vereins Integrale Architektur und Lebensraumentwicklung und ist in diesem als engagiertes Vorstandsmitglied aktiv tätig.

ERWIN FROHMANN (*1957), Biologe und Landschaftsarchitekt. Ao. Univ. Prof. am Institut für Landschaftsarchitektur, Universität für Bodenkultur Wien. Die Arbeitsschwerpunkte liegen im Bereich der Raumwahrnehmung und Raumwirkung im Kontext planerischer und gestalterischer Aufgaben betrachtet in ihrer integralen Vernetzung. Zudem Auseinandersetzung mit Ästhetik, Raumatmosphäre und der gesundheitsfördernden Wirkung von Landschaft. Zahlreiche Buchveröffentlichungen.

ANDREA HOFFNUNG (*1960) studierte Landespflege an der Fachhochschule Nürtingen. Später folgte das Aufbaustudium Landschaftsökologie an der Universität Kassel. Ihr Interesse an der Erforschung der Mehrdimensionalität des Raumes führte sie an die Universität für Bodenkultur Wien, wo sie – inspiriert durch Ken Wilber und Jean Gebser – zum Thema „Integrale Raumwahrnehmung im Kontext von Landschaftsplanung und Landschaftsarchitektur" promovierte. Andrea Hoffnung ist Vorstandsmitglied im Verein integrale Architketur und Lebensraumgestaltung.

CHRISTIAN KAISER, Dipl.-Ing. , Architekt SIA, führt seit 2005 in Lottstetten sein eigenes Architekturbüro. Berufsbegleitend hat er sich zum Baubiologen und baubiologischen Gebäudeenergieberater fortgebildet. Als Lehrbeauftragter unterrichtet er an der Fachhochschule Konstanz die Fächer „Ökologische Altbausanierung" u. „Energetische Altbausanierung" sowie an der Baukaderschule St. Gallen „Baubiologie/Bauökologie". Als Fachautor führte er während elf Jahren die Fachzeitschrift „Baubiologie" und publ. in versch. Fach- und Publikumsmedien. 2012 erschien sein Buch „Ökologische Altbausanierung" im VDE-Verlag Berlin, 2017 die 2. Auflage.

Stefan Kessler (*1958), eidg. dipl. Immobilien-Treuhänder und Ausbilder mit eidg. Fachausweis, ist seit Beginn seiner Erwerbstätigkeit in der Immobilienbranche tätig. Spezialisiert hat er sich auf's Immobilien-Marketing. Dieses Fach dozierte er über ein Jahrzehnt lang. Zudem ist er Autor zweier Feng Shui-Bücher und war zwischen 2008 und 2010 Mitherausgeber einer Architekturzeitschrift. Stefan Kessler ist Initiator und Präsident des Vereins Integrale Architektur und Lebensraumentwicklung. Er gilt als Wandel-Pionier und Gemeinschafts-Innovator.

Urs Maurer (*1945), eidg. dipl. Turnlehrer, ETH-Architekt, Baubiologe (eidg. FA); je elf Jahre als Architekt/Stadtplaner, als Fach- und Klassenlehrer an einer Waldorfschule, als Leiter und Dozent am Bildungszentrum Baubioswiss und als selbständiger Schulraumplaner tätig. Feldforschungsarbeiten zum Türkischen Wohnhaus, als Assistent an der ETH zur Stadtgestaltung marokkanischer Königsstädte, als Doktorand an der ETHZ (1998-2003) und an der TU Eindhoven (2004-2007) zu Themen des Schulbaus. Er ist Gründungsmitglied des Netzwerkes Bildung & Architektur und der transnationalen Lernunternehmung PULS.

Claudia Nelgen, Dipl.-Psych., geboren in Mainz, Deutschland. Ausbildung zur Fremdsprachenkorrespondentin. Studium der Philosophie und Psychologie an der University of Victoria (British Columbia, Kanada) und an der Freien Universität in West-Berlin. Mitarbeiterin des Krisen- und Beratungszentrums Berlin. Nach der Geburt der Tochter Umzug nach Trier und freiberuflich tätig in der psychologischen Beratung. Ab 2003 freiberuflich tätig als Architekturpsychologin und seit 2004 im Kompetenzteam der Modulhausfirma ecoswotch (Losheim). Von 2008 bis 2010 Redaktionsmitglied der Zeitschrift „Raum und Mensch". Schriftstellerisch tätig mit Veröffentlichungen seit 2014.

Joachim Pfeffinger (*1960), ist diplomierter Architekt mit Erfahrung in allen Leistungsphasen und Musiker. Seit 1990 ist er in verschiedenen Architekturbüros im Raum Basel als Mitarbeiter tätig, zwischen 2001 und 2005 führte er ein eigenes Architekturbüro in Basel mit zwei Mitarbeitern, Schwerpunkt Umbauten und Sanierungen. Als Musiker (Querflöte) war und ist er in verschiedenen Ensembles tätig. Bis heute erhält er regelmäßig Engagements als Solist. Bis 2015 war er Mitglied im Vorstand des integralen Netzwerks HOLON Schweiz. Joachim Pfeffinger ist verheiratet und Vater von drei Kindern.

DOMINIQUE STARCK (*1956), stammt aus einer Strassburger Musikerfamilie, in der das musikalische Erbe von Generation zu Generation weitergegeben wurde. Er studierte am Konservatorium und der Musikhochschule Zürich und schloss mit dem Konzertdiplom mit Auszeichnung ab. Es folgten weitere Studienjahre in Komposition und außereuropäischer Musik. Durch Forschungsarbeiten mit Prof. Dr. Balthasar Staehelin (Universität Zürich), John Buttrick (Musiktherapeut USA) und die Begegnungen mit Native Indians in den USA vertiefte Dominique Starck sein langjähriges Interesse für die therapeutischen und geomantischen Aspekte der Musik.

Weitere Titel aus dem Info3-Verlag

(eine Auswahl)

Michael Habecker
Ken Wilber – die integrale (R)EVOLUTION
Einführung in Theorie und Praxis eines neuen spirituellen Ansatzes
3. Auflage 2007, 272 Seiten, Broschur
ISBN 978-3-924391-35-5

Martina, Johannes F. und Tobias Hartkemeyer
Dialogische Intelligenz
Aus dem Käfig des Gedachten in den Kosmos des gemeinsamen Denkens
Mit einem Vorwort von Gerald Hüther
1. Auflage 2015, 200 Seiten, Broschur
ISBN 978-3-95779-033-0

Jens Heisterkamp
Schöne neue Wirklichkeit
Sieben post-faktische Denkblockaden und ihre Überwindung
1. Auflage 2017, 130 Seiten, Broschur
ISBN 978-3-95779-055-2

Ibrahim Abouleish
Die SEKEM-Symphonie
Nachhaltige Entwicklung für Ägypten in weltweiter Vernetzung
6. aktualisierte und stark erweiterte Neuauflage 2015, 192 Seiten, Broschur
ISBN 978-3-95779-027-9

Wolfgang Zumdick
Joseph Beuys und die Architektur
Perspektiven und Akzente
1. Auflage 2013, 140 Seiten, Broschur
ISBN 978-3-924391-66-9

Roland Halfen
Chartres
Schöpfungsbau und Ideenwelt im Herzen Europas
1. Auflage 2010, 4 Bände, insgesamt 2072 Seiten, gebunden
ISBN 978-3-932386-46-6

Die Bände sind auch einzeln erhältlich:
Band 1 Das Königsportal
Band 2 Die Querhausportale
Band 3 Architektur und Glasmalerei
Band 4 Die Kathedrale und ihr Umkreis

Joachim von Königslöw
Brücken
Mysterien des Übergangs
1. Auflage 2004, 264 Seiten, gebunden
ISBN 978-3-932386-80-0

Albert Vinzens, Bernhard Rüffert, Joachim J. Kühmstedt
Beuys Platanen und Basalte
7000 Eichen Projekt
Mit einem Vorwort von Ellen Markgraf
1. Auflage, 226 Seiten, gebunden mit Schutzumschlag
ISBN 978-3-95779-010-1

Verein Integrale Architektur und Lebensraumentwicklung (VIAL)
c/o Stefan Kessler (Vereinssekretariat)
Untere Bahnhofstrasse 1 B, CH-8910 Affoltern am Albis
Tel. +41(44)760 58 88, Fax: +41(44)760 58 87
office@integrale-architektur.org
www.integrale-architektur.org

Info3-Verlag
Kirchgartenstr. 1, DE-60439 Frankfurt
Tel. 069-58 46 47, Fax 069-58 46 16
vertrieb@info3.de
www.info3-verlag.de